がん告知　そして家族が介護と死別をのり越えるとき
―物語とＱ＆Ａで理解する介護家族の心のケア―

著
バリー・J・ジェイコブス

監　訳
渡辺　俊之

星和書店

Seiwa Shoten Publishers

2-5 Kamitakaido 1-Chome
Suginamiku Tokyo 168-0074, Japan

The Emotional Survival Guide for Caregivers
Looking After Yourself and Your Family
While Helping an Aging Parent

by
Barry J. Jacobs, Psy.D.

Translated from English
by
Toshiyuki Watanabe, M.D., Ph.D.

English Edition Copyright © 2006 by the Guilford Press
A Division of Guilford Publications, Inc.

Japanese Edition Copyright © 2014 by Seiwa Shoten Publishers, Tokyo

日本語版への謝辞

　日本の読者のために，私の本『がん告知　そして家族が介護と死別をのり越えるとき―物語とＱ＆Ａで理解する介護家族の心のケア―』（The Emotional Survival Guide for Caregivers ― Looking After Yourself and Your Family While Helping an Aging Parent）が出版されることは，過分な喜びであります。

　私はいつも日本や日本人には魅了されてきました。

　1979年，ブラウン大学の学部3年生の時に，一学期だけ日本で過ごしました。東京タワーに近い小さな私立の日本語学校で日本語を学び，奈良県の田園に囲まれた修行寺で瞑想について学んだりしました。

　当時，私は二つの日本人家族と一緒に過ごしました。

　一つは，絵に描いたような風景の松山にある，医師の夫と妻，二人の男の子が住む入院設備のついた広い開業医の家でした。もう一つは，西麻布の小さなアパートメントで，小柄なビジネスマンと彼の妻，年老いた彼の母，そして十代の息子が二人住んでいました。

　私は日本滞在時に体験した二組の家族の温かさと献身を決して忘れません。一緒に過ごした家族メンバーはとても正直で寛容でした。互いの仲間たちと楽しみを分かち合い，互いが幸せで幸福になることにひたむきに生きていたのです。彼らは，私に対しても，彼らの家族メンバーと何ら変わりなく，優しくて寛大でした。日本語もろくに話せず，時にはロッククラブやスナックで大酒を飲んで帰る若い外人に対して何の不満も言いませんでした。彼らは，最愛な親戚の一人のように，私に対してユーモアと親切で対応してくれたのです。

　あの時，私は日本の家族のリジリエンスと強さに気づき，その気づきは今ではもっと確かなものになっています。

　日本は米国や他の西洋諸国と同じように，プライドの高い高齢者の介護という難題に挑戦しています。それは，愛する人のために自分のことを犠牲にしなければ介護ができないという状況に陥らせています。犠牲は大きな代価

となっています。

　日本の介護者――世界中の介護者と同様に――は，できる限り洗練された戦略的な方法で介護を提供してもらい，コミュニティ，ヘルスケア，社会的サービスの専門家による支援を受けなければ，身体的にも精神的にも疲弊してしまうでしょう。

　家族介護者は彼ら自身をケアすることを思い留めておく必要があります。そうしないと，完全に消耗してしまったり，介護者としての重要な役割を担うことができなくなったりするでしょう。

　2008年のある日，本書が米国で出版されて2年，本書のスペイン語版が出版された直後，私は渡辺俊之氏（トシ）からメールをもらいました。それは大変な驚きと喜びでした。彼は米国の心理学者スーザン・マクダニエルがロチェスター大学で主催するワークショップに出席していました。私もスーザン・マクダニエルから医療的問題を抱えた家族を支援することについて学んでいました。彼女が「Barryに連絡してみるとよい」と言ってくれたようです。

　私は，彼が日本で介護者支援を率先してやっている精神科医で精神療法医であることを知りました。私は，彼と家族介護者を支援する方法や考えを共有できてとても嬉しかったのです。

　私が彼に自分の本のコピーを送ったところ，彼はすでに本を持っていて，日本語に翻訳することに関心があるということを聞いたのは大変な喜びでした。

　私は，新しい私の友人であるトシを家に招くことにしました。私は，妻と二人の子どもと一緒にSwartmore（米国中部大西洋側のペンシルバニア州）に住んでいます。トシは2009年9月の週末，労働者の日にやってきました。彼は介護者支援に情熱を燃やし，聡明で面白い男でした。私たちは，長い時間，私たちの専門について話し，お互いに自分自身の家族でも介護者としての役割を担っている，あるいは担ってきたことを互いにリスペクトしたのです。当時のトシは実生活でも家族介護を続けていました。私は自分が十代

日本語版への謝辞

だった時に脳腫瘍の父親の介護をし，最近では認知症になった義父の介護をしていたのです。私は，何年も前に日本人からいただいた親切をトシに返したかったのです。

私たちは家族と一緒にフィラデルフィアの美術館や史跡に行きました。また私はトシを，退職者で構成されたコミュニティに連れていき，そこに住む住民に会わせたり，家族による介護が得られない年配の高齢者に会ってもらったりしました。

その時以来，トシと私はしばしば連絡するようになり，互いの家族のこと，家族介護のこと，そして本書のことを話したりしました。

このたび，トシと知識豊富な彼の仲間による翻訳チームが，日本語版作成のために優れた仕事を達成してくれました。私は彼らを誇りに思います。私は日本の読者の皆さんが，彼らによって完成することができた本書を読んでくれることを期待しております。

私の願いは，本書で語られる内容，末期がんになった80歳の老親を介護する50代の二人の娘の物語が，読者が愛する人や読者の老親を一生懸命介護するのと同じくらいに，読者が己に対しても，良いケアができるように支援することなのです。

　　　　　　　　著者　バリー・J・ジェイコブス（Barry J. Jacobs）

謝辞

　私が20年前にリハビリテーション施設ではじめて会った患者の家族から，私が現在働く家族医療センターで先週会った家族まで，あるいは，私が一度だけしか会っていない家族から長年の間に何十回となく会った家族に至るまで，私が働いた場所の介護者から相当量のことを私は学んできました。

　愛される人が重篤な病気になった時に引き起こされるアンビバレンツな感情を含む通常反応の幅はとても広いということを，介護家族は私に教えてくれました。

　感性，勇気，苦悩，リジリエンスを共有することによって，人間的でありながら，耐えがたい状況を生き抜いていく方法を，介護家族は私に示してくれました。

　私が会ってきた家族は，他の誰よりも，この本の中心となる「洞察」を提供してくれたのです。私は，彼らと一緒にいた時間に非常に感謝しています。

　父はがんと闘いながらも，彼が私，弟，母を愛していたことを示し続けました。父が病気の間，そして，その後も，母は私たちの家族を維持するために，多くの難しい犠牲を払いました。我々家族が医学的苦悩に直面している時，私の弟は，苦悩に対処するためのユーモアを使うことができる私のパートナーでした。

　私は，私の家族全員に感謝しています。

　私は，多くの素晴らしい師と同僚に恵まれました。ブラウン大学では，故 Roger Henkle が，私にストーリーテリングの価値を教えてくれました。Robert Jay は，私に知識の基盤になるものとして「経験を信頼する」ことを教えてくれたのです。

　ワイダー大学臨床心理の大学院で，Hugh Carberry と Leighton Whitaker をスーパーヴィジョンしたことは，「悲しみ」の治療的価値についての知識を与えてくれました。

　私が心理学者として勤務していた Bryn Mawr Rehab では，心理学者の

Ann Marie McLaughlin と Jim Jaep, 神経科医の David Long が, 外傷性脳損傷と他の神経障害に対して家族が対処する方法を理解することを助けてくれました。

Crozer-Keystone Family Medicine Residency Program における最近の私の仕事において, Mitchell Kaminski, William Warning, David Berkson といった仲間の教職員と偉大なスタッフからの支持と励ましを受けることは幸運であったと思います。過去から現在まで何十人もの家族医療レジデントの熱意を楽しむこともできました。

同僚の Peter Warrington (産科学／婦人科学でレジデント訓練を完了した内科医と老年医) は, この本における医学的な部分の詳細記述に貢献してくれました。

ロチェスター大学の, 心理学者で家族療法家の Susan McDaniel には, メディカルファミリーセラピーとコロボレイティブな家族ヘルスケアの領域を先導してくれていることに感謝したいと思います。そして私に対して, アイデアを共有するための機会与えてくれたことにも感謝します。1995年以前から Susan は内科医 Thomas Campbell と一緒に『Families, Systems & Health』の編集に携わっていますが, その雑誌で "In Sickness & Health" というコラムの執筆, 後にその編集に携わることを許可してくれたことにも感謝します。

Sandy Rogers と彼女の団体がニュースレターの編集を務める Take Care 誌に, 全米家族介護者協会の共同創設者である Suzanne Mintz は「What Can I Do?」といったアドバイスコラムの執筆と編集の名誉を与えてくれました。彼女の支援, 導き, そして励ましには惜しみない感謝を捧げたいと思います。

私の親友で同僚の David Seaburn (家族と文学に関心を共有している間柄です) には, 沢山の洞察と喜びに対して感謝を贈ります。

謝辞

　家族介護の領域には，多くのは熟練したリーダーがいます。すでに前述した全米家族介護者協会の Suzanne Mintz は，私がこれまでに会った最も創造的で信念の固い人々の１人です。

　ニューヨーク市の州立病院基金（新しい介護者支持プログラムを作成して，資金を供給するための先見性を持っています）の Carol Levine は，優美さ，知性と皮肉なユーモアを持っている人物でした。

　Rosalynn Carter 介護者研究所は，長い間，介護者研究のリーダーであり，一般の介護への意識向上に努めてきています。私が，そこで，がんと介護の全国の専門家委員会に参加したことは大変な名誉でした。

　元気な配偶者協会（Well Spouse Association）は，私にそのメンバーになることを許可し，高い精神性と陽気な友情に加わる機会を与えてくれました。

　ギルフォード社には，この本を書く機会を与えてくれたことに感謝します。Kitty Moore は，私が独創的な展望を明確に述べることを支援してくれました。Sarah Lavender Smith は，私を助けてくれる実用的な質問を行い，しばしば私に執筆内容の検証を投げかけてくれました。

　こうした謝辞は私の思考を整えてくれます。

　私のメインの編集者である Christine Benton は，これまで私の人生で恩恵をもらった他の誰よりも，共感，支持，励ましを提供してくれました。

　私は，「彼女は心理学者であるべきだ」と話したりもしました（良い意味で正直に私はそう思っているのです）。彼女と一緒に働くことは，純粋な喜びでもありました。

　最も感謝しなければいけないのは私の家族に対してです。

　私の子どもの Monica と Aaron の二人は，勇気と好奇心をもっている良い人物だと思います。妻の Julie Mayer は，私の最も偉大な友人であり，私の本に対して，いつも鋭い読者でした。

　家族の愛と忍耐に対して，私は本書を彼らに献呈いたします。

目 次

日本語版への謝辞　iii
謝辞　vii

プロローグ ……………………………………… 1

第一章　はじまり …………………………………11

運動能力の制限によって自尊心が傷つけられる場合　32
遠方に住んでいる女性介護者の罪の意識　35

第二章　役割を明確にする …………………… 39

介護施設入所に伴う難しい選択　62
介護に圧倒されたときには「できない」と言うこと　63
家族関係がさらに悪くなる　65
１人でいることへの恐怖　67
介護に要求されることと経済的責任のバランスを取る　68

第三章　支援を活用する ……………………… 71

介護者も医師のケアを必要とする　92
１人ですべてをやりたがる　94
燃えつきのサインに気づく　95
孤独と行き詰まりを感じています　96

第四章　介護に伴う犠牲に対応する 99

Q&A
- 介護からアイデンティティを切り離すこと　118
- 十代の介護者：期待しすぎないこと　119
- 関係の大切さ――家族の内と外で　121
- 言いようのない悲劇に襲われた時　123
- 伝統が介護者を拘束する時　125
- １人で背負っていくこと　126
- 限界を感じた時　127

第五章　希望，受容，幻想，そして現実 131

Q&A
- 否認で結びつく家族への対応　149
- 真実が残酷かどうかを誰が決めるのでしょうか？　151
- 車のキー：自立の象徴　152
- 悲しみが怒りとなってあらわれる時　154

第六章　気づきと柔軟性を育む 157

Q&A
- 脳卒中の後で態度の変化した母親　176
- 介護者が病気になった場合の計画　178
- 父親が介護付き住居を嫌がる場合　180
- 母親の衰えと父親の否認　181
- 進行性の病が夫婦関係を変える　183

第七章　親密さを守る ……………………… 185

Q&A
配偶者は看護人と同時に恋人にもなれるのか？　205
介護は虐待に耐えることではない　207
家族の変化から遠のく娘　208
介護で失われた姉妹の関係を再生する　211

第八章　魂を支える ……………………… 213

Q&A
敬虔なる受容，それとも受け身的無関心？　237
怒りの中で信仰を見いだすには　239
救済のための代替医療　241

第九章　終焉へ向かう日々 ……………………… 245

Q&A
どこまで先を見越して考えるべきか　277
祖父のニーズと家族のニーズ　279
両親の住居の法律的処遇　281
高く遠くに　284

エピローグ ……………………… 287

監訳者あとがき　299
索引　303

プロローグ

　私が13歳の時、父の弁護士業がやっと軌道に乗り始めました。そのおかげで、私たち一家は何年も過ごした高層共同住宅から、はじめての一軒家へと引っ越すことができたのです。ニューヨークのクイーンズにある戦前に建てられたささやかなランチハウスには、ベッドルーム3室と増築部分——スクリーンド・ポーチをクルミ材の羽目板で囲んで「離れ」にしたもの——があり、家の周りにはシャクナゲやアザレア、背の高いホワイトオークなどの草花が生い茂っていたものです。この「離れ」は、長年汗水流して働いてきた見返りとして、父の大切な場所でした。そこには革張りのリクライニングチェアが置かれ、ハードカバーの本が並び、ゼニスの19インチ・カラーテレビのチャンネル権は常に父が握っていました。父は夜遅く帰宅して、さっさと食事を済ませると、離れに引きこもって、法廷で一日闘った後の疲れを足を高く上げて癒していたのです。

　それは、その部屋で起きました。

　引っ越して1年半たったある夜のこと、私たちの簡素で平凡な生活に終わりが告げられたのです。その夜、父は訪ねてきていた友人の方に振り向き、口を開くと、支離滅裂な言葉を投げかけだしました。その顔に走ったショックの表情から、父は自分が意味不明のことを口走ったことをわかっているの

が見て取れました。父はもう一度話そうとしましたが、その口から発せられたのは単語をバラバラにかき集めただけのもので、意味を成してはいませんでした。その瞬間から、父は理解可能な言葉を話す能力を失ったのです。

その後の数カ月で、父は視力と平衡を保つ能力も少しずつ失っていきました。それはCTスキャンが登場する少し前の時代だったため、医師らは、悪性細胞が父の脳内で暴れているのだろうと推測することしかできなかったようです。私はまだ若すぎてよく理解できませんでしたが、母が恐怖に怯えていたことは、はっきりと感じ取れました。一方、父は黙りこくったり怒ったりを交互に繰り返していました。私たち家族は皆、父が受けることになった過酷な化学療法に望みを託したのです。

父の化学療法が始まって数週間後のこと、母は家の外で飛んでいるアリを発見し、白アリではないかと危惧して調査員を呼びました。男たちが数人、ホースと大きなドリルを持ってやって来て、家の周囲の土地に掘られた一連の穴にポンプで殺虫剤を注入したのです。その数日後のこと、父と母、11歳の弟と私が夕食後に離れで腰かけていたとき、私は突然、床一面に何万匹もの黒い虫がのたうち回っていることに気づきました。薬のせいで家の中に追い立てられた羽アリが、増築された離れと家の本体とを接続している木の敷居を伝って、どっと押し寄せてきたのです。羽アリの半透明の羽がまだ痙攣し低い羽音を立てているのがわかり、立ち上がって部屋を横切ると、足の下で虫の体がブチブチつぶれるのが感じ取れました。掃除機を取りに玄関のクローゼットに走って行っただけで、恐怖のあまり吐き気がしました。このグロテスクな虫たちが家に侵入したとき、私は子ども心にも、それらが自分たちの暮らしに侵入してきたがん細胞のようだと思いました。母と私は1時間も黙々と掃除機をかけ、掃き掃除をして虫を片づけましたが、その間、弟は恐怖に身を固めたまま動かず、父は部屋の中をただよろよろとうろつくだけでした。父は模様のついたカーペット一面を覆う黒光りする虫たちを見極めるだけの視力がなく、掃除を手伝うことができなかったのです。

その後、私たちは羽アリのことについてはお互いに口にしませんでしたが、皆すっかり動揺してしまいました。私にとって、部屋に入り込んだ虫の大群

プロローグ

は，父のがん細胞が医者の使用するどんな薬にも抵抗して，それらが抑えようもなく成長してしまう前兆のように感じられたことを記憶しています。その5カ月後，父は亡くなりました。

これが，私にとって，病気が本人だけでなく，その家族に対してもいかに大きく影響するかについて学んだ最初の体験です。

私たちは父の介護にできるだけの手を尽くしました。しかし，がんはまるで体内への侵入者のように，私たちの生活の経済的，情緒的，そして精神的な基盤をむしばみ，家族の骨組みを永遠に弱らせてしまったのです。

その時には気づきませんでした。しかし，その出来事があってから，私の心の中には，自分たちが経験したようなダメージを他の介護家族が受けなくてもすむように手助けしたいという思いが育まれたのです。こうした体験が私の職業生活と本書執筆の機動力となっているのです。

私たちの家族には，最初に経済的ダメージが顕著にあらわれました。家計が着実に向上してきた後で，経済レベルが数段階も落ちるというのは気分の悪いものでした。病気になってからも，父は法律関係書類を，離れのデスクの上でひっかき回し，何度かダウンタウンの自分のオフィスにも足を運ぶことがありましたが，そういうことは，社会復帰への望みをかけた単なる見せかけの行為でしかなかったのです。

父は二度と仕事をすることはできませんでした。先細りになってきた父の収入の不足分を補うために，母は常勤の簿記係の仕事を得て，長時間家をあけるようになり，すべての経済的決断と同様に，こうした事態は私たちの人間関係に予期しなかった影響を及ぼしました。父方の祖父母は，たとえお金がなくても，母が家にいて父の面倒を見ることを望んでいました。私たちが仕事や学校に行っている間，83歳の祖父は離れで父と一緒にテレビを見ていましたが，私たちが帰宅すると入れ替わるようにして，地下鉄に乗り遅れたくはないというばかりに無愛想に帰って行きました。祖母は祖父のように感情を抑えられる人ではなく，電話口で声を荒げて母のことを何度も手厳しく批判しました。母と祖父母の亀裂が表面化してきたわけです。父はといえば，妻が働いているのを嫌がっているのか，あるいは祖父母が感情的になってい

るだけなのか，そのことすらも話すことができませんでした。

　父はこん睡状態に陥り，亡くなりました。

　経済的変化が拡大し，私の心の傷は広がっていきました。母は副業として，短大で夜間に数学を教えるようになり，私は伯父が経営するカーペットのクリーニング屋で週末に働き始めました。仕事の合間に母は男性と付き合うようになり，私は十代の仲間と遊び，母の顔をめったに見ないようになりました。当時の私はあたかも両親を二人とも失ってしまったかのような状況だったのです。私たち家族メンバーは皆多忙で，自分がどう感じているかについて話そうとする者はいませんでした。私たちに付きまとう悲しみの感情は決して解消されることはなく，いつも家族の中に存在していたのです。

　2年後，母は新しく夫になるという男性を家に連れてきました。そのため，母も弟も，そして私も，新しい家族を作ることに気持ちが移り，以前の出来事で生じた未処理の感情をきちんと整理する機会すらも完全に失ってしまったわけです。

　父の死後，長い間，祖父母は母に罪をかぶせることで，悲しみを紛らわそうとしていたようです。父が埋葬されるとすぐ，祖父母は病気で弱っていく父を見捨てたといって母をなじり，母といっさい連絡をとらなくなりました。私と弟は定期的に祖父母に会っていましたが，私たちの関係はすでに気づまりな状況になっていました。死別による喪失はますますふくらんでいったわけです。

　悲惨な体験である死別は，2つの相反する影響を持つことがあるようです。

　自分も死んでしまうかもしれないという恐怖から，人は現在にしがみつき，感覚や人間関係のすべてを，以前よりずっと大切に感じるようになることがあります。これは「毎日の暮らしを大切にする」「バラのにおいを嗅ぐ」などというような，生きるための日常意識の過剰状態といえましょう。

　一方で，死別は人を，現在の環境に対してすべてを過ぎ去ったことであるかのように無感覚にしてしまうこともあります。私の受けた精神的ダメージはこちらの方でした。私は父が病気になる以前から，すでにさまざまなことに対して疑い深い年頃になっていました。1人の善良な男がじわじわと衰

プロローグ

えていくのを見ていると、この世は不条理だということの証明としか思えなかったのです。現代医学や必死の祈りにもかかわらず父が亡くなったことで、わかったことがありました。それは、私たちを見守っている神などは存在せず、公平な死もない——あるのは働く義務と家族の不和、そして、口に出せない絶望だけということです。

こうした心理状態から抜け出すために、私は遠い回り道をしました。短期大学時代、私は家族の病気や悲劇を経験した人ばかりと友達になる傾向がありました。卒業後は雑誌のジャーナリストになり、心に痛手を負うような変化に耐えてきた人の話を書くことに魅力を覚えたりもしました。後になって思えば、私は、自身の体験の意味を理解しようと模索していたのです。しかし、人助けをしたいという漠然とした思いを抱いて、ジャーナリズムの世界を捨て、臨床心理学の博士課程に入った時でさえ、実は、自分自身を救う道を模索しているということに私はまだほとんど気づいていなかったのです。

父の死後約15年が経過し、私が心理学課程3年生の時、ある偶然の出来事が私の人生を変えました。私はその時、公共交通機関で通える臨床実習の場を見つける必要があり、その条件に合う唯一の場所は地元の病院の理学療法を行うリハビリテーションセンターでした。私は当時、リハビリが何であるかさえ知らなかったのです。しかし、そこで働き始めて、脳卒中や切断、脳損傷、脳腫瘍などと闘う患者と家族にカウンセリングを行った第1週目から、私は自分自身が目をそむけてきた部分についに真っ向から向き合っていることを感じました。患者らが恐怖や疑念と格闘している姿は、私の家族の再現だったのです。彼らのショックと悲しみが私の心の中でこだましました。私は即座に彼らの反応に共感できたし、しかるべき慰めの言葉を何の苦もなく見つけることができたのです。

その体験は、私の人生においては啓示的なものでした。まるで目の前に道が開けたようで、それは単に職業の進路となるものではなく、過去についての苦しい思いや感情と、将来に向けて償う使命とを直接つなぐものでした。その使命とは、傷ついた多くの人たちの治療者になるための道でした。私が体験した危険な道、つまり病の家族が体験する道を、安全に通れるように手

引きすることだったのです。しかし,病気の途上に立ちはだかる破壊的な力をすべて鎮めることなどできるはずもありません。私にできることは,患者の家族がより安心できる地盤と,より希望に満ちた新しい場所を見つけるまで前進し続けるための生き方を教えることだけです。

あれから20年の間,私個人の体験と介護家族支援に対する情熱とが,互いに影響を及ぼし合いました。患者らの心の痛みに自分の苦しみを重ね合わせることを避ける(私はめったに自分の話はしません)一方で,私は若い頃の体験から得た根深い信念を臨床業務に持ち込むようにしてきました。父の病気と死により大きな影響を受けた私は,大きな病気によって個人だけではなく家族全員に影響が及ぶことを,クライアントに対して熱心に語ります。

愛する人が病気になると,感情の波が家族や親族のつながりの末端にまで及び,人間関係の構図に変化が生じます。私の家族はこの波に飲み込まれてしまったのです。だから私は,介護者が愛する人が感じている不自由さにどのようにうまく対処できるかによって,家族がこの先何年も円滑に機能していく在り方が決まる,ということも,同じように熱心に伝えたいと思っています。

親族が介護について争ったり互いを見捨てたりした時に生じた憤りは,いつまでも続きます。一方,家族が一体になり仲良く介護した時に築かれた絆もまた,いつまでも残ります。いつもわがままだと思ってきたおてんばな妹も,病気に苦しむ親に対する責任をあなたと分かち合ってくれた後では,心温かく尊敬に値する存在に感じられるものです。長年疎遠に感じてきた気難しい連れ合いが,介護を続けるために力を合わせてくれれば,あなたは相手を見なおすことになるでしょう。

しかし,私がクライアントに向かって説くもっとも強い信条は,家族の和を維持するためには,病気と闘う方策を立てる時に「自分が感じていることや思っていること」を家族が互いによく話し合わなくてはならないということです。私の経験では,一生懸命な介護も,話し合いがなければちぐはぐなものとなり,無力感が高まり,家族としてのまとまりが損なわれてしまいます。それは,想像力のある料理人たちがキッチンでメニューについていっさ

プロローグ

い何も話し合わず，鍋やフライパンで必死に調理して，結局全員が同じ料理を作るか，あるいは一緒に食べても美味しくない，とんでもない組み合わせの料理を作るようなものです。または，バスケットボールのチームがセットプレーで言葉での合図もなく試合をして，何度もお互いのスニーカーにつまずいたり，コートの外にボールを投げ出したりするようなものだともいえます。

　私の個人的経験が臨床判断に影響を及ぼしてきたように，臨床経験は私自身の経歴における感じ方にも色づけをします。夫ががんを患って取り乱している女性と向かい合って座る時，パニックになって絶望している彼女の気持ちが私には痛いほど感じられます。なぜなら，その時私は，がんが招いた私自身の家族の危機から湧き出た感情のため，絶望の池にこの身を浸すからです。治療の時と昔の感覚を結びつけることで，私はその女性の感情と母のそれとを比べたりもします。当時の私は気づかなかったのですが，父が病気の時，母も同じように動揺したのだろうかと思うのです。私は連想の鎖を伝って，母への同情をつのらせる一方で，女性の話にさらに熱心に耳を傾けます。脳卒中に襲われた娘の夫の冷淡さを非難し怒りをあらわにする高齢の両親に会う時は，自分の祖父母のもっともな愛情に対して，彼らが母を攻撃していた時にはできなかった形で敬意を覚えたりもします。そういった家族の生活を共有することで，私は自分の家族に振りかかった厳しい試練をもう一度生きなおし，それについて学んでいるのです。このような特権が与えられていることを，今の私は日々感謝しています。

　私は家族，特に病気で高齢の両親をもつ成人した子どもたちの役に立ちたくて，本書を執筆しました。というのも，彼らが今日の家族介護者のもっとも大きな集団だからです。私は，彼らが病気になった愛する人たちを助けるために必要なエネルギーを効率よくかき立てると同時に，介護が総体としての家族を弱らせてしまわないように予防する方法を見極めるのを手助けしたいと思っています。これは長期的にも短期的にも，助けを必要とする人に対し，他の家族問題を生み出すリスクを冒すことなく，行うべきことです。

　あなたは，自分の介護の責務にかかるコストだけでなく，より高い目標の

ために犠牲を払うことで手に入れられるかもしれない恩恵をも意識し，もっとも賢明で柔軟性のあるやり方で愛と忠誠を行動にあらわすべきでしょう。

　本書は，はじめて介護を経験する人にとって，その道程の各ステージで向き合う課題についての指南書となるでしょう。あなたは自分と同じような岐路に立つさまざまな家族について書いてある章を拾い読みして，危機を乗り越える自分なりのさまざまな方法を学ぶことができます。

　経験豊富な介護者なら，患者と親族間，親族と医療専門家間，そしてさまざまなタイプの人々——短気な人から鷹揚な人，沈着冷静な人から興奮しやすい人まで——の間の意思疎通について，より深い洞察を得ることができるでしょう。

　意思疎通のあり方は，重篤な病気に対してどう対処するかを試されます。それは介護家族の特徴を決めます。あなたは，介護に付随して生ずる自身の感情的反応のほとんどが正常なものであることを認識し，他の人たちのそれぞれ独特の反応に対し，より確実に共感することができるでしょう。

　本書は，がんにむしばまれた母親とその介護家族の物語を軸にしてまとめたものです。私の個人的，または職業上の経験から知り得た1つの家族に焦点を当てたものではありません。むしろ，多くの家族の話を集め，重病と闘っている普通の愛し合う家族を描くことを意図しました。患者とその家族を描写するにあたり，私は彼らのどちら側にもつかない立場を取りました。ここに登場する人物は誰も模範的ではありません。ヒーローでも悪役でもないのです。登場してくる姉妹は，読者の誰にでも好かれるというタイプでもありません。彼女らは多くの間違いを犯し，ストレスのきつい時には互いに食ってかかることもあります。彼女らは典型的な介護家族です。同様に，セラピストや医師も模範的な専門家ではなく，そのスキルもマナーも平均的と思われる専門家について描いています。彼らはまた典型的な人々で，よいところもあれば悪いところもあり，欠陥だらけの医療システムの中で最善を尽くしている人たちです。端的にいえば，彼らは非常に人間的なのです。しかし，本書に描かれている専門家はある程度，患者や介護者の目を通して見た

姿であることは否めません。

　第一章では，ある女家長の診断の初期段階にある家族について描かれています。ここでは研究結果と臨床的な逸話を提供し，重篤な病気が家族に与える影響と，家族の介護が愛する者の病気の進行に与える影響について探っていきます。全編にわたって中心軸となっている2つの見解を紹介しておきましょう。その1つは，概して，健康な家族と病気の家族，医療提供者の間の関係性が，介護を持続できるかどうかを決定するということ。2つ目は，これらの関係がいかに満足のいくものや役に立つものになるかは，家族が本書の7つの基本的な心理学的課題にいかにうまく，あるいはへたに取り組むかに大きくかかってくるだろうということです。役割の明確化，支援の活用，犠牲への対応，希望と現実，気づきと柔軟性の育成，親密さを守る，魂の支えについては，後続の7つの章で概説していきます。

　各章では，介護家族が治療やきょうだい喧嘩，夫婦の不仲，治療にあたる専門家との行き違い，そして，病気の試練に対処していくさまを，時の流れに沿って見ていきます。第一章から第九章の各章の終わりには，質疑応答のセクションがあります。ここでは，目の前にある介護の役割のさまざまな面を探り，うまくいくための具体的な助言と方策を提供します。これらQ & Aのほとんどは，私がもともと全米家族介護者協会（National Family Caregivers Association：NFCA）の季刊ニュースレター「Take Care!」に書いた助言のためのコラム「What Can I Do?」において，初期のバージョンで出版されていたものであり，世界中の介護者から私に送信されてきた質問に基づいています。

　エピローグでは家族の物語を完成させるとともに，介護の仕事が終わってしまった後に親族によく起きる難題について概説しています。

　私の希望は，年老いていく親や，その他の愛する者の重篤な病気との闘病期やその死後において，介護者ができるだけうまくやっていけるようなスキルを提供することです。介護が長びくと，家族生活はひっくり返されてしまうかもしれません。それは，白アリが木を食い荒らしてしまうのと同じくら

い，どこの家族にもあり得ることです。しかし，介護者の疲労の初期兆候をどのようにして認識するかを知り，そして家族全員をサポートするために一致協力した行動を取ることによって，私たち家族は介護経験を通じて弱くなるのではなく，もっと強くなれるし，家族の1人ひとりにより大きな敬意を払い，もっと深い愛情を感じられるようにもなれるのです。

第一章
はじまり

　夜になった。布団にくるまった患者たちがベッドで眠りにつく時，静まりかえった病院の廊下には，不吉な知らせを運んでくる足音が彼方から近づいてくるのが聞こえる。
　髪を振り乱した若い医師は，外来の予約診療を終え，入院している受け持ち患者を回診していた。彼の履いたローファーの靴が，磨きぬかれたリノリウムの床にキシキシと音を響かせる。医師はナースステーションに立ち寄ってカルテに目を通し，前もって電話で知らされていた検査内容をもう一度確認した。そして，受け持ち患者である80歳のベティの病室に身を屈めながら入って行った。
　夜は更けていた。ベティの2人の娘，姉のテレサと妹のローラは，ベッドサイドに置かれたプラスチック製の椅子に落ち着かない様子で腰かけている。体を丸くして眠っている母親を，2人は落胆した眼差しで見つめていた。医師は姉妹に，ホールに来るよう手招きした。そして息を切らせながら，「ご承知のように……」と話し始めた。
　「昨日，激しい腰痛を訴えたお母様を緊急治療室に連れて来られましたが，経腟超音波検査で右卵巣に腫瘤が発見され，精密検査のために入院となりました。本日，腹腔鏡検査を行って腫瘤の組織標本を採取したのですが，検査

の結果は思わしくありません」

　医師は少しの間，沈黙し，姉妹に同情の眼差しを向けた。そして「お母様は卵巣がんです。グレード２の腫瘍，あるいは中等度の侵襲性腫瘍で，卵巣以外に転移している可能性があります。広範囲にわたる手術が必要でしょう」と説明し，再び沈黙した。そして，「お母様に最善の医療を提供できるように，全力を尽くします。何かご質問は？」と言った。２人はショックを受けて彼に視線を戻し，首を横に振った。白衣をなびかせてホールを去っていく彼の姿は，逃げていく幽霊のようにも見えた。

　ホールに残された姉妹は呆然としていた。テレサは愕然とし，ローラは泣いていた。互いの手をしっかりと握り締めていたが，言葉を交わすことはない。

　これから何年経っても，姉妹は思い出すに違いない。高齢で陽気な母親がいる，ごくありふれた家族が傷つき悲嘆にくれる家族へと向かい始める，まさに「分岐点」となる，この日の，この瞬間のことを。

🌸

　深刻な病気は家族に衝撃を与えます。船にたとえるならば，長らく穏やかな海流に乗っていても，あるいは障害物のない平坦な海域を航海していても，ある日突然，暗礁に乗り上げる危険性があるということです。いつもは危機に対して楽天的に立ち向かう家族でさえも，生活構造が崩れることによって恐怖心が芽生えてくるでしょう。運命論を信奉する家族は，次に起こる不運な出来事を常に予測しているものですが，そのような家族であっても，急激な動揺が家族内に起きると，落ち着いていることができなくなります。高齢の親を持つ娘たちは，親が病気にかかることを覚悟していなければなりませんが，医師から病いの宣告を受けたとたん，日常生活が音を立てて崩壊していくように感ずるものです。

🌸

　姉妹は，ホールへとつながる廊下の壁に取り付けられた手すりに寄りかか

はじまり

り、やっとの思いで、小声で話し始めた。それはまるで、母親に立ち聞きされないように秘密を打ち明け合う少女のようだった。テレサはローラより5歳年上で、2人とももう50代になっていたが、母親のがんを告知されたという状況のために、「姉と妹」という昔の行動パターンに戻っていた。テレサは強い口調で、「やらなくちゃならないことがたくさんあるわ。じっくり考えないと」と言った。ローラは期待を込めて姉を見つめた。最初のショックは疑問に変わっていた。姉と妹はそれぞれに医師の真意を自問していた。実際のところ、どれくらい深刻な状況なのだろうか？ 医師がすぐに立ち去ったのは単に忙しかったからか？ それとも、詳しい説明を求められたり絶望的な予測を立てなければならないことを恐れたからか？ さらに差し迫った疑問もある。母親には私たちから検査結果を伝えるのだろうか？ それとも、明日、医師から病状を伝えてもらい、私たちは何も知らなかったことにした方がよいのだろうか？ 父親もがんで亡くなっていた。だから、母親はがんの診断を一層受け入れがたいのではないだろうか？ 診断が間違っていることはないのだろうか？ 母親に告げる前に、セカンドオピニオンを求めるべきだろうか？ 今すぐ何とかしなければならない問題が、姉妹の心に次々と湧き上がってきた。母親ががんだとわかっているのに、今夜、病院に1人残しておいてよいだろうか？ 私が自宅に戻らなかったら、夫たちにどう思われるか？ 娘であることを優先させるべきなのか、それとも妻としての立場を優先させるべきなのか——。

病棟受付の近くまで来ると、看護助手たちの笑い声が聞こえてきた。他には何も聞こえず、人の気配もなかった。テレサは母親のいる病室に入ったが、またゆっくりと出て来た。ローラはその様子を見ながら、口紅のぬられた唇を神経質そうになめた。これまでは、危機が起こると必ず母から助言を受けていた。しかし、病室に慌しくやって来た医師の説明を聞いてしまった今、母に助言を求めることはできなかった。2人とも、もう以前のように母親をあてにできなくなってしまったことを感じていた。

第一章

　消毒のにおいのたちこめた医療機関や診療所では，不安な時間は昼夜を問わず続いていて，このような光景は常に見られます。医師は，生物医学による科学的な根拠に基づいた治療方法で，問題に取り組んでいます。医師は，がんの類型やそれが位置する臓器について検討します。高齢のがん患者については，手術や化学療法や放射線療法に耐えられる体力があるかどうかも検討します。病気の告知は，患者の個人歴や家族歴といった背景がどうであれ，突然の診断に動転する多くの人に病理的問題とは何ら関係のない感情や連想を引き起こすものです。それは，生死に関わる病気についての科学的知識を理解していないということではありません。皮肉なことに，病に伴う恐怖心が生ずると，人々の生活が鮮明に照らし出されます。叶わなくなってしまった思い出や夢が，突然，鮮やかさを増して見えるようになります。希薄になっていた家族や友人との関係が重要なものにも思えてくるでしょう。

　朝になった。ベティが目を覚ますと，主治医が挨拶に来た。彼は不自然なほど重苦しい様子に見えた。彼は今日も，外来診療の前に病棟の受け持ち患者を回診していた。娘たちの目は充血していた。2人は一晩中付き添っていたかのように，プラスチックの椅子に前屈みになって腰を下ろしていた。2人とも夫のことを心配して一度帰宅したが，主治医が説明に来る時間に間に合うように，朝早く病院に戻ることにしていたのだった。

　医師は咳払いをしてから，低い声で，卵巣がんであることをベティに告げた。ベティは顔を歪め，ため息をついた。医師は，がん専門医に連絡したこと，手術が必要なこと，少なくとも右側の卵巣を切除する必要があることを説明しようとした。しかし，彼女は最初のがん宣告に圧倒されてしまい，医師の説明を聞くことができない状態だった。無数の疑問が頭をよぎる。どのくらい切除されるのか？　激しい痛みがあるのだろうか？　誰が私を病院に連れて行ってくれるのか？　体力が落ちている間，誰が私のアパートを掃除してくれるのだろうか？

　医師は姉妹の方を見た。2人は軽くうなずいた。医師はベティに挨拶する

はじまり

と，病室から急いで出て行った。ベティは窓に目を向け，出て行く医師には何も言わなかった。

　1時間経った。3人は時折言葉を交わすだけで，あとは沈黙が続いていた。同室の患者がかけているテレビから流れてくる明るいコマーシャルの音は，悲痛な思いに沈んでいる彼女たちにとっては現実のことではないように思えた。朝食が運ばれてきたが，ベティはほとんど手をつけなかった。ベティはしわがれた抑揚のない声で話し始めた。恐怖心を隠そうとする時，母親はいつもこういう声で話すことを姉妹は知っていた。ベティは，うつろな青い目で娘たちを見つめながら，今後の生活や治療で娘たちを全面的にあてにすることができるかどうかを推し量っている様子だった。化粧の崩れた娘たちは，自分のことを真剣に考えてくれているようにも見えた。しかしベティは，これまで娘たちに精一杯与えてきた以上のもの，つまり，今の自分にふさわしいもの以上のものは娘たちに要求するまいと思った。自分の生活も大変なのに，こうして付き添っていてくれただけでも充分だと思うことにした。今の娘たちの姿は，母親として，妻として，娘たちや危篤状態の夫に尽くしていた時の自分と重なって見えた。

　時間はやけにゆっくりと過ぎた。ベティのショックはいくぶん薄らいできたが，体内で活発に増殖していたがん細胞のことには，いまだ考えが及んでいなかった。彼女が心配していたのは病気のことではなかった。早くよくなって，家族のために感謝祭のご馳走を作ることができるのかしら？　娘婿たちは，母親の介護で娘の妻としての時間が奪われることに不満を抱かないかしら？

　ずっと横になっていたため，ベティのしわだらけの顔はさらにたるみ，白髪はぺしゃんこになってもつれていた。彼女は昔の記憶をたどり，自分が子どもだった頃，がんで衰弱した高齢者を見た時のことを思い出そうとした。数カ月後に孫やひ孫が自分を見た時，どう思うだろうか。恐ろしい病気と闘うことを選択した今は亡き夫のことを考え，死に直面した時の落ち着いた態度を思い出した。そして今，夫に付き添ってもらうことができないことに，新たな悲しみを覚えた。

母親が時々自分たちに視線を向けていることに，姉妹は気づいた。いつも，こんな時，母親に対して思いやりや愛おしさを感じたものだ。しかし今回はそれと同時に，かすかな当惑や無念の気持ちがあった。家族の誰かが重病になることで，他の家族全員がある種の評価を受けることになることを，娘たちは直感的に感じていたのである。

✿

　身近な血縁者は特に，家族全員が守るべきとされるルールの圧力を感じます。つまりそれは，「必要な時にはそこにいなければならない」という圧力です。病院からの呼び出しに応じること，治療費を負担すること，あるいは，親を自宅で介護するために退職するといったことで，家族の愛と絆が計られるのです。

✿

　母親から何か要求があったわけではなく，今後についての話し合いも行われていなかったが，姉妹には母親の考えていることがわかっていた。母親は，「娘たちは私の病気を受け入れてくれるのだろうか？　あるいは避けようとするだろうか？」と考えている。母は娘たちを見極めようとする。姉妹は，母親の闘病期間中，自分たちに何ができて何ができないか，推し量っている。
　会話は途絶えがちになった。テレビからは単調な音が流れている。昼食のトレーが静かに運ばれてきた。姉妹は，狭い病室をさらに半分に仕切った空間で，ベッドと着色ガラスの窓の間をすり抜けるように歩きながら，いつも互いの視線を探していた。2人には言葉にならない同情心と仲間意識が芽生えていた。悲しみの表情とともに，「こんなことが起これば大変なことになるとは思っていたけど，実際，何て大変なんでしょう。一緒に頑張らなくちゃね」とでも言いたげな表情があった。しかし，時には，本当に2人で協力して取り組んでいけるのかという問題が宙ぶらりんになっていることに気づいたかのように，目を見開くこともあった。私たちは本当に「一緒」なのだろうか？

はじまり

「介護者になる」とは、何を意味するのでしょう？ まず、自分で家事ができなくなった高齢者のために、その一部を代行することが挙げられます。愛する人が歳を重ねていけば、さらに多くの家事を引き受けることが求められるでしょう。あるいは、急性疾患による全身障害で苦しんでいる人に24時間の全面介護を提供することを意味する場合もあります。

一般的に、家族で介護を行う場合、兄弟姉妹や他の血縁者は、介護の労力が適切かつ公平に割り当てられていると関係者全員が納得できるように協議しなくてはなりません。深い信頼関係をもとに、献身的で、コミュニケーションのよく取れている家族であったとしても、誰が、どれくらいの間、病人の家に行って面倒を見るかということになると、必ず何らかの問題が生じるものです。最初の危機的状況の時だけでなく、介護が継続的に必要となれば、介護は数カ月間、場合によっては数年間にわたるかもしれません。家族が病人をかえりみず協力しないようだと、激しい怒りを招くことになります。結婚祝いをしなかったこと、葬式で無礼な振る舞いをしたことなどが人々の記憶にいつまでも残るように、介護についての対立は何十年間にもわたって思い出されることになります。感情的な対立によって家族関係が崩壊すると、それを修復することは難しいのです。

姉妹は、2人の間にどんな問題が起ころうとも、常に円満に解決しようとしてきた。10年前に父親が倒れた時にも協力して対処した。しかし今や、2人の頭にはいろいろな疑問が入り込んできて、それが病院の呼び出しベルよりも騒がしく鳴り響いていた。

ローラは、姉の夫のクリストファーが夫婦の旅行を計画していることを知っていた。姉は、母を残して旅行に行くことは難しいと思っているだろうか？ 姉が主導権を握ろうとする性格であることも知っていた。姉は、ローラが1人で介護を引き受けて、母や親戚から称賛されることを望んではいな

い。一方，テレサは，妹が生まれたばかりの孫の子守を自宅で引き受けたいと思っていることを知っていた。妹は，母親の世話もしてくれるのだろうか？　ローラには何でも人任せにするような消極的なところがあり，テレサはこのような妹の性格に批判的だった。

　姉妹はお互いの性格や環境や習慣についてあらゆることを知っていたが，これから始まる「介護」という将来の前では，それらは多くの重要な要素の中の1つに過ぎなくなった。

　2人の心には自分を恥じる感情も入り込んできた。お互いに，相手がどれだけ介護を引き受けるつもりがあるかということが気になって，自分が払わなければならない犠牲についてはアンビバレントな思いがあった。亡くなる前の父親と約束したように，もちろん母親には，快適な環境で，尊厳ある人生をできるだけ長く送ってもらいたいと思っている。しかし，姉妹は人生の中でも一番手一杯な時期に差しかかっていた。子どもや孫からあてにされているし，夫はゆとりのある暮らしを望んでいる。母の介護に時間を割くことに，彼らから直接文句を言われることはないと思う。しかしそうなれば，よき祖母，よき妻であることが難しくなる。2人には仕事もあった。これで母親の世話をすることになったら，まいってしまうのではないか――。

　家族が深刻な病気になると，多くの人は迫りくる介護の問題にアンビバレントな感情を抱きます。悲しみ，怒り，恐怖などの苦悩に加え，自分を恥じるような気持ちも起こってくるのです。すでに生活が手一杯のところへ介護が追加されると考えただけで精神的に圧倒されてしまうのは，ごく当然のことです。介護に対して相反する感情を抱くのは普通のことで，それによって家族への愛情や献身的な気持ちが否定されるわけではありません。恥じる必要はありませんし，恥じる気持ちは何もあなたを助けてくれません。

はじまり

　母の介護に対して気の進まない理由は他にもあった。母は世話好きな女性で、娘たちをいつもしっかりと導いてきた。母には娘たちをあてにする資格があることは充分にわかっていたが、それが母と子の役割を逆転させて、母親の権限を侵害することになりはしないかと思った。どの薬を飲みなさいだの、ベッドに入りなさいだの、医師にはこう言いなさいだのと言うことは、非常に差し出がましいことなのではないか。そんな態度で接していたら、余計にがんが悪くなってしまうのではないだろうか？　自分たちが世話したら、母本来の姿が損なわれてしまうのではないかという予測が、彼女たちを不安で満たした。

　母が必要としていることができるように2人の生活をやりくりしたとしても、この状況が短期間で終わる保証はなかった。父はあっけなく逝ってしまったが、母は諦めずに病気と闘い続けるに違いない。数週間のつもりで始めた母の送り迎えが数カ月になるかもしれないし、数カ月のつもりで始めた痛みの緩和処置が数年にも及ぶかもしれない。がんの進行によって身体的な障害が出たとしたら、さらなる介護が必要になるだろう。母の体を持ち上げるのだろうか？　汚れた服を交換するのだろうか？　あらゆることが起こる可能性があった。ずっと介護を続けていくと、いつかは耐えきれなくなるのだろうか？　怒りを感じ始めるのだろうか？　母の死を願ってしまうような日も来るのだろうか――。今は予想もできないが、長い間親の介護をしていた女性が、その苦しみから解放されたくて自暴自棄になってしまったという話を聞いたこともあった。

　午後の時間は延々と続いていた。母親のベティは昼寝をしようとしたが、眠ることはできなかった。自分の代わりに電話をかけてくれるよう、テレサに頼み、ローラには、担当の看護師を探して追加の毛布をもらってきてほしいと頼んだ。2人は、何か母親の役に立てることがあれば嬉しいと思っていたが、実際に母から頼まれたとたん、内心たじろいでしまった。介護者が否定的な感情を抱くのはごく普通のことだが、テレサもローラも自分に生じた否定的な感情に当惑していた。姉妹は母親が必要としていることに対応することに集中し、ベッドを整えたり髪を直してあげたりしながら、否定的な感

情を抑えようとした。2人とも，夫が待つ自宅に帰りたいという気持ちもあった。しかしながら，不安な気持ちでいる母を長時間1人にしておくわけにもいかず，病室で付き添っているしかないと思っていた。悲嘆にくれる母を見つめながら，何時間もただ腰かけているのは辛かった。しかし，母親が生死に関わる重病を患っていて，一緒に過ごすことができる残された時間を大切にしなければならないこともわかっていた。

この日が介護のはじまりであった。

テレサもローラも，精神的にも身体的にも疲れきっていた。2人は，こうして見ている限り，母親にはあと何日も付き添いが必要なのではないかと恐れていた。

多くの家族と同様に，この姉妹も，「犠牲」という言葉が意味するものと闘っていました。大切な人の介護に全力を尽くすことが，これまでの人生でもっとも有意義で素晴らしい経験となって，満足感を得られる介護者も存在します。『ロレンツォのオイル／命の詩』でスーザン・サランドンが演じた献身的な母親がそれです。彼女の息子は先天性疾患の末期状態にありました。彼女は息子の治療のために仕事と友情を諦め，結婚までも断念しようとしました。息子を救うという使命が，母親として存在し続ける原動力になっていたのです。自らを困難な状況に追い込んだり，利己的な行動に出るという形で，介護の犠牲を経験する者もいます。イーディス・ウォートンの『イーサン・フローム』という小説では，介護に疲れた夫が，痛みのために錯乱し不平ばかりの妻に嫌気がさして，別の女性に愛情を求めようとしました。妻から逃れることにより，介護によって苦しめられ，生気を失ってしまった自分自身を変えようとしたのです。

これらのドラマチックな描写は，さまざまな介護状況の両極ともいえるものです。病気に罹った親や配偶者，あるいは子どもがいても，スーザン・サランドンの演じた母親ほど献身的に介護をしたり，イーサン・フロームほど悲惨な状況になってしまう人は，現実的にはいないかもしれません。介護は，

家族の誰かのために個人を犠牲にするという複雑な人生選択で，さまざまな感情的反応を引き起こすものです。介護者の多くは，個人としての，あるいはこれまで面倒を見てくれた家族の一員として，ある瞬間に立ち止まり，自分のやっていることについて，さまざまな感情が交じり合った経験をするのです。誇りに思うと同時に怒りを感じるかもしれません。介護の負担に対して怒りを覚えた直後に，そのことに罪悪感を抱き，さらに，罪悪感を抱くような状況に置かれたことに腹を立てたりもします。感情の連鎖は，果てしなく，介護者を消耗させていきます。矛盾する感情に伴う緊張が，介護の拘束感を増す原因になります。

　中年期にあるこの姉妹にも，病気の家族を世話している善良な知人が数多くいることでしょう。姉妹にとって，自らの奮闘は，家族は必ず身内の世話をしなければならないという証明のように思えたかもしれません。すなわち，個人的な事情や疑念，仕事やお金，さらには幸福を追求するためのあらゆる取り組みよりも，家族には介護が優先されているように思えるのです。その結果，介護に疑問を持つことにすら罪悪感を覚えてしまい，その疑念を振り払おうとします。しかし，これは彼女たちに不公平感をもたらすでしょう。家族が勇気と愛情をもって介護に取り組んでいても，介護は常に厳しい仕事なのです。

　物質的にも精神的にも大きな負担を強いられる介護は，今日，その過酷さを一層増しています。姉妹は今まさに介護の旅に出発しようとしているのですが，当時の米国には，医療制度と家族の歴史との間に不可思議な矛盾が存在していました。医療の専門家は知識と技術を駆使して，これまでとは比較にならないほどの自信を持って病気と闘っていました。しかし，病人を介護する家族たちは，困難な状態に置かれたままだったのです。介護者にとって状況が好ましくない傾向になってきたのは，この10年のことです。なかでも，個人の生活の一部を介護にあてなければならない人たちの増加が挙げられます。ワシントンに本拠地を置く自助・権利擁護団体である全米家族介護者協会（National Family Caregivers Association：NFCA）によれば，毎年5,000万人以上の米国人が，血縁者または知人に何らかの介護を提供して

います。ニューヨーク市病院連合基金（United Hospital Fund of New York City）の調査では，上記の約半数，2,500万人の人々は，家族が重症の疾患または重度の障害を持って1年以上の闘病期間を経た後も，継続的に世話をしていることが明らかになっています。生命保険会社のMetLifeの調査では，介護に費やす時間の平均は8年間でした。家族介護の場合，本書に出てくる姉妹のように，成人した子どもが，障害を持ったり認知症になった親の介護をするケースがもっとも多いものの，病身の夫または妻の世話をする「良き配偶者」の割合も，慢性の疾患や障害を持つ子どもの世話をする親と同じくらいの増加傾向にあります。家族内での役割がどうあれ，誰もが，着実に拡大しつつある「介護ストレスに苦しむ一群」の中にいるのです（このような現象は米国に限ったことではありません。英国の2001年国勢調査によれば，イングランドとウェールズでは，家族と知人を合わせて520万人が近親者に介護を提供しており，これはそれぞれの地域人口の10分の1に達していました）。

　このような状況は急速に拡大していますが，その要因は多数存在しています。人口学的問題もその1つです。医療の全般的な向上によって，米国人の平均寿命が伸び続けています。これに伴い，一般的には人生の後半に発生する慢性衰弱性疾患（認知症，糖尿病，心疾患，がんなど）の患者が増大しています。国立健康統計センター（National Center for Health Statistics）が発表した2000年の報告によれば，慢性の精神的／身体的健康問題で日常活動が障害されている米国人は3,500万人を超えています。疾患が増加すれば，高齢者の日常的な機能を低下させる症状が一層多く出現することになります。衰弱し，部分的に障害を持つ高齢者が増加すれば，家族をはじめとする他者からの支援に対するニーズが増加するわけです。高血圧とII型糖尿病のある75歳の男性であれば，軽度の脳卒中で反射能力が衰え，視力が低下すると，自動車を運転することができなくなります。そうすると，彼の息子と娘は，1週間に2回，スーパーマーケットまでの運転手を交代で務めなければなりません。病気によって運転免許証が失効したことに腹を立てた男性は車の後部座席に座り，息子や娘の運転に文句ばかり言うかもしれません。

医療技術的な要因もあります。われわれの時代におびただしい医学的進歩（新薬開発，心臓手術，神経手術，血管手術の向上，画期的な放射線技術，外傷治療や緊急治療の飛躍的進歩）が実現したことにより，米国人の寿命は伸びました。しかしそれは，必ずしも完全な状態で生きていることを意味してはいません。むしろ，技術的進歩によって死の到来が遅くなっているのであり，歩行や会話など日常生活における自立を困難にする障害を持ちながら生き続けなければならない場合が多いのです。機能障害を持ちながら長い寿命を生きることは，基本的な必要を満たすために他者に依存しながら，人生の長い期間を過ごすことを意味しています。たとえば，氷の張った池に落ちた6歳の少年は，病院の緊急治療室で蘇生し，数日間にわたる人工呼吸器治療のおかげで，今も生き続けています。病院に最先端の医療機器がなければ，少年が生存していることはなかったはずです。しかしながら，水中に閉じ込められていた時間が長かったため，酸素が欠乏し，少年の脳は障害を受けていました。何年間もリハビリを続けましたが，将来自立できるまでに回復することは期待できません。最良のシナリオならば，少年の両親は元気になった息子を見守りながら残りの生涯を送ることができますが，最悪のシナリオになれば，車椅子の息子に服を着せ，食事を与えながら，残りの生涯を送ることになるのです。

　経済的要因も存在しています。20年間にわたる医療費抑制の取り組みにより，介護における責任がプロの介護者から家族に移行する傾向が加速されています。一昔前と比べると，救急病院での入院期間が短縮されているため，患者は病状が重くても退院して自宅に戻らなければならず，自宅療養では家族による介護があてにされます。たとえば，在宅透析，在宅静脈内注入，在宅ポンプ栄養法などの在宅療法は急激に発展しましたが，熟練した病院スタッフが担当していた処置を家族が行うようになったため，事故が多発するようにもなりました。この数年間，政府は介護者の負担を軽減するためのプログラム（サポートグループ，ケースマネジメント・サービス，ショートステイなど）への積極的な資金助成に努めてきましたが，病身の血縁者を抱える膨大な数の家族のニーズは依然として満たされていないのが実情です。

家族による介護の問題を一層深刻化させている第二の傾向として，家族の分散化が挙げられます。この30年間で共働き家庭が増加し，健康な米国成人は昼間は職場で働くので，病身の親や配偶者，子どもの世話を自宅ですることはできません（このような場合には，健康な成人の誰か1人が退職して自宅で介護をしなければなりません。一般的には，退職によって家族全体の収入が減少するため，経済的に苦しい状況となります）。この数十年間というもの，人々は頻繁に転居するようになり，肉親が同じ町や地域に居住していない場合も多くなっています。その結果，大切な人が病気になっても，介護にあたるべき家族が各地に分散していて，協力して介護にあたることができなくなります。

　このような状況は家族内の力関係を歪めてしまうかもしれません。家族が各地にばらばらに分散していれば，介護の負担を引き受けなければならない人は，たいていは患者から一番近いところに住んでいる血縁者です。一方で，遠方に住んでいる家族ほど，意見を述べることで距離的な隔たりを埋め合わせようとするために，どのような介護が行われているかにかかわらず，その介護についてもっとも批判するようになることが多いのです。日常的介護の負担を一身に背負っている人が，遠方に住む血縁者からの助言を歓迎するはずはありません。直接介護している人は，このような助言に憤りを感じるはずです。ばらばらに居住している兄弟姉妹は，電話での張りつめた話し合いや気まずい雰囲気の家族会議で親の介護について相談し，介護プランについての決定権を持つ者を決定しなければなりません。この時に意見がまとまらないと，兄弟姉妹の間に対立が生じ，それは親の死後まで続いてしまうかもしれません。

　第三の傾向は，われわれの間に定着している社会的理想と関係しています。米国人は勤勉，独立，上昇志向を常に重要視してきました。一方で，家族を介護することは，このような米国人の理想とほぼ対極にあります。家族介護はわれわれが経験するもっとも過酷な労働であるにもかかわらず，それは相互依存に基づくものであり，自立することではないからです。また，血縁者の病気に端を発して人生の急降下が続き，社会経済的な向上を望むことがで

きなくなるかもしれません。米国文化がひたすら消費と獲得に向いているとすれば，大切な人が病気になった場合の介護は制約であり奉仕です。ナンバーワンを目指すことに誇りを抱いているとすれば，介護はそれを後回しにして謙虚になることです。これらすべての要因により介護者の多くは，米国文化一般からの脱落，簡単にいえば「落ちこぼれた」と感じているのです。介護者は無視や過小評価，孤独，孤立に苦しんでいます。他人から見れば介護なんて人生を無駄にしているようなものだろうと，混乱し屈辱感を抱くこともあるでしょう。

たとえば，この本に登場する姉妹は，がん患者である母親の頻繁な受診に付き添うため昼食会に参加できなくなり，不参加の理由を理解してくれない友人もいるのではないかと不安でした。夫たちは，母親に注意を向けることに価値を認めていないのではないか，賛成していないのではないかと危惧していました。姉妹には，母親以外は誰も，自分たちの献身的な努力をわかってくれないように思えます——しかし，その母親でさえも，娘たちが自分の介護に長時間費やすことを当然のことと思ってしまうかもしれないのです。

私たちは，いくつかの要因のために介護が一層難しくなっている時代にあって，病身の家族の介護をしなければならない可能性が高くなっています。

- 医療技術が進歩して寿命が伸びると，加齢に伴う衰弱性疾患やその他の障害を持つ高齢者が増加し，長期間の介護が必要になってきます。
- 家族は地理的に分散していたり，介護との両立が難しい何らかの役割（仕事など）を担っています。
- 介護は，上昇志向や独立を重視する米国の理想とは相容れない活動であり，介護者は落ちこぼれてしまったと思うようになり，社会で孤独を感じています。

これらすべてのことを考えあわせると，介護者が払い続ける犠牲は一層厳しいものになります。介護者の防波堤として役立つであろう社会システム（団結力のある家族，すぐに対応してくれる医療従事者，介護を賞賛し高く評価する社会）は存在していない場合が多く，何カ月，あるいは何年にもわたる継続的な介護によって払われる犠牲は膨大なものとなります。介護者は身体的および精神的負担をかけられて，すでに極度の消耗状態に陥っています。

　『老年看護学雑誌』（Geriatric Nursing，1989年5／6月号）には，少し古いのですが素晴らしい研究が発表されています。看護学が専門のサンドラ・ゲイナー（Sandra Gaynor）教授は，神経障害のある夫を持つ高齢の妻87名に対して，介護経験に関する面接調査を実施しました。大多数の妻たちは，介護スタッフの支援をある程度受けることにより，それほど大きな問題が発生することなくはじめの2年間を乗り越えていました。しかしながら，介護歴が3年目に近づいてくると，ストレスの増加を訴える妻が増加したのです。一部の女性には，夫を持ち上げる動作が原因で慢性的な腰痛が発生していました。慢性的な睡眠障害を訴える女性もいました。夜，夫が妻を起こしてトイレの付き添いや汚れたシーツなどの交換を頼むため，妻の睡眠が中断されるのです（全米家族介護者協会が実施した1998年の調査でも同様の結果が報告され，調査対象の介護者の51％が不眠症，41％が腰痛を訴えていました）。ゲイナー教授の研究では，4年目までには大多数の妻が体調不良を訴えて，抗不安薬などの処方薬を使用するようになっていました。他の方法で自分の健康維持に時間を使える人はほとんどいませんでした。

　これらの面接調査から，重要なポイントを2つ指摘できます。大切な人が病気になった場合，一般的に，短期間の介護には対応することが可能です。しかし，長期的な介護が必要となった場合，ダメージが蓄積されていきます。言い換えるなら，大多数の家族は短距離走（アドレナリンを燃料として短時間疾走すること）はできても，マラソンにたとえられるような長丁場の病気にずっと付き添うだけのスタミナは持ち合わせていないということです。残念ながら，腎疾患，肝疾患，肺疾患など，介護を必要とする主要な病気の多

くが，坂の上り下りの多い過酷なマラソンのような過程であり，介護者はコースの途中で脱落する可能性があるわけです。

　疲労した走者は足が引きつりへとへとになります。疲れきった介護者は，燃えつきたり落ち込んだりしがちです。介護家族は，介護をしていない同年齢の人よりもうつ病になりやすいことが，多数の研究で報告されています。これらの調査では，あらゆる地域の介護者の6～50％が抑うつ状態にあることが指摘されています（この数値は，抑うつ気分の有無で評価したか，完全な大うつ病性障害の有無で評価したかによって異なっています）。大うつ病性障害はそれ自体が身体症状を引き起こす疾患であり，大好きな活動を楽しむことができなくなり，睡眠不足，食欲減退，イライラ，疲労，絶望感，極度の悲しみを伴う場合が多くなります。ゲイナー教授による面接調査では，このような状態に陥っていく介護者の5～10％程度が，長期にわたる介護で消耗した人々だったことが報告されています。

　うつ病による体調不良を引き起こす要因は他にも存在しています。たとえば，神経症状によって破壊的な行動をとったり，人格が変わってしまった患者に付き添うこと。医療チームと頻繁に対立すること。社会的，精神的支援の欠如。今後の試練の全貌と自分の対処能力の限界の絶望的な眺めの前に，介護者はただただ圧倒されるばかりかもしれません。

　これらの要因がどのように組み合わさって抑うつ状態を引き起こしたとしても，重度のうつ病になってしまったら，労働に向けるエネルギーも創造力もほとんど残されていない状態になります。問題解決や支援要請の新たな可能性を見いだすことができない状況の中で，日常の介護に縛りつけられていきます。終わることのない悪夢に取りつかれたような気分が続き，最終的には介護を諦めてしまいがちです。これまで介護してきた愛する人は，いつかの日にか高い確率で，長期療養型介護施設やグループホームに収容されることになります。

　ゲイナー博士が行った面接調査の結果で注目すべき第二のポイントとして，長期介護は抑うつ状態を招くばかりでなく，体力の消耗につながることが挙げられます。全力を尽くして介護する時間が長くなれば，それだけ介護者自

身のための時間を作り出すことが困難になります。生活が縮小し，食事，排泄，投薬などの日常的な世話に没頭しなければならないからです。自分のことは二の次になり，友人からの誘いにも応じなくなって，社会的孤立状態に至ることもあります。多くの介護者は，病人に付き添って毎週病院に行くものの，自分自身の健康管理は怠ってしまうのです。このような状況から，介護者自身の健康が気づかぬうちに損なわれていきます。介護者が病院で診察を受けたとしても，他人の世話をすることは，自分自身の健康にはマイナスの影響を及ぼしかねません。『米国医師会雑誌』(Journal of the American Medical Association) の1999年号に掲載されている論文では，慢性疾患をもつ高齢者が配偶者介護をしている場合には，介護していない場合と比べて死亡率が63％高いことが報告されています。『全米科学アカデミー会報』(Proceedings of the National Academy of Science) の2003年号に掲載されている論文では，介護をすることによって免疫系が障害される可能性があることが報告されています。介護に危険が存在していることは明らかです。あなたが，あなたの介護を必要としている人よりも先に倒れた場合，2人ともが要支援状態になってしまいます。

　本書に出てくる姉妹は，このような極限の状況までは認識していません。最初の数日間は，大多数の家族と同様に，今後について漠然とした不安を抱いていたにすぎなかったのです。

　夕食のトレーが届けられる直前，背の低い白髪のソーシャルワーカーの女性が忙しそうな様子でベティの病室に入ってきた。彼女は，腫瘍を切除するための腹部手術は数日後の予定なので，それまで自宅で待機するようにベティに告げた。今朝，回診にやって来た主治医からも，日中に病室に立ち寄った看護師からも，ベティは退院については何も聞いていなかった。彼女は「わかりました。少しだけでも自宅に戻れるのは嬉しいわ」と言った。しかしながら，2人の娘は互いにじっと見つめ合うだけだった。2人はいても立ってもいられなくなり，病院から立ち去りたいと思った。母が間もなくあ

の小さなアパートに戻ることを考えると，落ち着かない気持ちになったのである。「どうしてすぐに手術しないのでしょうか？」と，テレサはソーシャルワーカーに尋ねた。ソーシャルワーカーは，「私にはわかりません。主治医の先生が決めたことです」と言った。テレサが動揺した表情を見せると，彼女は次のように付け加えた。「がん患者様は，一番気心の知れた人たちに囲まれて自宅にいる方が，体調がよいようです。お母様の場合も，一度自宅に戻って休養をとってから手術を受けられた方が，順調に回復すると思いますよ」

ソーシャルワーカーは母親の方に向くと，「主治医の先生が退院許可証を持ってきた時に，今後の手術と術後治療についての計画をご説明します。入浴や着替え，あるいは清掃などで追加のサービスを希望される場合，このリストの在宅介護サービス機関に連絡してください。これは『がんに対する心構え』(Coping with Cancer) という患者様用の教育マニュアルです」と言った。テレサは再び話をさえぎり，「術後治療って，どんな治療のことですか？」と言った。ソーシャルワーカーは，「それは私の関知しないことです。主治医の先生がすべてお話しされるでしょう」と答えた。姉妹は顔をしかめた。医師の決定はあまりにも突然であり，つじつまが合わないようにも思われた。ベティはソーシャルワーカーが来てくれたことに礼を言った。彼女は病室から出る前に，姉妹の方を振り向いて，ホールで話す時間があるかどうか尋ねた。

ソーシャルワーカーは他の患者との面接のために急いでいたのだが，2人の娘と直接話をし，姉妹の気持ちを理解していることを伝えたいと思っていた。彼女は，多くの家族が医療的な危機にあって苦闘している姿を見てきている。重い疾患は，患者本人だけではなく，家族全体に問題を引き起こすことを知っていたのである。また，家族の対応が患者の予後に重要な役割を果たすことも知っている。家族は，患者を予約診療に車で連れて行ったり，医師が処方箋に記載する多くの注意事項（服薬，食事，運動に関する指示など）を患者に守らせたりするだけではない。家族が患者に提供するものには，形がないものもある。それは，励まし，ユーモア，楽しかった思い出，お気

に入りの物語，愛情，目的意識などであり，それらにより，患者を悲観主義の中に落ち込ませるのではなく，病身ではあるが積極的な意思を持ち続けている人として生きていくことを支援できるのである。姉妹の気持ちがくじけてしまえば，母親の気力も失われる。患者に病気と闘う意欲がなければ，医学で対処することは難しいのだ。

　姉妹は，少し前にそうしていたように，ホールの手すりに体をもたせ掛けていた。ソーシャルワーカーは姉妹に共感した口調で話しかけ，家族にとって非常に困難な状況であることに理解を示した。彼女は2人に名刺を渡し，福祉サービスについて質問がある場合にはいつでも電話で相談するよう言った。また，がん患者の家族を支援するために病院が組織したサポートグループの月例ミーティングが近々開催されることにも触れた。姉妹が落ち着きを取り戻し始めた頃，ソーシャルワーカーは次のように言った。「お母様がご自宅で生活することに何か心配があれば，しばらくの間，お母様をどちらかの家に引き取られたらいかがですか」。姉妹は突然当惑した様子でソーシャルワーカーを見て，しばらく何も言わなかった。姉妹は，母親を自宅に引き取ることについて，いつか夫と話し合わなければならないと考えてはいたが，今それをしたくはなかった。家族のことについてほとんど知らない医療スタッフから急がされるいわれはないと思っていたのである。ついにテレサが無関心に聞こえるような単調な声で答えた。「ええ，そのことについては家族で相談しなければならないと思います」。ソーシャルワーカーは，この姉妹は母親を引き取ることについて話し合わないのではないかと疑い，2人を横目で見た――この2人は，自分が出したその他の指示にも従わないのではないかとも思った。ソーシャルワーカーは姉妹の幸運を祈りながら，別の患者の家族に面会するために，急いでその場を立ち去った。

　姉妹は病室に戻ったが，ソーシャルワーカーの説明を母親には伝えなかった。母親は食欲がやっと戻り，トレーに乗せられていたサラダとベークドポテトを少し食べていた。姉妹は母親が食事している姿を見て，母親が午前中のショックから立ち直り始めているに違いないと思った。そして，夕食までには帰宅すると，夫に約束していたことを思い出した。テレサは「もう帰ら

はじまり

なきゃ。明日の朝，また来るわね」と言って，腰を屈めて母親を抱きしめた。姉妹は毛布をなおしたりしながら数分間そわそわしていて，ようやく病室のドアから外に出た。

駐車場に行くエレベーターの中で，ローラが言った。「ソーシャルワーカーはよかれと思ってああ言ったのよ」。テレサは妹に厳しく言い返した。「誰でもよかれと思って言うのよ！ ソーシャルワーカーは，アドバイスや提案をどっさり持っているわ。でも，患者は私たちの母親なのよ。あのソーシャルワーカーは，私たちが母親の犠牲になるのは当然のことだと思っているわ」。駐車場に入った後，テレサは少し声を和らげ，「母の介護は私たちが決めることよ。母を私たちの家に引き取る必要があるかどうか，明日の朝，相談しましょう。どうしても引き取る必要があれば，交代にしましょう」と言った。テレサは妹の二の腕に優しく手を触れた。エレベーターを降りて，姉妹は別れ，それぞれの車にのろのろと乗り込んだ。

2人は前の晩に運転していた時よりさらに大きなストレスを感じながら，それぞれの自宅を目指して車を走らせていた。姉妹は2人とも，自分の義務から免れようとは思っていなかった。この状況にきちんと対処したいと思っていたが，どうしてよいかはわからなかったのである。

テレサとローラが母親をできる限り効果的に介護するためには，習得しなければならない課題があります。姉妹は，現時点において，どのような方法で介護に貢献するつもりかを明確にしなければなりません。さらに，時間の経過や環境の変化に伴い，介護における2人の役割を定期的に見直す必要があるでしょう。支援サービスの中には必要とは思えないものや，介護の「実質的な」ストレスを軽減できるとは思えないようなものもありますが，当面，この姉妹は，使える支援はすべて利用する必要があるでしょう。「適切な犠牲」と「過剰な犠牲」の間で，かすかなバランスを見つけ出さなければならないのです。母親の病気の経過の中で，もう1つのバランスも取らなければなりません。それは，回復への希望と，予想される事態を受け入れることの

バランスです。これを維持するためには、家族全員に起こっていることを常に把握し、変化するニーズに柔軟に対応しなくてはなりません。あらゆる問題に取り組む中で、母親と2人の娘との親密な関係が、非人間的な方法で失われることがないようにしなければなりません。それぞれの配偶者や子どもたちとの密接な関係も、失われることがないように努めなければなりません。最終的に、姉妹は、介護生活における悲痛な経験に特別な意味づけを行うことによって、みずからの精神を支える術を見つけ出さなければならないのです。これらの課題を達成するにあたり、どういう順番で取り組んでいくのかは決められていません。しかしながら、介護という試練に取り組む中で、ある時期には、課題全体のことを考える必要があります。次からの章では、個々の課題について検討し、それらが今後姉妹にもたらすであろう問題についても触れます。

　以下に述べる課題に適切に取り組むには、自分はどこまで介護に関与できるかについて考えることが重要です。あなたは何をしたいのか？　実際に何ができるのか？　これらの質問の答えは、病気の経過の各時点で回答が異なるかもしれません。患者から必要とされている期間（おそらく数年間にわたって）、どの程度の介護を継続的に提供することが可能なのか？　一般的に介護者は課題を引き受けすぎてしまうものですが、当初の約束を果たすことが少しずつ難しくなると、罠にかけられたように感じるのです。

　第2章ではこのような問題について検討し、満足のいく介護ができるために、どうすればよいか、何ができるのかを考えることに役立てていただきたいと思います。

運動能力の制限によって自尊心が傷つけられる場合

Q 母は関節炎の進行で次第に運動能力が低下しています。それで、私の家族が、家の掃除や食料品の買い物をはじめとする母の家事や用事を引き受け

ていますが，その仕事量はどんどん増えています。これまではなんとかやれていました。母が私たちに依存していることでも，母を卑屈にさせないように，ジョークを言ったりもします。でもこの頃，母の記憶力が減退しているようなのです。小切手を書いても小切手帳に記録するのを忘れたり，支払うことも忘れてしまったり。母には金銭管理の手助けが必要となり始めていますが，父が亡くなって以来，自分自身で金銭管理を行うことが母の大きな誇りです。実際には，母に気づかれないように，私が一部のお金の出し入れを行うことはできます。オンラインサービスを利用して，母の支払いの一部を済ませてしまうとか。でも，こんなことをすれば母の自尊心を傷つけるようで，自信はありません。どうすれば，母に恥ずかしい思いをさせることなく，話を切り出すことができるでしょうか？

A あなたは，お母様の気持ちをとても気遣っていらっしゃるのですね。お母様の尊厳をできるだけ保とうとする場合，このような配慮自体がもっとも重要です。しかし，自ずからの気づきと自己選択の意識を高めることでこの重要な目標を達成しようとするなら，他の問題や方法についても検討する必要があります。

第一のステップは，お母様の病状を明確に把握することです。そうすることで，お母様が現在どのような支援を必要としているのか，将来においてはどうなのかを，正確に判定することができます。主治医の先生に必ず尋ねなければならないことは，病状が慢性で進行性のものかどうかということです。慢性で進行性であれば，時間が経過するにつれてあなたの支援が一層必要となることは間違いありません。あなたは，2つの医学的問題について言及しています。一般に，骨関節炎は慢性かつ進行性ですが，病気に伴う障害の程度には個人差があります。まず主治医の先生に，疼痛緩和のための薬剤やその他の医学的介入によって身体能力をある程度保持することができるのか，あるいは，運動能力が失われて思い通りに動くことができなくなるのか，尋ねてみることです。お母様のその他の病状，すなわち短期記憶の欠如や集中力障害などの症状については，ご質問だけでは情報が不足しています。お母様は初期アルツハイマー病（慢性，進行性，最終的には重症化する病態），

あるいは軽度の卒中に起因する多発梗塞性認知症（さらなる卒中を防ぐことができれば，認知症に伴う記憶障害は悪化しないかもしれません），もしくは大うつ病（この症状は改善します）に罹っていらっしゃるのではないでしょうか。身体障害と比べて，認知障害は介護者に重大な影響を及ぼす場合が多いため，主治医の先生に専門的診断を下していただいてください。今後の計画を立てるためには，病状の診断が不可欠です。

　第二のステップは，すぐには納得できないかもしれません。主治医の先生の診断や予後は，お母様に隠さないでください。悪い知らせはお母様のプライドを傷つけるかもしれませんが，それを隠そうとすること自体が，お母様を子ども扱いすることになります。医療倫理の観点からも，お母様には予想される状況についてのあらゆる情報を入手する権利があります。事実を知らせることには心理学的利点もあります。お母様が事実を知れば，記憶を失いつつあることを悲しむでしょうが，自分を変えてしまう可能性のある衰弱（おそらくは加齢によるもうろく）に対して準備をするようになります。このようにして，お母様は，現在どのような支援が必要なのか，将来において，また最終的な状況に対処するためにどのような支援が必要なのかを，的確に決断することができるようになります。

　第一ステップと第二ステップが完了したならば，第三ステップを行うことは簡単です。お母様が娘であるあなたや家族に今後果たしてもらいたいと思う役割について，一緒に話し合ってください。あなたが家族として，お母様の加齢の進行をともに見守っていくつもりであることを伝えてください。お母様のためにすでに行っている具体的な準備について，明確に示してください。また，あなたがさらに多くの方法について検討していることも伝えてください。それから，お母様の希望をあなたに伝えるように促してください。このような状況においては，お母様の尊厳を保つことが最善の方法です。お母様があなたの申し出を拒み，支援など必要ないと言われる場合もあります。このような時には，主治医の先生のお話をもう一度伝えてください。お母様が，あなたやその家族の世話になるよりも介護施設に入居することを希望された場合，あなたは反対するかもしれません。しかしながら，残された時間

の過ごし方に関しては，最終的には，お母様自身が決断する権利を尊重しなければいけません。

　ここまで述べてきたようなことを，日常の介護にどのように反映すればよいでしょうか。あなたは，お母様にはご自身でできる限りのことをさせてあげようと思っています。あなたの重要な役割は，お母様の面目をつぶさないようにすることと，お母様の安全が保証されることとのバランスを取ることです。お母様のことを何もかも支援しなければならないということではないし，支援しすぎる必要もありません。ただし，支払いなどの問題については，そのような能力が低下していることをお母様にしっかりと伝える必要があります。こうした行動はお母様に恥をかかせるものではありません。お母様が新しい現実に適応できるように，やさしく誘導する必要があります。このような医学的問題について，お母様との間に共通の理解があれば柔軟に対応できるはずですが，お母様は困難な場面に直面して悲しみを抱くことでしょう。このような感情は自然の反応ですから，お母様の気持ちをさえぎってはいけません。お母様にとっては，悲しむことが，加齢と運命という試練を受け入れるために大切な感情なのです。

遠方に住んでいる女性介護者の罪の意識

Q 私は妹とは2,000マイルほど離れたところに住んでおり，妹は時間制で父の介護を引き受けてくれています。同居していない私にできることは，精神的な支援を提供し，実際的な助言を与えることだけです。父の衰弱への対応はそれぞれ違いますが，介護について決定する際には，必ず2人で相談するようにしています。私は，遠方に住んでいることに罪悪感を持っています。同時に，妹を支えることで精神的に疲れきっています。父は，日に日に介護の必要性が増しています。妹は疲労困憊の状態であり，私は父に充分な介護が提供されていないことに不満を抱いています。私は何度も大陸を横断して父の介護に行くことはできません。それ以外の方法で，父が必要としている介護を確実に受けることができるようにするためには，どのようにすればよいのでしょうか？

A　遠方に住んでいる介護者が，家族の中で問題扱いされることがよくあります。その人たちに悪意があるわけではありません。しかしながら，いくつかの理由で実際の介護者から批判されることがしばしばあります。遠くに住んでいて実情もわからないのに指図する権利はないと言われます。遠方の介護者側は，仕事や家族の事情があるからしかたないと自分の正当性を主張しますが，そんな遠くに行くべきではなかったのに引っ越した方が悪いと言われます。痛烈に批判されれば実家から足も遠のき，定期的に電話連絡もしなくなり，介護を放棄してしまうかもしれません。このような事態に至ると，親やきょうだいを見捨てた者として一層激しく批判されることになります。

　不公平なことのように思われるかもしれませんが，これらの批判にはいくらかの真実が含まれているものです。遠方の介護者は，もう何年も前に実家から遠くに逃げ出した子どもなのかもしれません。しかし，ひとたび高齢の親が重い病気に罹ったならば，海兵隊員がどこからともなく浜辺に集結するように，遠方にいても親のところに駆けつけることもあります。ですから，居住地が遠いことや多忙であることを理由に介護を断った場合，きょうだいが見捨てられたと思ったり，怒りの感情を抱くのは当然のことです。しかしながら，遠方の介護者には明確な利点もあります。それにより，遠く離れていても，介護プランの全般において重要な役割を果たすことができます。距離的な隔たりにより，細部ではなく全体像を見ることができるからです。介護に直接携わっている人は，さまざまな介護課題の細かい部分にばかり目がいきがちで，家族全体のマネージメントができなくなっている場合が多いのです。

　妹さんに報いるためには，あなたが客観的な視点に立って行動することが重要だと思います。私なら，妹に電話をかけるか，できれば直接会うかして，2,000マイル離れた地点から介護の様子を展望して見えてくることを伝えるでしょう。まず，妹が非常に献身的で思いやりのある介護をしてくれていることに感謝の気持ちを伝えます。その後，父親の衰弱により，妹の健康が損なわれているのではないかと心配していることを話します。妹は，介護の現

はじまり

場に毎日いもしないのに実情がわかるわけがないと言うかもしれません。その場合には，そばにいない者の方が，ゆっくりと進行している変化を見つけやすいかもしれないと言います。あなたが指摘するほど父親の症状は悪化していないと妹さんが言うようなら，妹さんが変化に気づいていないことも考慮して，自分が過去に訪問した時と比べて変化している様子を具体的に説明しましょう。あなたが思っているほど困ってはいないと妹さんが反論したら，電話の声が疲れきっていたことや，たまに訪問すると消耗した様子だったことを伝えてください。妹さんとお父様のことを大切に思っていること，また，より多くの在宅介護を受けられるようにすることや，その他の生活上の問題を解決するために取り組むなど，可能な限りの支援を提供する意志があることを伝えてください。

　妹さんがあなたの言うことを信じて，あなたの支援を受け入れるまで，今後の話し合いの中でこれらのことを繰り返し伝えるのを忘れないでください。客観的な視点に立った思いやり深い遠距離介護者として妹さんから信頼されるか否かは，あなたが妹さんに対して常に共感していることを的確に伝えることができるかどうかにかかっています。可能な限り頻繁に電話をしたり，訪ねたりしてください。

第二章
役割を明確にする

　病院の駐車場から車を出したテレサは、ラッシュアワーの渋滞の列に入り、自分たち家族にとって重要な場所を縫うようにして車を走らせた。左手には、彼女が育ち両親が40年間過ごした家が見えた。その家は第二次世界大戦後に建てられた黒いタール塗りの2階建てで、その当時は開発途中だった町の静かな一角に位置していた。右手には、3月の雨の夜に父親が納棺された斎場が見える。そして、あと10分まっすぐに進むと、6階建ての赤レンガ造りのマンションがあり、その2階に現在母は住んでいた。周囲の部屋のブラインドから明るく光が漏れる中で、母の部屋の窓だけが暗くて、空疎に見えた。父が死んだとき、母は1人では家の手入れができないため、持ち家を売ることを決めた。母は、娘の近くに住み、週に何度か一緒に買い物したり、家に立ち寄ってコーヒーを飲んだりすることも望んでいた。母が購入したマンションはテレサの質素な2階建ての家からとても近く──角を曲がって、一時停止の標識を過ぎ、1ブロック先の右側にある──元気な頃の母なら、早歩きで3分もかからなかった。

　この道筋は、まるで彼女たちの人生をなぞっているかのようだった。テレサはふと、これから新しい、しかも自分が望まない道筋にも変化があるのではないかと不安になった。母はまだ私の家まで歩いてこられるのか──それ

とも今後はこちらからの一方通行になって，自分が母のマンションまで重い足どりで介護に向かうことになるのか？　ひょっとしたら，自分の家の空いている子ども部屋に母が住むことになるのかもしれない。もし自宅で介護ができないぐらい病状が悪化したら，半マイル離れた市の老人ホームへの入居が最後の手段になるのだろうか？　母がどこで最期を迎えるかは，がんの経過によって決まるのだろう。しかし，この何千回と通い慣れた場所を通過しているうちに，ふと彼女は，未来が半分は自分の手中にあることにも気づいた。どのような介護をするか決めること，その献身の度合いを決定することは，母が最期の日をどこで過ごすかといったことだけでなく，母の残された人生の質にも大きな影響を与えると思ったのである。

　多くの家族介護者と同様，テレサはこうした考えのために混乱した気持ちになり，次々に浮かぶ不安を吹き飛ばすかのように，車のハンドルに指をトントンと打ちつけた。母の介護に専念したとしても，うまくいかなかったり，判断を間違えたらどうしよう？　意志の強い母が，私の意見を疎むようになったらどうする？　がんという病気を新しく負うことになった母に対する責任，母がいずれ死ぬという現実に対して，怒りを感じてハンドルを強く握り締めた。彼女は普通の速度で運転していたのだが，息継ぎもできないくらいのスピードで町を走り抜けているように感じていた。

❧

　愛する人ががんと診断された後の数日間，あなたは強い感情に打ちひしがれるでしょう。不安や怒りだけでなく，ほとんどの人に悲しみが出現します。そして，愛する人を助けられないことや何もできなくなることに対して，罪悪感を体験し苦しむでしょう。愛する人がすがるような目であなたを見て，看護師やソーシャルワーカーが「介護をどうするのか」とあなたに判断を迫った時，こうした強い感情のために，判断が鈍ることがあります。そして，いくつもの圧倒的な感情――不安と悲嘆，押し寄せる怒りと罪悪感など――に，同時に揺さぶられるようになります。二重の感情に翻弄されると，介護についてきちんと考えることが不可能に思えてきます。

このような強烈な感情のもとで，多くの介護者は身動きできなくなってしまいます。しかし，医療的危機のただ中にあって，愛する人と医療チームは介護者の考えや判断に頼ってきます。介護者がきちんと決断しないままでいると，最終的には他人の判断やお膳立てに乗ってしまうことになります。感情的に事を決めてしまうと，肝心な時に大切な役割を果たせなかったり，他の家族を激怒させることになるかもしれません。愛する人のためにあなたができる合理的で計画的な方法を，どうにかして一歩離れて考える必要があるのです。

どのようにしたら，家族の病気と介護について賢明な見通しを持てるのだろうか。テレサは，介護についての決断はもちろん，感情を抑えることが簡単ではないことを，過去にも経験していた。10年前に父がんになった時には，気持ちが高ぶりすぎて，何をしたらよいのかわからなかった。当時，AA（Alcoholics Anonymous：アルコール依存症者の自助グループ）の認知度が高まり，車のバンパーに「1日1日，着実に生きましょう」というAAの標語ステッカーが貼られているのをあちこちで見かけるようになっていた。友達は，「現在のことに対処することに集中して人生を過ごし，将来への不安に圧倒されないようにするという意味だ」と説明し，テレサはこの教えは父親の介護に応用できると確信した。途絶えることのない「こうなったらどうしよう」（父が弱って歩けなくなったら……，私が疲れて介護を続けられなくなったら……）についてぐるぐる考えるより，一緒にいること，必要なことをすることだけ考えるようにした。病気の見通しや，かさんでいく保険請求についてくよくよ考えるより，次に与える薬のことや，次の診察日の予定を立てることや，洗濯物をたたんだりすることに集中した。1日1日を着実に暮らし，日々の労働にいそしむことで，がんが進行した時に何をして何をしないかについて，全体的に考えようとはしなかったのである。

しかし今では，葬儀場の前を通り過ぎ，あの凄まじい日々を思い出す時はいつも，本当にぞっとするのだった。父ががんと診断されてから亡くなるま

第二章

での7カ月,テレサが「1日1日を着実に生きる」という目標に忠実に生活している間に,父は胸に水が溜まって呼吸困難になり,さらにがんが脳に転移して混乱状態をも引き起こした。この期間,テレサは日々の多くの課題に打ち込むことで,自分にはどうすることもできない未来について悩むことを抑え込んでいたのである。そのため,父とゆっくり話し,父のことを心に深く刻む時間を取ることができた。父がこの世からいなくなった今,それはある程度の慰めになっていた。

しかし,「1日1日を着実に生きる」という姿勢は非常に悪い結果となったことを,テレサは後に悟った。1日1日を着実に生きることで気持ちは一時的に安定したが,後には気持ちが混乱し,傷つきやすくなった。医療的な危機の間,父と母に対して「してあげたいこと」と「できること」をはっきりと分けなかったので,父の病状が徐々に悪化したとき,"終わりの見えない展開"に悩まされることになったのである。初期の頃には,テレサは週に何日かは父の家を訪れ,医者に連れて行ったり,母の簡単な家事を助けたりした。病状が悪化してやるべきことが一気に増えたときも,毎日24時間ぶっ通しで介護にあたり,父親を抱きかかえてトイレに連れて行き,食事をとらせた。母も疲れ果てていた。掃除をする余力が誰にもなく,家はめちゃくちゃになった。毎日,テレサは不安で目覚め,毎晩ひどい状態で眠りについた。肉体的にも精神的にも疲れ果てていたが,父が死ぬまで,頑張り続ける以外なかった。ついに父が亡くなったとき,テレサは解放された気分になると同時に,自己嫌悪に陥った。そして父との死別の心的外傷を払拭するのに半年以上を要した。

マンションの角でハンドルを切って,最初の一時停止の標識を通過し,1ブロック進んで自宅が視界に入ったとき,テレサはこれらのことを思い出して顔をしかめていた。しかし,歩道の電灯の黄色い輝きを見ると,自分には家族という逃げ場があるのだと感じて,その日はじめて落ち着いた気持ちになれた。台所の光を見ると,今朝から解凍しておいた蒸し焼きのローストビーフを,夫のクリストファーがオーブンで焼いていることが連想され,励まされた。車道の脇に車をつけてエンジンを切り,一息ついた。そして,今

度は父の時のようにはすまいと誓った。母の介護のために夫や家族をおろそかにしたくない。1日1日を着実に生きるだけでなく，先々の計画を持って事にあたろう——。クリストファーは玄関を開けて薄くなった頭を突き出すと，いぶかしげに彼女を見つめた。テレサは車から飛び出し，急いで家に入った。

　テレサが病院の駐車場を出て，家族で住んでいた古い家の方角に向けて右折した場所で，ローラはハンドルを左に切ってテレサと別れた。数マイル続く夕方の渋滞をうまく通り抜けると，彼女はすぐに高速道路の入り口に方向転換し，8年前に夫のブラッドと一緒に引っ越した伝統的な中2階のある郊外の住宅を目指した。市の境を横切る4車線の道路で一度スピードを落とし，どんよりした大都市のにおいとフラストレーションを，郊外の空気で洗い流すために，車の窓を開けた。父の死は，ローラには姉のテレサとは違った影響を与えた。姉は以前から住んでいた町と母の生活にしっかりつながっていて，姉の人生はもとの家族が過ごしたここ2, 30年の生活の延長線上にあるようだった。その一方で，妹のローラは，父の死に伴う辛い記憶に打ちひしがれないように，過去を捨て，違う環境に逃げたのであった。ローラは，病院のある町と家族の問題から逃げようとするかのように車のアクセルを強く踏み込みスピードを上げた。母が横たわっているがん病棟がある，あの陰鬱な病院から1マイル離れるごとに，彼女は自由で解放された気分になった。
　逃げ出した気持ちがあるからといっても，ローラの介護が足りなかったわけではない。むしろ彼女はやりすぎてしまう方だった。家族の歴史の中で，テレサは母の，そしてローラは父の子どものように見なされていた。ローラは父に似て常に物静かで思慮深く，感受性が強かったが，テレサが母から受け継いだ力強さや意志の固さには欠けていた。また，ローラには父と同じく，目の前の仕事に集中することでストレスを解消しようとする傾向があった。姉が父の病気に「1日1日を着実に生きる」ことで対処しようとしていたのとは違い，ローラはその時々に「1つの仕事にひたすら集中すること」で他のことを意識しないようにしていた。父が弱っていく間，ローラは自分がす

るべき仕事のリストをハンドバッグの中にずっと入れていた。父が混乱して叫び，母が不安に襲われているときでも，仕事リストを取り出してそこに書いてあることをやり始め，まるで感情を寄せ付けないかのように集中して働いた。事実，ローラはやるべきことがあると，強い悲しみに陥らずに頑張ることができる。こうした対処をしてきたために，彼女は最後に訪れる父の死に対する気持ちの準備ができていなかった。突然，仕事リストの中にするべきことがなくなる――その時，ローラは大きな喪失に直面し嘆き悲しむ以外なかったのだ。彼女は家族の誰よりも打ちひしがれた。姉が元気を取り戻すまでには数ヵ月間かかったが，ローラは1年の間，気力も元気もまったくなくなってしまい，夫の強い勧めで家庭医を受診した。医師は，父との死別とその苦悩をずっと解決できないまま引きずっていることでうつ病になっている，と診断した。

　ローラは高速の3車線のカーブを全速力で走りながら，同じ年頃の女性カウンセラーを紹介された時のことを思い出していた。最初は困惑したが，ともかく行ってみると，カウンセラーが何かと自分の助けになることに驚いた。カウンセラーはほとんど話を聞くだけだったが，家族の病気という危機に対して，ローラが行っていた「1つのことに集中する」という対処法が，溢れ出そうな感情を一時的に堰き止めていたこと，それが父の死後決壊しそうになっていることを気づかせ，溢れ出る感情に対処できずに圧倒されてしまうことがないよう，うまく誘導してくれた。危機と，それに対する感情に少しずつ向き合うことができれば，堰き止められている感情の水圧は耐えられるレベルに保たれると彼女は教えてくれた。ローラはずっと，自分の周囲に責任を持つようにと育てられてきたが，必ずしもそうである必要はなく，自分の家族も，自分で自分のことができるのだということにも気づくことができた。このカウンセラーの指摘は，特に彼女に解放感を与えた。彼女はあまり後ろめたく思うことなく，夫の引越しの希望を聞き入れることができた。ローラは父の死後も母と姉に定期的に会っていたが，頻繁というほどではなくなり，地理的にも感情的にも距離ができたことが，全般的な感情をじょうずにコントロールすることに役立っているように思えていた。

ローラは高速の出口を見落としてしまうぐらい物思いにふけっていたが，ハンドルを大きく切り，器用に車を一番右の車線につけた。そのまま高速の出口を降りて，すばやく側道の右側につけると，そこは別世界だった。高い茂みが前方の芝生を隠し，枝の張った高い木々が道を覆っているため，樹木が生い茂った森の小道を，ほの暗い光を頼りに旅しているかのようだった。後方の高速道路の音は密閉されたかのように，すぐにまったく聞こえなくなった。角地にある自宅に近づいたとき，ローラは前夜からずっと心にかかっている難問を意識にのぼらせた。母のがんのために，町に戻らなくてはならないのかしら？　せっかく培ってきた独立心が失われてしまうのかしら？　またうつ病にならないかしら？　そして唐突に，しっかり地に足をすえていれば自分を見失うことなく介護に取り組むこともできると，かつてカウンセラーから言われたことを思い出したりした。これは大変な試練だと思えた。ローラは車を曲がり角に止めて，急いで芝生を横切って玄関にたどり着き，少なくとも今夜は，母の問題から遠く離れた自分のホームグラウンドにいることを喜んだ。

　医学的な問題のプレッシャーの中で自分らしさを保つためには，自分自身の気持ちを理解する必要がありますが，これは言葉にするよりも難しいことです。多くの人は現実的な対策を考えるよりも，麻痺したような思考や感情に浸たることに長い時間を費やしてしまうからです。特に家族の病気のような大きな脅威のもとでは，強烈な感情を払拭しようとすればするほど，そうした状況に陥っていくのです。1日1日を着実に過ごす，1つの作業に打ち込む，もしくは成り行きを見守るといった姿勢によってプレッシャーが軽減すれば，一時的には脅威に耐えることもできるでしょうが，それは持続する介護に立ち向かうための自己認識をもたらしはしません。家族が深刻な病気になったら，あなたは混乱した気持ちを乗り越えて，あなたの愛する人を介護するために，誰がどのような責任を取るのかを，しっかりと考える必要があるのです。

あなたの考えるべきことは何か。介護を決定づける3つの主な影響因子について，あなたの考えや感情を整理してみることは重要です。すなわち，家族と文化的背景，個人的な価値観と期待，病気になった大切な人との関係です。言い換えれば，家族，自分，他のメンバーについての自分の見方を理解しなければならないということです（後ほど，あと2つの影響因子を追加します）。

この姉妹の場合のように，介護にあたっては家族の歴史を，特に，前回の医療的な危機に各々がどのように対応したかを考慮する必要があります。現在そして将来にわたって，家族の1人をどのように介護したかということは，他の人を介護する能力に影響を及ぼすということも考えるべきでしょう。愛する人が深刻な病気になった時，何を行うのが正しいかについて，宗教や道徳観念に基づいた考え方もあるでしょう。家族がどれだけ親密か，どれだけお互いを愛しているかを考え，それは家族のためどれぐらい自分を犠牲にできるかを見積もる時の判断材料になるでしょう。宗教上の義務感や介護についての家族の伝統などいくつかの重要な問題が，介護に関する判断を決定づけるかもしれません。できるだけ多くの可能性を考えて最終決定できるように，3つの影響因子のすべてを包括的に考えてみることが最善の方法です。

こうした「心の棚卸し」をどのように進めればよいのでしょうか？　最初の段階は，暗い食糧庫のすべての棚を探して，そこに何があるか確認することに似ています。心の中の分類棚の数を数え，自分自身，家族，病気，責任についての隠された考えを意識化できるように自分の内面を見つめるということです。そこで見つかった積極的かつ消極的な態度については，自己批判してはいけません。次の段階は，食糧庫の材料で献立を作るようなものです。利用できる材料を使って何が達成できるかを，現実的に評価する必要があります。肉や野菜なしではシチューが作れないように，意欲と愛情のたくわえという材料なしには，有効な介護を成し遂げることはできません。

「心の棚卸し」をするには何にもまして，じっくり考える時間を確保することが必要です。静かな場所に座り，介護における今後の見通しとあらゆる対策について自分自身と率直に対話することで，これに取り掛かります。も

役割を明確にする

し，もっと本格的に一覧表作りをするのであれば，ある行動について賛成か反対かをチェックするリストを作ったり，頭や心の中にある内容に関して，自分に手紙を書いてみる方法もあります。話したり書いたりしている時，自分の考えや感情に充分な距離が取れないならば，あなたの中に存在するものをもっと理解するための共鳴板になってくれる，信頼できる友達やカウンセラーに打ち明けてみるのもよいでしょう。自分の意見や感情が他人と相容れないとき，それを理解する最善の方法は，介護者支援グループやネット上の討論グループに参加し，他の家族からの反応を聞いて自分との違いを認識したり，明確にしたりすることです。どのような方法を取るにせよ，その結果を通じて，家族介護を行う場合の自分の強さ，限界，個別性，精神的な問題についての洞察を深め，受け止められるようになっていることが望ましいのです。

介護に向けた考え方や感情について「心の棚卸し」をして，あなたの役割を明確にするためには，いくつかの方法があります。
- 介護がどのように自分に影響するかについて，率直に自分に問うてみましょう。
- 賛否それぞれの立場からリストを書き上げましょう。
- 自分自身に手紙を書きましょう。
- 友達やカウンセラーと話しましょう。
- グループや個人，ネットから情報を得ましょう。

病院で過ごした辛かった初日の緊張も夕方には幾分ほぐれてきた。そして，テレサとローラはそれぞれの方法で「心の棚卸し」を始めた。蒸し焼きのローストビーフが置かれたキッチンテーブルをはさんで，テレサは険しい表情で，医師と看護師から聞いたすべてのことを夫に話した。彼はテーブルにひじをつき，あごを手に乗せて注意深く彼女の話を聞いていたが，質問をし

たりアドバイスをしたりはしない。彼女の詳細な話が終わりに向かうと、彼はうなずき、わざとらしいような明るい口調で言った。「きみは強いね。君ならうまくやれるよ」。しかし、この言葉はテレサを勇気づけはしなかった。夫が今回の出来事に深く関わらないように、聞こえのよいお世辞で言い逃れしているようにも感じた。これは、何もかも私にやれということかしら。ほめてくれるだけで、助けてはくれないの？　彼女は苛立ち、「ええ、みんな私がやるわよ」と開き直った。助けが必要な時に、彼の助けを求めることもできないの？　妻の思いを悟ったかのようにクリストファーは、「もしも明日、病院に行ってほしいのなら、しばらくの間仕事を抜けるよ」と決まり悪そうに言った。テレサの心にはさまざまな反応がいっせいに起こりだした。あの病院では彼の母親も亡くなっているので、彼はあそこに行くのが嫌なのだろう。私の母の病気のせいで、彼は嫌な記憶を思い出している。明日にでも母が退院すると思ってるのだろうか？　私たちは母に何ができるだろうか？　彼は勤め先の銀行で、上司にあと数日休みがもらえないか聞いた方がいいかもしれない。

　クリストファーは「仕事のことでいえば」と椅子を引きながら言った。「今週は給料の支払いをしないといけなかったんだ。さて、書類を片付けないと」。クリストファーがなんとかその場をごまかして地下の自室に退散する間、テレサは彼をいらいらしながら見つめていた。しかし彼は何も言わなかった。

　「お皿を洗っている時に一番いい考えが浮かぶの」と、テレサはいつも女友達に冗談を言っていた。温かく泡だったお湯が手に流れ落ちると、いつもそれが彼女のリラックスと集中に役立つのだった。皮肉なことに、シンクに高く積まれた洗い物を夫がそのままにしておいてくれたおかげで、今夜は考え事に集中できると思った。流れるお湯が幾重もの泡の層を作っている時にはすでに、何をするべきかについて空想に浸っていた。母親と何か特別な約束をしたわけではないことを確認してみた。しかし、母は小柄だけれど押しの強い女性だった。そして自分の母や夫に対して誠意を込めて介護をしてきたのだった。だからそれと同じような献身を、自分に対しても何の疑問もな

く期待するのではないだろうか。そんなことを考えながら，嫌なプレッシャーにつき動かされるように，テレサは皿を1枚1枚，強くこすった。乾燥ラックに並べる前に，キュッと鳴るぐらいお皿がきれいになったことを確認しながら，テレサは自分の判断基準が厳しいことも承知していた。彼女は単に正しいことをするだけでなく，自分がなすべき最良の介護をしたいと思った。病気の母親の面倒を見ることを，当然と考えるべきだろうか。彼女は迷っていた。皿の山を洗うことのように，ある人にとっては不愉快な義務かもしれないが，それは受け入れて楽しむことさえできる不可欠な仕事でもある。

テレサは手を拭いた後，キッチンテーブルに座りなおし，ソーシャルワーカーがくれた家族向けガイドにざっと目を通した。そして「対処の方法」のところを開いて，優先順位を明確にするために，さまざまな項目を書き起こすことについて読んでみた。冷蔵庫の上にあった"Honey Do"と印刷されたメモ帳から1枚はがして，3つの見出しを作る。「家族」「母」，そして「私」。まず「家族」の下に"誠実""親密"と走り書きした。「母」の下には"気難しい""要求が多い""良い友達"と書いた。メモをじっと見つめて，最後に3番目の見出しである「私」の下に"責任感——強すぎるくらい"と書く。テレサはメモに書いたいくつかの言葉を見渡し，自分自身について考えて笑った。誠実な家族に要求の多い母——みんなの世話をすることに私が責任を感じることは，不思議なことではない。クリストファーが地下から上がってくる音がしたので，彼女は慌てて紙を集めた。私がこんなことをしているところを夫が見たら，彼は私が取り乱していると考えるに違いない。明日，彼が仕事に出かけたら，病院に向かう前にもう一度書いてみよう。

夕食後，やかんのお湯が沸くまでの間，ローラと夫のブラッドは書斎に座って，今日病院であったことを話していた。はじめのうちローラは，混み合った母の病室が暑かったことや，蛍光灯の下で医師を待つ時間が永遠に思えたこと以外，夫に話そうとしなかった。しかし，結婚して30年にもなると，ブラッドは妻の小さな訴えの背後にある大きな不満の信号に気づくほど，

妻のことをよくわかっていた。だから彼女は，母の回復に多くを費やして自分が消耗してしまうのではないかと恐れていることを理解してもらうために，夫にそれほど多くを話す必要はなかった。ブラッドが「君は，お母さんの状態がすごく深刻だと考えているの？」と尋ねると，ローラは「実際はどうかわからないけど，私はそう思っているの」とためらいながら答えた。「ちゃんとやれるか，自信がないのよ」

彼女は急に立ち上がってコンロの火を止めに行き，カフェイン抜きのアールグレイ・ティーが入ったマグカップを2つ持って戻ってきた。夫が一口飲むのを待って，医師や看護師と話すために際限なく待たされる時や，病院のカフェテリアの寒々しいレジに並んでいる時や，塩素消毒されてかすかに色落ちした灰色のシーツのにおいなどで，父親が病気になった時に考えたことや感じたことがよみがえってくるのだと打ち明けた。「母が父のように苦しむかもしれないと思うと，耐えられないわ。前みたいに取り乱さないで見ていられるかしら」。ブラッドは心配そうに妻を見たが，すぐに安心させるようなことは言わなかった。その代わり，少し間を置いて，何が心配なのかもっと話すように促した。彼女は長い沈黙の後で答えた。「これから起こることに動揺して，うつになってしまうかもしれない。もしそうなったら，母が必要としていても自分を守るために逃げ出さなきゃならないかも……。母の面倒を最後まで見られなかったら，ひどく罪の意識を感じてしまうわ」。ブラッドはもう一口紅茶をすすって，「君がお母さんをがっかりさせることはないよ。君はできる限りのことをしようとしているんだから。お母さんはわかってくれるよ」と静かに言った。ローラはまだ手をつけていないカップを見つめながら，「わからないわ」と言った。

2人はしばらく黙っていた。ブラッドは立ち上がってお湯を取ってくると，またソファーに座って，「何が自分にはきついと思ってる？」と尋ねた。彼女はまた「わからない」と言ったが，慎重に，恥ずかしそうに，言葉を押し出すようにして低い声で付け加えた。「母をトイレに連れて行くとか，実際の世話がたくさん必要になったら，ひどいことになると思う。父のように昏睡状態になったら，とても対処できないわ」。「わかった。じゃあ，そうな

るまではお母さんの世話ができるということだね。お母さんのためにできると思うことが全部できるように，必ず君を手伝うよ」とブラッドは答え，マグカップを置いてさらに付け加えた。「そういう状況になったら，君に何ができて，何ができないと思っているか，いつかお母さんと話した方がいいよ。お姉さんともね」。ローラは穏やかに「わかったわ」と言って，ぬるくなった紅茶にはじめて口をつけた。

　介護への参加に大きく影響する要因は他にもあります。愛する人の病気それ自体です。罹病時間は限定されているのか，命を脅かすものなのか，ゆっくりでも回復するのか，延々と続くのか，悪化していくのか，中等度もしくは重度の障害をきたすのか，など，病気の性質によって家族の危機状況も変わってきます。病気の性質によって，家族や個人的な歴史から，過去の強い記憶が呼び起こされます。病気の局面が進展すると，あなたの予測と実際に求められることとがかみ合わなくなるかもしれません。病気がもたらす脅威によっては，あなたと愛する人との結びつきは，緊張したものになります。介護への参加を考えるとき，どこまで約束できるかを知るために，病気のことを理解しておく必要があります。

　家族の多くは，愛する人の病気について詳しく知ることに積極的ではありません。医療関係者が病気と治療について教えようとしても，家族は言い訳をして参加しなかったり，ぼんやりしたりして，情報を得ることから逃れようとします。この反応には2つのもっともな理由があります。1つは，病気がもたらす試練がどんなに悲惨でも，家族は愛する人のそばにいつも寄り添っているものだと考えている場合です（苦しんでいる時だけ，もしくは病気の経過中で一定の期間だけ介護するなんて，生物医学的な状況次第で愛情を注ぐようなものだと，彼らは主張します）。彼らは，愛する人がどんな状況になろうが介護から手を引くつもりはないので，病気について詳しく知る必要はないと思っているわけです。あるいは悪い知らせを聞くと不安が高まって，負けてしまいそうになるので，病気についてあまり知りたがらない

家族もいます。悪い知らせを聞かないようにすることで幸せになるわけではありませんが、希望を保つことはできるのです――それが愚かなことであったにしても。

　病気についての基礎知識を持たないのは、真っ暗な郊外の道をヘッドライトなしで運転し、窪みにはまったり、カーブを飛び出したりしながら、がたがた揺れて進むようなものです。困難な地形を理解しなくては、運転の準備どころか、旅に出るかどうかの判断にも困ってしまうでしょう。知識を持たないことは無謀なことなのです。医師が提供できるすべての情報を聞きたいとは思わないかもしれません。実際、知りすぎることで圧倒されてしまう場合もあります。しかし、回復、もしくは死に向かう道の目印や意思決定のポイントについて心づもりしておくためには、少なくとも、病気の経過についてのおおまかな地図を持っておく必要があるのです。薬の説明をしてもらえば、彼らの目指す方向性がわかり、あなたの不安は高まるよりも低くなるでしょう。

　まずは、病院や診療所で渡される印刷物やインターネットで、病気についての基本的なことを勉強するのがよいと思います。インターネットには情報が溢れています。主な疾患に特化した組織、たとえばアルツハイマー病協会、国立がんセンター、米国心臓病学会が開設しているサイトや、アメリカ家庭医療学会や全米小児科学会が運営している、よく調査されていて信頼のおける、わかりやすいサイトを見てみるのがよいでしょう。新聞や雑誌の健康関連の記事を読めば病気の成り立ちぐらいはわかりますが、主な機関が提供しているような、病気を幅広く理解するための情報は得られません。最新の医学雑誌は、実験的な治療についての高度に専門的で難解な情報を提供していますが、愛する人を実際に介護するための情報としては適切とはいえません。

　パンフレットやインターネット・サイトの多くは、特にどのような質問を主治医にするとよいのかを載せています。質問の内容はさまざまですが、一般的には次のようなものです。「この病気はどうなるのか？　余命はあと１週間、１カ月、３カ月、それとも１年？」「この治療の利点と欠点は？（薬物療法の副作用）」「どうしてこの治療を勧めているのか？」「初期治療で効

果がなかったらどうするのか？」「病気の身内を助けるために，私はどんな役割を果たせるのか？」「このことについてもっとあなたと連絡を取りたい場合は，どうすればいいのか？」「セカンドオピニオンを受けたい場合，他の医師を推薦してくれるか？」。あとは病気の性質，本人の年齢や歴史，健康状態などによってさまざまな内容があります。情報を集める目的は病気や治療の専門家になることではなく，治療の選択肢と，その医師の方針が理にかなっているかどうかを理解することです。医師と治療方針を共有できるようにすべきでしょう――たとえば，終末を遅らせるだけでなく患者を救うこと，施設に入所させないで家で快適に過ごさせることなどです。あなたと医師が同じ目標を持っていることがわかれば，多少なりともあなたの負担が減り，患者を助ける専門家との間に強い信頼関係が生まれます。

> 前もって警告されていれば，前もって準備ができます。愛する人の病気についてどこで情報提供を受けられるか準備するのは重要です――もちろん限度はあります。病気がどれほど皆に影響を与えるか，その渦中にならないと本当にはわからないものです。だから，事前に知っていることと柔軟であることが重要なのです（第6章）。事前に知っていれば，医療上の問題の地雷原を速やかに抜けることができます。

コミュニケーションの方法は医師によってずいぶん異なりますが，多くの医師は家族の様子を見て，どれぐらい情報を共有した方がよいか判断します。あなたが今後の見通しを尋ねた場合――それは究極的には，患者が病気にどれぐらい耐えられるかといった評価になりますが――医師はそれに直接答えることに抵抗を覚えるかもしれません。自分の予想より患者が悪化してあなたが動揺するのを恐れるからです。しかし，あなたは臨床的に一番妥当な予測を知りたいだけで，後で医師の責任を追及するつもりはないことを保証すれば，医師は包み隠さず，もっと率直に話してくれるでしょう。また医師や

看護師に対して，あなたがどれだけ情報を知りたいのか，知りたくないのかを明示すれば——入手できるすべての情報から最小限の要点のみの範囲の中から——希望は聞き入れてもらえるでしょう。大切なことは，病気の実態を大まかに把握することです。前もって警告されていれば前もって準備ができるのです（備えあれば憂いなし）。少なくとも，あなたがどんなことに足を踏み入れようとしているのかを理解できるくらいには情報を集め，それに応じて準備ができれば，介護は時間とともにそれほど「手に負えないもの」ではなくなっていくでしょう。

翌日，姉妹が病院に着くと，予期せぬ出来事が起こっていた。彼女たちは，母の病状や治療の詳細については，まだ何も知らなかった。病室に入り，ベッドにもたれている母を見たとたん，その真っ赤な顔から怒りが見て取れた。「今日中には退院させてもらえないみたいよ！」，娘たちが挨拶をする間もなくベティが口走った。彼女は震える声で，昨夜かなり遅くなってから外科医が会いに来て，超音波検査と病理検査の結果，がんが卵巣にあり，おそらく卵管と子宮にも広がっていると説明したと言った。両側の卵巣および周囲のリンパ組織と，その他に広がっている可能性がある部分を摘出するために，右の卵巣だけでなく，子宮の完全摘出が必要だというのだ。外科医は数日中に再び彼女をストレッチャーに乗せて，大至急手術したいと思っている様子だった。ソーシャルワーカーからは誤った情報を伝えられていた。内科の主治医は，カルテの外科医の記載を誤解していた。母は今日退院するのではなく，緊急手術のためにすぐに手術室に向かうことになる。姉妹は愕然として立ち尽くした。昨晩家に帰ってしまい，外科医と直接話さなかったことに２人とも罪悪感を持った。昨夜，ここに居さえすれば母を守れたし，どうにかしてこの治療上の決定を避けることができたのではないかと思った。偉そうなソーシャルワーカー，忙しすぎる内科の主治医……医療チーム全体のコミュニケーションと協力の欠如のせいで，母の治療が誤った方向に導かれたようで，憤慨の気持ちが湧き上がった。そしてそれは，この危機は自分た

役割を明確にする

ちの手には負えないという恐怖をただただ強めただけであった。実際，恐怖のほとんどは手術への恐れだった。母は手術に耐えられるのかしら？　内臓を摘出して痛みはないの？　すべてのがんを取りきれるのかしら？「どうして昨夜，私を呼んでくれなかったの？」とテレサが激しく問いただしても，母はあえて答えなかった。テレサは皆も感じている恐怖を言葉にしただけだと，2人にはわかっていた。

　心の中にあるたくさんの疑問を聞くために，午前中のほとんどの時間を，病室に戻ってくる外科医を待つことに費やした。しかし，外科医は彼女たちには手の届かない手術室にいる。姉妹が会話もなくぼんやりとテレビを見つめている間，ベティはイライラした気分でベッドに横たわっていた。看護師が2, 3時間ごとに検温のため出入りするが，彼女たちは手術の予定については何も知らない。午前中遅くまで何も知らされないことに怒り，耐えきれなくなって，テレサは内科の主治医を呼び出すため外来に電話して伝言を残した。正午になって，ちょうど姉妹が階下のカフェテリアにサンドイッチを買いに行こうとした時に，内科の主治医がどかどかと部屋に入ってきて，母のベッドまで来ると，落ち着きなくローファーの左右の靴に体重をかけながら立ったので，2人は驚いた。

　「あなたがすぐ手術を受ける予定だと聞きました」。彼は母の気持ちを考えて穏やかな声で言ったが，それはかえって軽薄に聞こえた。母は無理やり少し微笑んで，「そう言われていますが，手術がいつなのか，これからどうなるのか，はっきり言ってくれないんです」と答えた。「混乱させたことをお詫びします」，内科の主治医は穏やかな口調を保ったまま言った。「病院というところはしばしば物事が急に変わります。それに応じて準備を整えるには時間も必要です。私は昨晩遅くに外科の先生と話しました。先生は子宮とその周囲を取るという正攻法の手術を予定しています。彼は何度もその手術をしているし，大変腕もいい」。彼は自分が発した"自分なりに思いやりをこめた言葉"が充分効果があったか確かめるように，一瞬母から娘たちに視線を移した。しかし，母はまだ怒った様子だったし，テレサはしかめ面をしていた。「そんなにすぐ手術しなくちゃいけないのですか，そんなに広い範囲

を手術しなくちゃいけないのか，わかればいいんだけど」とテレサは冷たく言った。「手術を受ける以外に方法はないんですか？ もし，私たちがセカンドオピニオンを希望したらどうします？」

　内科医は突然，前後に体を揺らすのをやめた。テレサの動揺を感じ，彼女の気持ちに沿うようにさらに厳粛な口調で，卵巣がんの治療として手術は標準的であることを説明した。外科医は切除できるところはすべて切除するであろうこと。がん専門医と協議して，追加治療についての方針を決定するであろうこと。多くの場合は，何種類かの抗がん剤で何回かの化学療法を行い，がんが広範囲に広がっていれば放射線療法も試みるかもしれないこと。お母さんが何を必要とするのか，正確なことはまだ誰にもわからない。セカンドオピニオンを受ける権利はすべての人にあるが——事実，がんのような深刻なケースで行った例はある——しかし，今は理想的なタイミングではない。他の外科医の評価を受けるためにお母さんを別の病院に転送しないといけないし，この病院の他の外科医に見てもらうにしても２，３日はかかるが，状態はかなり急を要している——。「正直なところ」と主治医は言った。「外科医に来てもらうのがいいでしょう。彼は信頼できます」。そして彼はまじめな調子で，２晩前にも言ったせりふを少し変えて付け加えた。「最善を尽くすことをお約束します。こういう治療ではもう何度か成功していますから」

　母と娘たちは黙ってそれを聞いていた。もし彼が言うように事態が緊急を要するならば，少なくとも手術に関するセカンドオピニオンは無理なのだろう。それで驚くことはなかったが，主治医から引き続く治療について聞かされて，これから長く困難な闘いになることをまだわかっていなかったと痛感させられた。主治医が用いた「何度かの成功」という言葉は３人を励ますつもりであっただろうが，「何度かの失敗」もあったであろうことを彼女たちに想像させた。どっちみち助からないかもしれないのに，こんな侵襲的な治療に母は耐えなければならないのだろうか。

　主治医のポケットベルが突然鋭く鳴り，彼は少しビクッとした。ベルを切るためすばやく体をよじると，液晶画面の番号をちらりと見て，「外科の診察室からです。手術がいつ予定されているか，外科医は新しい情報を持って

役割を明確にする

いるでしょう。私か彼らのどちらかが,すぐにあなたたちを呼びにきてお知らせします」と言った。主治医は3人に顔を向けたまま,ドアの方へ移動した。「1つずつ問題を乗り越えましょう。我々は最善を尽くします」と繰り返し,向きを変えて大声で「すぐ戻ってきます」と言うと,急いで部屋を出ていった。

彼が部屋を離れると,テレサはローラを見て,頭をドアの方へ傾けた。ローラはテレサを見返して,眉を上げ,姉の後について廊下に出た。「あなたたち,どこにいくの!」と母は叫んだ。テレサは肩越しに「サンドイッチを買いに行ってくるのよ」と返事をした。

姉妹はエレベーターのところで主治医に追いついた。テレサが白衣の袖を引っ張ったので,彼はさっと振り返った。「1つだけ質問があります,先生」とテレサは言った。「母はがんで死ぬのでしょうか?」。彼は慎重に答えた。「難しい質問です。外科医が何を見つけるか,がん専門医がどう評価するか,たくさんの要因があるので。そうしたことがわかれば,悪化するかどうかも評価できるようになります」。テレサは手を伸ばし,今度はもっと穏やかに医師のひじに手を置いて,「私たちは何かを保証してもらいたいわけではないんです。母の介護にどんな準備をすればいいのか,知りたいんです」と言った。主治医は少しやさしく,「それはがんがどのくらい広がっているかによります。卵巣がんは発見が遅れると手遅れになることがあるので,私としてはそれが心配です。お母さんが長く生きられる最善の方法は,我々がすばやく行動して,あらゆる手を尽くして治療することでしょう」と答えた。彼の率直な意見に対して,テレサは穏やかに感謝を述べた。エレベーターが到着すると,主治医は「またすぐに戻ります」と言った。彼がエレベーターに乗ると,ドアが閉まった。

介護について決める時,病気の性質によってそれぞれの期待や家族の事情や関係性の見方が変わってくるように,個人や家族の特性によって,病気をどう見なすかも変わります。この相互作用によって,家族のそれぞれが医師

の告知を違うように聞き，介護に何が必要か，異なった結論にたどり着くことがしばしばあります。こうした認識の違いは，医療的な危機における葛藤，家族メンバー同士の葛藤の原因になることがあります。あなたには患者の予後がよくないと聞こえても，他の家族にはそれほど決定的なものではないと聞こえるかもしれません。他の家族はあなたを悲観的すぎると思い，あなたは彼らが現実から目をそらしていると思うかもしれません。患者本人や医療関係者から離れて，一度，病気に関する見解の相違について皆で議論するのが理想的でしょう。「医者が言ったことをどう思う？」「病気の経過をどう思う？」といった質問は，病気の状況について共通認識を持つことに役立つかもしれません。抱えている問題について一度皆の見解が一致すると，病気になった愛する人にどの程度の介護が必要かということにも同意できるはずです。「日常生活のことで，今，母は助けを必要としているだろうか？」「将来はもっと助けが必要になるだろうか？」といった質問は，話し合いの方向を決めるのに役立つでしょう。介護の必要性についての理解を共有できれば，必要な介護を，誰が，どんな方法で，どのくらいするのか，分担ができるようになります。

　介護における役割を決めるのに大きな影響を与えることが他にもあります。それぞれの家族が病人に何をするか，あるいはしないのかを，どう考えるかということ。すべての話し合いが合意に至るわけではないということ。愛する人の病状や繰り返される医師の説明の解釈について，自分の意見に固執する家族もいます。病人がどれぐらい自分のことをできるかについて，言い争いになることもしばしばです。最善の方法は，互いを尊重しながら意見交換し，意見の相違を共感的に認めることです。このような状況では，他の人には任せられないと考え，自分で全部やらなければと介護の責任を背負い込む人がいるかもしれませんし，介護のほとんどの負担は他の家族が負うべきだと考え，介護から逃げ出す人もいるかもしれません。

役割を明確にする

> 介護についての責任を明確にするため，考慮すべき5つの要因
> 1．家族とその文化的背景
> 2．個人的な価値観と期待
> 3．病気になった愛する人との関係性
> 4．病気の性質
> 5．介護への他の家族メンバーの貢献

　主治医の乗ったエレベーターが動きだした後，姉妹は自分たちが岐路に立たされていることを悟った。「サンドイッチを忘れてたわ」とテレサが言った，「でも，今は食べられそうにない。この先の家族ラウンジに行って話しましょう」。ローラはうなずいた。肘掛つきの椅子が置かれ，古い雑誌や病気と病院のプログラムに関するパンフレットでいっぱいのラウンジは空いていた。2人は隅にあるビニールの長椅子に深く座った。「……あの主治医が言ったように──母さんは死んでしまうのね」。テレサは険しい顔でローラに告げた。しかし，ローラはその言葉に困惑して「私はそんなふうには聞かなかった。彼はたぶん，いろんな種類の治療が必要になると言っていたのよ」と答えた。「どういう意味だと思うの？」とテレサは言い返す。「もう父さんの時に経験済みでしょ。医者はたいして改善しない治療を次々に受けさせて，そして母さんは死ぬのよ」。ローラは最初のうちは何も言わず，擦り切れたカーペットをただ見つめていた。そして控えめな声で，「ええと，あの主治医か外科医に，母さんがこれからどうなるのか，ちゃんと私たちが理解できるように，もう一度聞いてみた方がいいと思う」と言った。テレサは疑うように妹を見て，「もし母さんが死ぬのなら」と，「もし」の部分をことさらに強調して言った。「母さんが死ぬまで，私ができることは全部するつもり。これまでだって諦めるようなことはしてこなかったし，どんなに大変でも私はやるわ」。テレサは妹が何か言うのを待つかのようにローラを見つめた。

「父さんの時，私がどんな辛い思いをしたか，知っているでしょ」とローラは緊張したように言い，「今回は少し時間をかけて，自分がどのくらいやれるか確かめながらにしたいの。もし母さんが自分のことを結構できるんだったら，私，手助けに行くわ。でも，もし，がんと治療の副作用ですごく具合が悪くなって，身の回りのことができなくなったら，そのときは，私たちで介護を続けられるか，他の方法を探さないといけないのか，考えないといけないわ」と付け加えた。

テレサは少し眉をひそめて，「そういうこと言うんじゃないかと思ってた」と言った。「結局！　いつも私が頼りにされるのよね。いつだってきつい仕事を全部やるはめになる」と低い声で言った。

ローラは怒って，「姉さんはいつも自分が全部しないといけないと思ってるのよ。自分でそんな事態を招くだけだわ。私は，母さんが自分で何もできなくなるまでは，できることを全部すると言ったのよ。姉さんは一度も私を信頼してくれたことがない！」と反論した。

「あなたがちゃんとやりさえすれば，信頼するわよ」とテレサは応じた。「父さんの最後の時，私がいなかったら，父さんも母さんも一人ぼっちになっていたわ」。

「そんなの嘘！　私はちゃんといたわ。そんなの不公平よ！」とローラは涙声で言った。

テレサは自分を落ち着かせるように下を向いて少し押し黙り，「そうね，私がよくなかったわ」と言った。そして急に立ち上がり，「部屋に戻りましょう。母さんは私たちが部屋からいなくなったのを怒ってるかもしれない」と疲れたように言った。ローラもゆっくり立ち上がった。テレサは手を差し伸べ，妹の手を再び握って言った，「もっと話し合いましょうね。どうも興奮しすぎてるみたい。私たちが一緒に母さんを助けようとしていることは，わかってるわ」

母親が病気の間，この姉妹はこれからも話し合うことだけでなく，やらな

役割を明確にする

ければいけないことがあることを，充分理解しておくべきなのでしょう。介護の役割を明確にする過程を，定期的に繰り返す必要があるのです。彼女たちの期待や状況，関係性の一覧表を作ること。母親の病状についてできる限り学ぶこと。お互いの気持ちをよく話し合うために会うこと。こうしたことができれば，介護の責任が固定したり，表面的な約束になったり，罠にはまったと感じることはないはずです。その代わりに役割や責任について繰り返し考えることで，愛する人への誓いを改め，介護の役割に再び貢献できるからです。医学的，精神的，経済的状況の変化に応じて介護の責任を変えていくためには，母親と彼女たちに必要とされることに対して柔軟な姿勢を保つことが最善の方法です。役割や責任について繰り返し考えることは，介護を維持する努力としてもっとも現実的な方法です。

> 介護に関する自分の責任の度合いを決めることも大切ですが，それ以上に，今後も繰り返し，その役割を再確認することが重要になります。定期的に役割を見直すことも必要でしょう。家族介護に影響を及ぼす出来事（病状の変化や家族環境の変化など）があった時や，自分の状況や介護への思いに変化があった場合にも，介護役割については再検討すべきです。

もちろん，どんなに熱心に介護役割や責任を決めたとしても，他の人のサポートなしにそれを続けることはできません。支援を求めることも，介護における課題の一部分に過ぎません。できるだけの支援を求めたとしても，穏やかな気持ちでいることは難しいかもしれません。多くの人は助けを求めることを躊躇したり，支援を受けることを悔しく思うからです。たびたび起こる危機にあたっては，現実を優先し，プライドは脇に置くことです。こうした問題については，次章で詳しく検討します。

介護施設入所に伴う難しい選択

Q 6歳になる双子の息子が母の行動を怖がるようになったので，最近，母を施設に移しました。母と暮らした数カ月間というもの，たくさんの身体的介助を必要としたけれども，最近までは私たち全員にとって悪くない生活でした。しかし，母の睡眠が不規則になり始めました。最初は夜中にずっと起きているだけでした——母が大声で独り言を言うので，子どもたちが起きてしまうのは問題でしたが。母は起きているようでいて，寝ながら話しているようでもあり，内容はまったく支離滅裂でした。そのうちに数日間は起き続け，数日間は寝続けるというパターンが始まりました。起きているときは，母は敵意のこもった態度になってひどく興奮するので，子どもたちは母のそばにいるのを怖がるようになりました。薬物療法の効果は見られず，母に責任があるわけではないとわかってはいても，母の行動で家中が混乱することに耐えられませんでした。全員が疲れ果てた頃，よい介護施設が見つかりました。しかし今，私は罪悪感に打ちのめされています。以前は常に尊敬されていた母を子どもたちが恐れていることがすごく嫌だし，母が家族でなく他人に囲まれていることも嫌なんです。

A このような状況で罪の意識を感じるのは普通のことですが，とても辛いものですね。愛する人を失望させてしまうと思うのは誰にでも耐えがたく，特に，最初は自宅での介護に責任を持とうとした場合はなおさらでしょう。家族介護者にとってもっとも辛い感情は，喪失に伴う深い悲しみです。あなたの手紙からは，2つの大きな喪失に苦しんでいることがわかります。1つ目は，家族全員の世話をすることの価値に関する喪失です。自宅でお母様を世話し続けると，子どもの健全さが徐々に損なわれてしまう。あなたはお母様の体調が大きく変化したことに対応して，介護の責任を適切に再検討しています。あなたが取った行動以外には，本当に選択肢がなかったでしょう。2つ目は，お母様自身を喪失したことです。認知症がお母様を変えてしまった。お母様がたびたび示す感情と行動からすると，彼女はたぶん，

かろうじてあなたのことがわかっているぐらいでしょう。もしかすると，自分が誰かもわからなくなっているかもしれません。感情のまま罪悪感に流されると袋小路にはまってしまい，罪悪感を反芻するだけになります。一方で悲しみは，轍(わだち)があってすんなりとは前進できない険しい道ですが，前に向かっている道です。悲しみに導かれてたどり着く最高の地点は受容でしょう。取り返しのつかない悲劇を受容することは，悲しみや罪悪感を和らげる力を持っています。あなたが心に抱いている悲しみの感情に注意を向けることを，私はお勧めします。このような感情を子どもたちや家族のメンバーに表現することで，お母様が攻撃的だった頃の記憶が脇に置かれ，共有するべき大きな喪失感が思い出されるでしょう。家族としての悲しみに家族が耐えられたなら，病気を受容できるようになるはずです。そして，どうすることもできなかったことに固執し自分を責めるより，むしろお母様と家で過ごした時間の大切さを考えられるようになるでしょう。

介護に圧倒されたときには「できない」と言うこと

Q この15年というもの，私は妻，両親，義父母を介護してきました。義父は1,700キロ離れたところに住んでいますが，外部の人間を誰も家に入れたがりません。そのため，妻が自分のがん治療の時間をやりくりしながら2カ月ごとに義父のところに泊まっています。近くに住んでいた私の母は，コントロール不良の糖尿病の合併症で亡くなりました。私は自分の父と義母が亡くなるまで面倒を見ました。妻はこの数年で乳房切除術を受け，化学療法を2回受けています。一人息子は最近大きな交通事故に遭って回復に1年を要し，訪問看護師が彼の世話をできないときには，私が代わりにやっています。義父は私たちと住みたがっています。私が「それはできない」と言うと，妻は私を不道徳で自己中心的だと非難しました。私が妻をがんで失うかもしれないという不安を抱えていることに妻は気づいていないし，年老いた両親と息子の介護のため，州を越えて往復する生活で完全に疲れきっていることにも気づいていないようです。私にできることはもう何もなく，すべてから逃げ出したいのです。このことを，私にいろいろなことを要求してくる家族に伝えて，わかってもらうには，どうすればいいので

しょうか？

Aあなたのしてきたすべての介護のことを知れば，あなたの最後の要求——すぐに逃げ出したいという願望を責める人はいないでしょう。愛する家族へこれまで無私無欲で行ってきた立派な貢献を，ついにやめることにしたのだと聞こえるかもしれません。皮肉なことに，あなたが介護をひたすらすればするほど，家族はあなたを何でもしてくれて，どこへでも行ってくれる介護者と見なすようになります。あなたの長年の奉仕が，あなたのイメージを固定化してしまったのです。だから，あなたがこれ以上の介護を断ったことに奥様は驚いたのです。

　しかし，あなたの質問の調子からは，奥様は驚いたというよりは，腹を立てていたようです。たぶん，あなたが「できない」と言ったのが彼女の父親の問題だったからでしょう。でも，彼女の反応にはそれ以上の意味があったかもしれません。奥様が，何人もの人への長年にわたる介護であなたが疲労困憊していることを理解できるなら，彼女は自分の病気であなたに負担をかけていることも考慮するべきでしょう。奥様はあなたに負担をかけていることを申し訳なく思うより，あなたは自己中心的なだけで困っているわけではなく，介護はあなたの人生の目標なのだと思い込んでいるのかもしれません。彼女の姿勢が本当にこうであったなら，まったく共感できないことになります。

　では，何をすべきか？　あなたはまず，奥様を（そして，おそらくは他の家族も）説得することはできないかもしれないと受け入れるべきです。終わりのない犠牲から自分自身を救う必要があります。あなたが介護を減らせば，他の人たちは動揺するかもしれませんが，主治医から，健康を回復するためには介護を減らすようにと指示する手紙を書いてもらうこともできます。牧師や神父から，あなたのすべての善行を考慮して，これ以上の介護からの免責状を出してもらうこともできます。しかし，こうした外部からの見解は，奥様の不満を抑えるには最善でも，彼女を喜ばせることはないでしょう。究極的には，奥様に賞賛されなくても，ご自分の決定を通すべきだと私は思い

ます。彼らの要求を満たそうとすればするほど，それは厳しい試練になっていくでしょう。もしそうなってしまったら，この，言うまでもないことを思い出してください。あなたが燃えつきれば燃えつきるほど，あなたはますます役立たなくなっていく，ということです。自分自身をある程度守ることを選択できれば，効率的な介護ができるようになります。あなたの介護に最適な状況を選ぶことは，手を広げすぎてどうしようもなくなるより，よいはずです。

あなたが自分自身をケアするわけを奥様に納得してもらえなければ，いつでも，シンプルながら強力な手段にでればいいのです――「できないものはできない」と。奥様の同意を得る必要もないですし，あなたは断固たる決断を尊重すればいいと思います。断固たる決断を通し続ければ，あなたの人生をあなた自身でコントロールできるようになります。

家族関係がさらに悪くなる

Q 私は55歳になる父と暮らしていますが，父は支配的で，遺言状から私を外すと脅し，私が父にひどくあたるときょうだいに吹聴します。父は心臓の具合が悪いことを言い訳にして自分の身の回りのことをしないし，家事も手伝ってくれません。私は独身で，父の要求のために自分の仕事を犠牲にしたくはありません。家族をめちゃくちゃにされるのを恐れて，他のきょうだいは誰も父を引き取ろうとはしません。私のところに父が引っ越してきてこうなったのですが，父はいつでも自分の意見を言い張ります。私は自分の生活を取り戻したいし，父にはソーシャルワーカーか何かが必要だと思います。どうすればいいですか？

A 未来をもっとも予測する因子が過去にあるならば，病気になる前の家族の信頼関係によって介護が変わることになります。お互いに長年にわたる確かな敬意があれば，介護者と要介護者はともに病気と闘おうとするでしょう。しかし，そこに両価的な感情があると，家族のメンバーは互いに闘ってしまいます。介護によって，緊迫していた家族関係が再生されることもあります（援助を渋っていた病気の家族から，最終的に承認を勝ち得たア

ダルトチルドレンの例があります)。しかし，このような変化は例外であって，原則とはいえません。ましてあなたとお父様は，このような和解に至った人たちよりも若い親子です。しかし一方では，病気によって依存性が高まると，悪い関係がさらに悪化することもあります。

　あなたの質問からは，これまでのお父様との関係は少なくとも両価的だったことがうかがえます。お父様は，自分が受けて当然と思う介護をあなたから引き出すために，きょうだいの支持を得ようと手段を選ばないので，最近関係が悪化しているのですね。お父様は自分が正しいと思っているでしょうが，あなたは当然，踏みつけにされたように感じるでしょう。お父様があなたの罪悪感をあおるので，あなたはずっと奴隷のように縛り付けられているのです。このような状況に置かれた家族介護者のほとんどは，最後にはうんざりして介護を放棄するでしょう。

　そうなる前に，お父様と時間をかけて率直に話し合うことを提案します。介護を必要としているのはお父様ですが，これまでお互いにきちんと向き合ってこなかったことを認め合いましょう。そして，何が最善かということは，話し合いですぐに決着できるものではないと思っていることも伝えます。お父様が年をとってもずっと助けたいと思ってはいるが，自分の人生をすべて費やすつもりはないことも。お父様の世話と，あなた自身のケアのバランスを取るためにどうしたらよいか，何か考えがあるかも尋ねましょう。もしお父様が積極的な反応を示したら，介護を続ける土台を作れるかもしれません。たとえば，ヘルパーを雇うことに同意してくれるとか。しかし，もし消極的なら，「自分にはあなたが望むようなことはできそうもない」と告げるべきかもしれません。

　他の家族とも話し合いを始めることをお勧めします。介護についての彼らの取り決めが他のことに悪影響をもたらしていることを指摘しましょう——つまり，彼らとあなたの信頼関係に影響を及ぼしていることを。父親を追い払うことはあなたを追い払うのと同じであり，父親への支援を申し出ることはあなたを支援することになります。彼らが無理なくできること，お父様がしてもらってもかまわないと思っていることなどがはっきりわかっているの

なら，きょうだいを遠ざけるようなお父様のやり口に乗せられるべきではありません。こういう議論はとても大変なことのように思えるかもしれません。成功すれば，お父様の態度が和らぎ，あなたたちはお互いに助け合える関係にまでなるでしょう。うまくいかなければ，お父様はあなたをさらに非難するし，他の家族は聞く耳を持たなくなるでしょう。いずれにしても，あなたがやりたいこととそうでないこと，家族に配慮してもらいたいことを，強い姿勢ではっきりと主張することが，人生を取り戻す第一歩になるのです。父親の家から出るのがその次の手段になるかもしれませんが。

1人でいることへの恐怖

Q 私の年老いた叔母はとても視力が悪く，耳もよく聞こえず，今は歩行器を使っているので外出を不安がります。それでいて，1人でいることも怖がります。介護をしている私にとっては，これが大変なストレスです。まるで拘束されているようです。ちょっとした外出を含めて，必要なことさえできません。どうすればいいでしょうか？

A 聴力や視力に障害があったり歩行に困難があるなど，体や精神に衰えを感じている高齢者を家から連れ出すのは難しいものです。家にいても，そこに誰かがいないと安心できない人もいます。叔母様は恐怖にとらわれ，あなたは介護の人質になっているようです。あなたの質問からは，この落とし穴の仕組みがはっきりとはわかりません。彼女があなたに家に留まるよう要求しているのでしょうか（あなた以外の誰にも言わずに）。もしくは，叔母様の世話を1人でしなければならないとあなたが感じているだけでしょうか。たぶん，この両方の力動が働いているのでしょうが。

前者のパターンならば，叔母様があなたをとても信頼し頼っているという事実によって，あなたの心は慰められます。しかし，このような例では，介護に時間をかけるほど依存心が強くなり，ある種の強迫性に支配されるようになります。介護者は健康を保証する魔除けやお守りのようになります。妻

が部屋から出ようとするたびに癇癪(かんしゃく)を起こす病気の夫がいました。このような場合，妻は罪悪感のために夫から離れるのが怖くなります。そして，癇癪が起きないように，ずっとそばにいる方が楽になってしまいます。もちろん，こういう方法で夫をなだめればなだめるほど，夫はさらに依存的になって，自分の手の届く範囲に妻を置いておくことに執着してしまいます。

　後者のパターンなら，あなたは叔母様を介護する責任について，誇りを持っているのでしょう。しかし，誰の手も借りずに献身的になればなるほど，あなたへの期待が高まり，あなたが全部やってくれることを望むようになります。あなたがたまたま疲れていて，自分をケアするために誰かに介護を頼もうとすれば，十中八九，叔母様は抵抗することでしょう。

　介護者としてただ叔母様を安心させるのではなく，ご本人の生活能力を高めていくことをお勧めします。自分のことは自分でするように求めたり，介護の計画をもっと適切なものに変更しようとすれば，叔母様は不快に思うかもしれません。しかし，ある段階で，介護がどれだけあなたの人生を締め付けているかについて穏やかに話し合い，叔母様に選択肢を提示するとよいでしょう。思いきって家から出かけて，あなたと一緒にちょっとした用を足すこともできます。あなたがいくらか自由な時間を過ごせるように，在宅介護のヘルパーを定期的に入れることを承諾することもできます。どちらの選択肢も拒んだら，あなたにとってどちらが最善の問題解決策なのか，あなたの考えを述べましょう。両方を受け入れるなら，両方とも実行に移しましょう。

　いずれにせよ，そのように介護状況を変えれば，今以上のこと——叔母様がもっと年をとっても愛情をこめて介護すること——ができると保証してはどうでしょうか。

介護に要求されることと経済的責任のバランスを取る

Q 75歳になる父は，ここ数年，前立腺がん，肺気腫，命に関わる心臓発作など重い病気を患っており，今は父の家での在宅介護が問題になっています。妻と私は自分たちと一緒に住むことを提案しましたが，父の意見は違っていて，

着替えや食事などの介助ができるように，妻か私のどちらかが仕事を減らして，日中に介護のための時間を作ることを望みました。私たちにはまだ大学生の子どもがいて，住宅やその他のローンの支払いもあります。今，収入を減らすことはどうしてもできません。しかし，父はそれを理解してくれません。その上，財産分与から私たちを外すことも考えています。どうすればいいでしょうか？

A 介護は，まわりの努力にもよりますが，お金によっても決まるところがあります。お金によってできることが制限され，優先順位をつけることになるからです。お父様の希望をかなえるために，他の家族が進んで経済的援助をしないなら，あなたは自分の家族の幸せを最優先にする権利があります。妻や子どもに教育や快適な住まいを提供する義務を優先する以外に，現実的な選択の余地はありません。高齢になった父親を介護する義務はあっても，彼の言う通りにする必要はないでしょう。お父様と二人だけで会って，率直に話し合うことを提案します。お父様をどれほど愛しているかを伝え，父親と妻子のどちらを選ぶかジレンマに陥っていることを分かち合いましょう。仕事を続ける代わりに一緒に住んで，お父様に必要なことをすると，繰り返し提案しましょう。あなたが言うべきことを言っても，お父様は満足しないかもしれません。あなたがなんとか折り合おうとして誠実に努力していることを理解してもらって，お父様の怒りがおさまることを期待したいと思います。意見がくい違ったとしても，時間をおいて必ずまた話し合い，この対立に歩み寄る余地がないかどうか検討することを約束してきてください。

　他の選択肢もあります。地域の高齢者対策機関に電話すれば，そこのカウンセラーがファイナンシャルプランナーや高齢者の金銭問題専門の法律家を紹介してくれます。これらの専門家は，患者が在宅したままで住宅を担保にして，介護支援に必要な資金をサポートするといったようなローンの制度についても相談に乗ってくれます。お父様の銀行の担当者と話すことも有意義かもしれません。あなたか奥様が仕事をやめることよりも，みんなの希望を満たすことのできる，もっとよい方法があるはずです。

第三章
支援を活用する

　手術後数日して長女の家に移った時，ベティは煉獄にたどりついたような不快な気持ちになっていた。病の試練の終わりは遠く，手術の傷口が治り次第，化学療法を受けなければならない。すでにひどく体力は衰えていて，いつになったら自宅で身の回りのことができるようになるのか，予想もつかない。ベティは一番下の孫が使っていた2階の寝室でベッドに横たわり，見知らぬ部屋を戸惑いながら眺めた。黄ばんだロックスターのポスターが，色あせたピンク色の壁からはがれ落ちそうになっている。埃の積もった動物のぬいぐるみと香水瓶が，縁の欠けた木製机の上に置きっぱなしになっていた。かつてここに住み，今は自分の夫と赤ん坊とともに遠く離れたところにいる元気な孫娘を，ベティは愛していた。しかし，自分が子ども部屋にいるという事実は，役割がはっきり逆転したことを物語っていた。彼女は今や子どもの立場になり，病気によって大人としての力を奪われたのだ。もはや自分では責任を取ることができず，娘の重荷になっているように感じていた。

　変化があまりにも突然だったので，ベティはしばらくその衝撃を自覚せずにいた。手術の2日後，彼女がベッドで休んでいると，ソーシャルワーカーが娘たちを連れてやって来た。3人がすでに打ち合わせをしてきたことは明白だった。ソーシャルワーカーは，ベティは明日には退院できるが，自宅に

戻る前の数週間,ナーシングホームに入所するか,娘の家に行くか,どちらかだと告げた。ベティが答える前に,テレサが大声で「母はナーシングホームに行くつもりはありません」と言った。ソーシャルワーカーはすぐさま「あなたがお母様を喜んで引き取るなら嬉しいわ」と答えた。それに対してベティが異を唱えようとすると3人が寄ってたかって責めるので,彼女は折れた。もしもあの時もっと強硬に抗議していたら,自分の選択権を主張できたのにと,今では思える。けれど,ベティが違う選択をするかというと,そうではない。短期間であれ,ナーシングホームで暮らすことは考えられなかった。しかし,もし娘たちが同意済みの決定を押し付けてくる前に自分の希望を聞いてくれていたら,少なくとももっと尊重されていると思えただろう。

2階の寝室に入ってからというもの,ベティは娘から子どものように扱われていると感じている。娘は,簡素ながらも美味しい食事を作ってくれ,自宅から持ってきた衣類を洗濯したり,たたんだりと,良心的に奉仕してくれる。しかし,やや不機嫌な表情を見せて介護の細かいところにこだわる傾向が目についた。まるで,介護が何の喜びも生み出さないやっかいな仕事であるかのようだ。最近の娘たちにとっては「雑務の根源」という以外に母の存在意義はないかのようだった。過敏になっているのは自覚していた。夫の介護をしていたとき,自分が険しい顔でせかせか動き回っていたことも覚えていた。しかし,今度は自分自身が娘から苛立ったような介護を受ける立場になってしまった。彼女はがんによって充分に奪い尽くされたと思った自分への自信が,さらに失われていくのを感じた。

無防備なままここに到着して3日が過ぎた頃,ベティはローラとはこれらの感情をいくらか分かち合うようになっていた。ローラは心配そうな表情で母親の話を熱心に聞いたが,何も言わなかった。ベティは,自分から話を聞いたことでローラがどんな行動にでるのか心配になった。テレサがこの気持ちに気づいたらどうしようと,怖くなった。ベッドに寝たままで世話になっているのに,献身的に尽くしてくれている人に文句を言うなんて,嫌らしいシラミのようではないか? このことは自分の心に留めておこう。ベティは

痛そうに寝返りをうち，ローラにもこのことは黙っているよう念を押さなければと固く思った。

　ベティが物思いに沈んでいる間，テレサが階下で夕食の準備をしている音が聞こえていた。コンロにフライパンが置かれ，金属の鍋がカタカタうるさい音をたてる。テレサが勢いよく野菜を刻むとき，まな板の上でカタコトとすばやい金属音がする。これらはベティの耳には，不満を抱いた女性の抑圧された動作のように聞こえている。介護が必要になって娘が怒っているとベティが心配しても不思議ではなかった。しかし，この時のテレサの心中は違っていた。彼女は不安に心を奪われていたのである。仕事を失ったり母を介護したりすることに，テレサはそれほど苛立っているわけではなかった。ただ，予想されることについては事前に話してもらいたかった。病院の理学療法士は，母は2，3日でベッドから出られるだろうと言っていたが，5日経っても座るのがやっとくらいに体力が落ちている。主治医も看護師も，トイレの介助が必要となることなど忠告してくれなかった。トイレに行きたい時，母は大慌てで自分を呼ぶので，毎晩夜中に起きなければならない。もしこれほど睡眠が妨げられるとわかっていたら，母を自宅に連れ帰る前にもっと休息をとっていただろう。

　フライパンの玉ねぎをヘラで炒めながら，自分が払う犠牲のわりには得られる援助が少ないと，くよくよ考えてしまう。テレサの夫は母と数週間一緒に暮らすことに同意したが，今は地階のオフィスにこもっている。彼は自分の考えを態度ではっきり示していた。3人の娘には母の介護を手伝うように言ってあったが，育児が忙しいことを理由に誰も立ち寄ってさえくれない。そして今朝早くにはローラから電話をもらい，特にイライラさせられたのだった。

　ローラは母親と話した後，どうするべきかを何日も考えた。姉と対立するつもりはなかった。母をやっかいな立場に陥れたくはなかったし，姉の怒りの標的にもなりたくなかった。しかし姉のことはよく知っており，姉の出す

トラブルのサインもわかっていた。不機嫌に走り回って，台所で足を踏みならす——それは介護がとても負担になっているという意味に違いない。姉が典型的な殉教者の役割を演じて，みんなの世話をすべてやっていると主張し，誰も彼女を助けないと怒るので，状況は悪くなっている。姉が直接助けを求めてくれさえしたら，そんなに疲れたりイライラしなくてすむのにと，妹は考える。できるだけの介護をするために誰かの助けを求めることを受け入れてくれれば，母だって今よりうまくやれるのに。

ローラはこれらのことを話し合うために姉に電話をしたが，状況はかえって悪化した。介護する家族は誰かの力を借りることが必要だとローラが話し始めると，姉は痛烈に言い返した。「郊外のあなたの家とこちらの家をしばらく行ったり来たりしてほしいと，あなたに頼めということ？」。誰かの助けを借りた方がいいという提案は，姉を苛立たせたようだった。「私たちはちゃんとやっているわ」と姉は怒った。「もし誰かが手を貸したがっても，私は断るつもりよ。私は助けを請わないわ」，彼女は挑発的に付け加えた。「私くらい母さんに世話をしてあげられる人が他にいるとは思えない」。ローラは姉の挑発に乗ることなく，ただため息をついて，もっと頻繁にそちらへ行くようにすると約束し，自分が言ったことを検討してくれるよう頼んだ。テレサもため息をつき，「わかった」とそっけなく言って電話を切った。

テレサは夕飯の準備を続けながら，眉をひそめて自問自答を続けた。心のある部分では，妹は自分を助けようとしているだけだとわかっている。本当は自分が誰かの助けを切望していることもわかっている。しかし，介護がうまくできていないとずけずけ批判されたようで，極めて否定的な反応をしてしまう。私は強い人間だ，数週間母の世話をするだけで参ってしまうわけがない——そんなはずはない。妹は状況が厳しくなるといつも立ち去っていく。テレサは，助けがまったくなかったとしても，逃げ出すことを自分には許さないのだった。

テレサは台所のドアから顔を出して，「あと10分で夕飯よ」と叫んだ。ベティはベッドの中で物思いにふけっていたが，娘の声の端に怒りがあるように感じて，身がすくむようだった。数秒の後，ベティは「あら，ありがと

支援を活用する

う」と弱々しく叫び返した。今のテレサは，特に機嫌が悪いのではないか。夕飯のトレーを娘が持ってきてくれた時，口論にならないように慎重に対応しようと思った。こんなふうに娘と接することで，胃が痛くなり，食欲がなくなる。しかし，出されたものを食べないと，もっと娘を怒らせるかもしれないとベティは自分に言い聞かせた。

　家族の誰かを介護していると，「必要な支援をもっと受けるように」と，さまざまな人から延々と聞かされます。介護者が燃えつきないために，できる限りのサポートを受けるようにと医師から強く勧められるかもしれません。友達や親戚は，まるであなたがお金に不自由しておらず，気持ちの余裕が最優先とでもいうように，人を雇って自分の時間を作ればいいと勧めてくるかもしれません。しかしこの長女のように，支援を望んではいても，それが悩みとなる場合もあるのです。これに関しては，一般的に3つのタイプの問題があります。

　1つ目は医療者とのコミュニケーション不足によるものです。第2章で述べたように，医療者の情報提供の方法はさまざまです。ほとんどの医師，看護師，ソーシャルワーカーは，患者の回復や家族の心身の病気を防ぐため，心をこめて献身的に働いています。しかし一部には，口先だけの者もいます。退院させ，外来通院の準備を急いでいるうちに，病気や介護について，家族に適切な教育をする時間を確保することを怠る場合もあります。患者の病状に気をとられるあまり，家族の希望をまったく考慮しないこともあります。

　こういった問題は，ニューヨーク市の合衆国病院基金が名づけた「荒れた航路：医療制度における家族介護者の長い旅路」（Rough Crossings：Family Caregivers' Odysseys through the Health Care System）の報告でも証明されています。この報告書では，多くの家族介護者のグループに現在の医療制度における体験を聞いています。病院職員が家族に対して，断片的でいいかげんなコミュニケーションをしているという嘆かわしい結論も出ています。その結果，病人を家に連れ帰った後に，投薬，輸液ポンプの管理，栄養

チューブの使用など介護のための準備が不足していることに気づいて，多くの家族が怒りくるうことになるのです。

命に関わる感染症の手術をした71歳の多発性硬化症の妻を連れ帰った高齢男性のケースが報告されています。医療者は誰も，妻に失禁があることを彼に告げませんでした。連れ帰った日の真夜中に目が覚めると妻のベッドが濡れていたので，失禁のことがわかったのです。また，医療者は毎日新しい包帯に替えるように彼に要請しましたが，誰も包帯の替え方を指導しませんでした。彼は無力感にさいなまれたのです。介護方法についての情報提供をしてくれる医療チームがいなかったので，ただでさえ容易ではない障害のある妻の介護が，さらに困難なものになってしまいました。

医療チームが情報を公開しないなら，基本的なことについて尋ねる方法があります。それぞれの疾病の専門的な組織，たとえば米国心臓病学会，ペンシルバニア大学アブラソンがんセンターの「Oncolink」（がん患者のためのウェブサイト）などは，医師や看護師とどのように効果的なコミュニケーションを育んでいくかについて，家族や患者を教育するための情報を提供しています。他の組織もさらに包括的にこの問題に取り組んでいます。たとえば全米家族介護者協会は，質問の仕方，ノートの取り方，患者に関する情報の伝え方などを介護者に教える訓練プログラムを開発しています。国立高齢化研究所が作ったパンフレット「主治医と話すこと：高齢者のための手引き」(Talking with Your Doctor：a Guide for Older People) には，あなたのコミュニケーションのやり方に合った医師を探して，受診を最大限に活かす方法が載っています。

しかしながら，充分に情報提供されている家族でさえも，他者から支援されていないと感じることがしばしばあります。情報だけではコミュニケーションも具体的な支援も手に入らないからです。2つ目の問題は，在宅ヘルパーや病院受診時に運転してくれる人，日用品の買い物をしてくれる人など，情緒的，具体的な支援を現実に見つけられるかということです。どちらかの支援に恵まれていても，もう一方には恵まれていないことが多いのです。介護を続けるためには両方，つまり情緒的な支援と具体的な支援が必要です。

> あなたはどんなことによって，自分が支援されていると実感できるでしょうか？　一番の願いは，実際に介護の仕事を分かち合える人がいることかもしれません。しかし，もしかしたら，1日の終わりに話し合える誰かがいるだけでも，負担が軽減されたと感じるかもしれません。また，看護の面だけでも信頼できるお手伝いを雇えたら，家族全員が安心できて，解決しなければいけないより現実的な問題についてエネルギーを注げるかもしれません。支援に関して一番重要なのは，どの支援を受けるかではなく，自分にとってそれが本当に助けになるかどうかです。

　介護を引き受けることによって，悲しみ，怒り，不安などの強い感情が駆け巡るのを経験するかもしれません。友人や身内がその深刻さを理解してくれなかったり，介護に縛られていることに共感してくれない場合，このような感情に対処できないと感じるかもしれません。たとえば，交通事故による頭部損傷に苦しむ16歳になる息子の37歳の母親は，他人から「強い」「強い」と言われると，拒絶されているように感じました。自分では少しも強いと感じていなかったし，怒りと悲しみに打ち負かされそうだと思っていました。息子にできる限りのことをしていたのは，不幸にして他に選択の余地がないと思っていたからです。他人が彼女の強さをほめるのは，彼女が本当はどう思っているかなんて聞きたくないし，聞くつもりもないと宣言されているかのようでした。そして，「あなたは充分強くて1人で介護ができるから，手伝う必要はないだろう」と言われているかのように思えました。彼女は余計に孤独とストレスを感じました。

　共感は感情的支援――話を聞いてもらっている，理解されている，ケアされていると感じること――のための通貨です。周囲の人がきちんと共感を持ってあなたの感情に注目してくれたなら，介護の重い負担を背負ったとしても，自分を見失わないでいられるかもしれません。あなたの感情が誰にも興味を持たれなかったら，負担が比較的軽かったとしても，自分は恵まれず

消耗していると感じるかもしれません。

　私たちのほとんどは主に家族——配偶者，両親，きょうだい，いとこ——との共感的なつながりを期待します。しかし，家族関係に葛藤や距離があれば，介護が困難なぬかるみにはまってしまっても，話を聞いて理解してもらうことができないかもしれません。感情的支援がないために，介護をやめてしまう人もいるでしょう。すると他の家族が辛い思いをすることになります。とにかく，自分を保てるように，周囲の共感的支援を受ける必要があります。もっともよいのは，介護によってあなたの気持ちがどうなっているかということに病気の本人や医療者が気づいて，あなたの気持ちを聞く時間を作ったり，思いやりをもってくれるようになることです。「元気な配偶者協会」(Well Spouse Association) やアルツハイマー協会，地域の病院や教会などで開催されている介護者をサポートするための集まりに参加するだけでも，討論会で感情を表現できたり，同じような苦境にいる人たちからの支援が得られるようになるでしょう。

　感情的支援を提供してくれる心やさしい人を見つけることはそう難しくはありません。しかし，すべての期間にわたって，後方支援部隊のように信頼できる支え手を見つけることは難しいかもしれません。愛する人が病気になると，家族が病人の周りに一堂に会し，お互いに助け合う約束をするのはよくある光景です。しかし，病気が長びくにつれて，個人や自分の家族の事情で介護から抜ける者が出てきて，その責任は残された家族の肩により重くのしかかってきます。最終的には多くの例で，たった1人のメンバーが食事の世話をし，抱え上げて移動させ，着替えをし，なだめたりすかしたり，楽しませたりといった毎日の介護の大半をすることになります。しかし，一番介護をしている人が少しでも休めるように，他の家族の1人か2人が，薬局に薬を取りに行ったり，食料を買いに行ったり，時々は病人の「ベビーシッター」になるくらいの手伝いはできるでしょう。

　介護戦略の視点では，短期的には，少人数の身内が丁寧に介護することが，おそらくはもっとも効率的な方法でしょう。「料理人が多いとスープがダメになる（船頭多くして，船，山に上る）」という諺があります。たくさんの

家族を巻き込みすぎると，日々の介護についての判断がしづらくなるからです。しかし，何年にもわたって介護を1人でやっていると，「ずっと病人のそばにいるのは私だけだから，私以外の誰も介護のことはわからない」と思い込みがちです。ですから，長期的な介護計画においては，介護を少数の人に集中させることはよい結果をもたらしません。あなたが1人で膨大な介護の大半を担っているとしたら，何カ月，いや何年にもわたる肉体的，感情的な疲労の蓄積で苦しむことになるでしょう。自分の人生を楽しむことを諦めていたなら，贅沢にもそういう楽しみを持っている他の家族に次第に怒りを覚えるようになるかもしれません。継続した後方支援を受けなければ，燃えつき，病人の介護がまったくできなくなる危険性があります。

　日々の実質的な支援を受けるには，主に2つの方法があります。1つは資格を持つ専門家による介護支援をうまく利用すること。ナース・エイドや介護ヘルパー（Home Health Companions）は，慢性的で重症の病人を介護するための米国の制度です。介護の一部をきめ細かく請け負ってくれるので，介護による消耗や悲嘆が軽減されます。在宅医療の代理店を通して雇うと料金が高くなるかもしれませんが（一般的には1時間15ドル以上），新聞の広告や教会からの紹介であればそれほど高くないはずです。2つ目は，病人に関わりのあるすべての身内に介護義務を委任することです。情報を共有し，介護義務を分かち合う家族会議を定期的に行えば，それはできます。一番よいのは，誰が誰のために何をするのかという問題をできるだけ民主的で公平に解決するために，きょうだい，両親，叔父や叔母たち全員がいるところで，率直に，隠し立てせず，とことん話し合うことです。この交渉がうまくいって，すべての犠牲と負担が全員に分配されたなら，病状の危機が長びいても全員が何とか持ちこたえることができます。

　5人の成人した子どもを持つ一人住まいの父親が，重症の心臓疾患のためだんだん衰えてきて，食事や家の階段の上り下りに毎日補助が必要になったとします。子どもの1人が父親を助けるために引っ越してきました。他の4人は，自分たちができることはすべてやると約束しました。きょうだいは父親抜きで数カ月ごとに会い，父親の病状悪化やどんな介護を必要としている

かについて話し合いました。そして，各自が特にどの部分に責任を持つかという同意を含んだ介護計画を立てたのです。彼らは工夫し，全体の計画を定期的に修正もしましたが，それは実際には公平なものではありませんでした。きょうだいのうち2人は自分の家庭に問題を抱えていて，最小限の手助けしかできず，残りの3人でほとんどの介護を担うことになりました。しかし，完全にでなくても，父親と同居している子どもの責任を全体として軽減し，分け合ったので，お互いに支えられていると感じることができたのです。

　身内が互いに助け合う手段は，他にもたくさん工夫できます。週ごと，月ごとに家族会議を招集する，インターネットサービスでチャットルームを立ち上げる，「家族介護カレンダー」を作るなど。介護サービスの月々の支払いを含む経済的な取り決めもしておきましょう。介護からの休息のために，定期的に親戚に代行を頼んでもよいでしょう。あなたの工夫や家族間の協力態勢によって，できることはいろいろあります。

　情報，共感，きめ細やかな支援があれば，どのような状況においてもなんとか介護をやっていくことができます。しかし，それにも1つだけ条件があります。利用可能な支援は積極的に使うべきだということです。これは，多くの介護家族に共通した3番目の問題点です。介護者は提供される支援のすべてを最大限に利用しません。「神様は，耐えられるだけの試練をお与えになる」というようなことを言って，自分の家族は支援の必要はないと言うのです。心配した医療者が「ストレスを解消できていますか？」と質問してもそれを払いのけ，「まったく大丈夫です。心配すべきは病人ですよ」などと，もっともらしく答えます。このような人たちは他人が家に立ち入るのを好まず，介護は自分たちですべきと信じているので，たとえサービスが保険で賄われることを知っていても，看護師やホームヘルパーを家に入れようとしません。そしていまだに，多くの介護者が苦労でやつれ果てているのです。なぜ，利用できる援助をすべて利用しようとしないのでしょうか？　理由のいくつかは利他主義的なものです。誰かの人生に影響を与える立場を自分の特権として，他人に義務を負担させようとしないのです。もっと自己中心的な理由もあります。義務を怠っていると非難されたとき，支援を受けていると

罪悪感を感じるので，それを避けようとするのです。それほど非難されているわけではなくても，このような介護者は英雄的な役割を意識しているので，もし介護に対する自分の貢献度が誰かよりも低いと見なされると，いたらない自分を責めてしまいます。自分のような介護は誰にも真似できず，他人の助けは邪魔になるだけだと思い込んでいるからです。介護に没頭するあまり，周りが見えなくなってしまう人もいます。テレサがそうであるように，支援を利用することを理屈だけで説得するのはなかなか難しいのです。

もし，あなたが助けや支援を受けたくないなら，それはなぜでしょうか？
- 介護することを自分の特権と感じているから？
- あなたと同じようには誰もできないから？
- あなたには他の人より介護のための時間と体力があると判断しているから？
- 責任放棄のように感じて，それが罪悪感を引き起こすから？
- 何かを変えると誓いを破ることになると考えているから？
- あなたがただ1人の介護者だと決めてしまったから？

翌週，テレサはローラとの緊迫した電話のことは何も言わなかったが，テレサの無愛想な態度は，まだ彼女が腹を立てていることを示していた。ローラは姉の行動にこめられた複雑なメッセージにどう反応していいのか戸惑っている。姉は，助けが必要なのでは？　というちょっとした勧めにも憤慨する一方，追いつめられたような表情で山積みの洗濯物を運んで，奉公人のように家中をばたばた歩き回る。足を踏み鳴らすのは地下の書斎に隠れている夫へのメッセージだろう。母が早く元気になって，負担から解放されたいという願いかもしれない（家でのリハビリのおかげで母は少し元気になり，今ではゆっくりとなら歩けるようになっていたが，食事や階段の上り下りにはまだ姉の介助が必要であった）。家族の病気のことで神様に向かって拳を振

第三章

り上げるようなものなのかもしれない。

　ローラには3つの選択肢が残されていたが、いずれもよいものではなかった。姉との対立を避けることで、壊れやすい平穏を保つことができる。しかしそうすることで、姉が引き続き自宅で強硬に動き回り、その都度母が縮こまるという光景をこれからも目の当たりにしなければならず、自分が苦しむことになる。母のがんをきっかけに生じた自分の感情的な混乱について姉と話し、もっと手伝うことを申し出ることもできる。しかしそれは、姉に怒りや自己防衛的な姿勢をもたらすかもしれない。姉の必要とすることを直感的に感じとれるようになればよいのかもしれない。ストイックな介護者にとって、助けを求めることは敗北を認め、面子を失うのと同然なので、支援を求める代わりに、何も言わないでも自分がしてほしいことを察してほしいと周囲に期待する。しかしローラは千里眼を持っているわけではない。姉からはっきり指示してもらわなければ、どうやって助けたらよいか、あて推量で試行錯誤するしかないし、それが間違っていたら、きっと非難されるだろう。

　ローラは、姉の性格について知っていることが外れないのを期待しながら、とりあえず3番目の選択を選んだ。母親のアパートから取ってきた衣類や日用品、新しく購入した雑貨や洗面用具を持って、数日おきに姉の家に立ち寄る。そのような品々の一部をはじめて持って行ったとき、姉はしぶしぶ受け取った。次の時には、喜んでいるかのようにかすかに笑った。その感じに勇気づけられ、ローラはある日、大きな賭けをすることを決めた。彼女は台所にいる姉に近づき、姉が用を済ませるために外出できるように、自分が数時間母親と一緒にいようと提案したのだ。しかし姉の表情はすぐに強ばって、ローラに冷たく言い放った。「そんな必要はないわ、私は大丈夫。いらないわ」。ローラはすばやく「そう、でももし気が変わったら……」と答えた。しかし、姉はもう話は終わったというように、皿でいっぱいの流し台に顔を向けた。

　その夜の夕食後、ローラは夫のブラッドと居間で紅茶を飲んでいたが、姉の反応にまだ怒っていた。姉が全部を取り仕切ると言い張るために、姉自身は辛くなり、姉の夫はイライラし、母は不安になっていると、夫に不満を述

べた。ローラは母の主介護者になろうとは思わないと夫に断言した。彼女は充分に安全な距離を取り、姉のように密着した介護にならないようにして貢献したいと思っていた。皆が周囲から支援されていると感じられるように、もっと仕事を分け合うことを願っている。ブラッドは紅茶を一口すると、マグカップをコースターの上に静かに置いて、馴染み深いアドバイスをした──お姉さんに手紙を書いて、自分の気持ちを外に出すこと、そして、それを送るかどうか決めること。

❦

　手紙を書くのはよく行われる治療技法ですが、それにはいくつか目的があります。書き手にとっては、感じていることを整理して明確化し、自分自身をより理解するという意味があります。手紙が現実の会話よりも、表現するのが難しい感情を吐き出したり、感情を慎重に表現できる方法だからです。読み手にとっては、他人の考えを知り、ゆっくり時間をかけてそれを吸収する手段となります。メールやインスタントメッセージの時代にあってさえも、返事をする前にはメッセージを何度か読み返すものです。この間によって、言われたことを受け止め、カッとして返答するのではなく、きちんと考えた上で答えることができます。家族の感情が高ぶりがちな介護などの状況では、時に手紙を送ることで、親族が怒りのあまり衝動的な反応をすることなく、他人の意見を聞けるようになるかもしれません。会話はもっと礼儀正しく、生産的なものになるのです。

❦

　夜寝る前に、ローラはコンピューターの前に座り、カタカタとキーボードを打った。10年前の一時的なうつ以来、習慣的に日記をつけていた彼女は、よく、頭に浮かんだあらゆることを書き出して気持ちをすっきりさせていた。今夜書くのは、私が無能であるかのように扱う姉の仕打ちへの不満だ──今回のことだけでなく、これまでの人生を通していつも、見下したような口調で、時には怒り、時にははねつけ、恩着せがましかった姉。指がキーボード

第三章

を跳ね回っている間に、彼女は怒りを感じてきた。それでいったん休んで、思いを亡き父に向けた。お父さんは私が押し切られそうなときは、いつも姉との間に立ってくれた。そのようにして父親に助けられたいくつかの思い出、父親の病気と死について書いてみる。父親の葬儀を思い出すと、突然、彼のお墓の前ですすり泣き始めた姉の姿が、心にはっきりと浮かび上がった。そのイメージによって、姉への怒りはいくらか消えた。彼女は、頭にきた直後にはぶっきらぼうに振る舞うが、内面は感じやすいのだった。また浮かんでくる考えをタイプしながら、ローラは姉の悪口でなく、姉を認めるような文章を書いていった。「姉は自分の行いで時々人を傷つけることがあったとしても、姉はいつも正しいことをしようとしているのだ」

　ローラは姉に同情的になり、今夜思いついたことを記録して、姉にメールを送る準備をするために、パソコン画面の前でマウスを何度かクリックし、慎重に書き出したメッセージの一部分を読んでみた。『今は、あなたへのたくさんの不満を隠さず言います。せっかく助けがあるのにそれを全然使おうとしないので、心配しています。母さんは難しい手術を受けて弱っています。今後がんが進行したら、もっともっと弱ってしまうでしょう。もし私や周りの助けを受けないなら、その時どうするつもりなの？』。彼女はメールをなだめるような調子で締めくくった。『私はあなたを心配しています。そして、私たちみんなの最善の幸せを望んでいます』。読み返してみて、あまりにも厚かましすぎないかと思った。しかし、際限なく物事を考えてしまう自分の性格を知っていたので、ローラはすばやくカーソルを送信コマンドに持っていき、しばらくためらった後に、クリックしてメッセージを送信した。姉がどんな反応をしようとも、少なくとも自分の感じたことは書けたと思った。

　テレサが寝る支度をしていると、夫のクリストファーが寝室に足音を立てて入ってきて、地下室のコンピューターにメールが届いていると告げた。これには、いろいろな意味で驚いた。こんな夜遅くにメールを受け取ったこと。いつもなら面倒くさがる夫が、こんな時間にわざわざ言いに来たこと。ここ数週間というもの、彼女が寝静まるまで仕事を続けていた夫が、とにかく上

に来たこと。いったい誰がメールを送ってきたのか，夫はなぜわざわざ知らせに来たのか，手がかりを得ようとクリストファーを見たが，彼はただ穏やかに彼女を見返しただけで，トイレに入った。彼女はバスローブをはおってスリッパを履き，足早に地階に下りて行きながら，夫はすでにメールを読んだのではないかと考えた。

　地下の書斎に入ると，夫の机の上で書類の山に囲まれている光り輝くパソコン画面に急いで近寄った。チラッと画面を覗き込み，妹からの長いメッセージを見て驚いた。妹がメールをすることは滅多にない。何かあったのかしら？　彼女は椅子に座ってメールを読み始め，画面をスクロールさせる。あの子が不満を感じているですって？　テレサは他の誰よりも自分には不満があると思っていた。自己犠牲の感覚に包まれている人の多くがそうであるように，こんなにも母親に尽くしていることを誰もわかってくれていないと感じていたからだ。しかも，あの子は私の努力を評価しないだけでなく，私の苦労や頑張りを非難している。そりゃ，助けは当然必要だと思う。だけど，そのタイミングは私が決めるべきことよ，とテレサは独り言を言った。母の世話を始めてまだ数週間だもの，何も問題ないし，降参するには早すぎるわ。

　テレサは机の前に座りなおし，手厳しい返信を打ち込み始めた。しかし，数分後に読みなおしてみると，イライラした調子が気に入らず，メッセージを消した。書きなおしているうちに怒りがこみ上げてきた。疲れすぎて感情をコントロールできないことを自覚して，返事は明日することにした。コンピューターをシャットダウンし，重い足どりでベッドルームに戻ると，驚いたことに夫はベッドの中でまだ起きていた。彼はあのメールを読んだのかしら？　「妹だったわ」と，バスローブをかけながら夫に告げ，「母の介護でもっと周りの手助けを受けるべきだって。私はやりすぎだって言うのよ。あの子の悩みの種だって」と続けた。夫はベッドに腰かけ，咳払いをしてから低い声ではっきりと言った。「今回だけはローラが正しいと思う。君はお母さんに集中しすぎて，まわりを排除しているんだよ。僕だって君をずっと助けたかったのに，君は全部自分でしなければという態度だったから」と言った。テレサはびっくりして，「あなたはお母さんと関わりたくないんじゃな

いの？　だからずっと地下室にいるんでしょ？」と叫んだ。「君のお母さんと僕には確かに問題があったよ」と彼は口調を変えずに続けた。「でも僕は君が心配なんだ。君はずっとあちこち走り回って、この世の重しをすべて自分が担いでいるとでもいうように、完全にイライラしている。自分がお母さんをがんから救い出さなければと考えているみたいにね。それを見ていられなくて、ずっと地下室にいたんだ。君には助けが必要だとローラが言うのは正しいよ」。テレサはショックのあまり返事ができなかった。クリストファーは彼女が何か言うのを少しの間待っていたが、彼女は黙ったままだった。彼はベッドに寝転がって妻から顔をそむけた。テレサはさまざまな辛い思いに打ちひしがれ、目がさえたまましばらく横たわっていた。それは馴染みのある感情でもあった。自分がいつものように誤解され、非難されたと感じて彼女は傷つき、腹を立てていた。しかし、新たな思いもあった。妹も夫も、自分に腹を立てていたことが不安になり、混乱もしていた。どうして私ができないと思うのかしら？　私にどうしろと言うの？

※

　主たる介護者となって一生懸命やっている家族に何らかの支援を利用させるには、いくつかの方法があります。説得、同意、分割、目的の支持です。多くの人が最初に試みるであろう「説得」は、効果がもっとも少ないようです。介護の決定は理性だけでなく感情にも基づいているので、人の手を借りることについて理屈だけで議論しても、相手は動かないのです（たとえば「自分のことをもっと大事にすれば、介護にももっとエネルギーを注げるよ」）。また、大げさな表現（たとえば「あなたはやりすぎて、自分の身を危険にさらしている」）は事を荒立てるだけで、事態は何も変わらないでしょう。支援を受けるように圧力をかけられると、テレサのように、逆に狼狽し混乱するだけなのです。家族を集めて全員で介護者を説得したとすると、彼女はそれに屈して支援を利用するようになるかもしれませんが、強引なやり口に腹を立て、受身的な抵抗をするようになるかもしれません。
　自分のことをなげうっている介護者に支援を利用させるには、「同意」や

「分割」を使うとうまくいきます。主たる介護者は，家族としての義務感や強い道徳心から，24時間ぶっ通しで愛する人の世話をしなければならないと思っています。そのため，家族の「同意」を表明したり（「自分の時間が必要なら，どうかそうしてください」），道徳心を「分割」するとよいでしょう（「介護しながら自分のことをしたって罪にはならない」）。こうした伝え方は，理屈や感情的な命令口調より，相手の行動を変える強い力を持っているものです。押し付けがましくならずに説得するには，共感的に沈黙する方法があります。これをすると，相手はあなたから認められ，自分の判断を尊重してもらえたと感じるでしょう。

　しかしながら，このようなアプローチが与える影響は，誰がそれを行うかによって変わってきます。特に，その人物がどのくらい説得力を持ち，どのくらい感情を理解しているかによります。医療者，特に医師は，よりよい環境にするための医療計画の一部という名目で，家族が支援を利用することについて，まるで処方箋のようにアドバイスできる特別な立場にあります。しかし，他の治療法と同様，医師に理解されていると感じられなければ，介護者はその処方箋を信頼しません。医師は，支援を利用するように介護者に求める前にその思いに耳を傾けないと，介護者は医師の忠告を自分には必要ないこととして拒否するかもしれません。介護者に影響を与えるのは，医師よりも病気のご本人です。ご本人が介護助手を雇うことを提案し，勧めるなら，介護者に支援の導入をためらわせている罪悪感や義務感を減らすことができるでしょう（反対に，病人が介護者に片時もかたわらを離れないようにと懇願したり，他人が介護に入ることを許さなかったら，介護者は支援を利用することにさらに抵抗を覚えます）。

　しかし，介護者に支援を利用させるもっとも効果的な手段は，大切な人を介護することについて抱いている目的意識を支持することです。頼まれてもいないのにどうすべきかを助言する前に，まず，どうしてそういうふうに介護をしているのか，それについてどう思っているのかを，介護者に尋ねることが不可欠です（「どうしてそんなふうに，毎日介護に専念できるの？　あなたはそれで大丈夫なの？」）。その介護に問題があるというのではなく，彼

女がしていることへの驚きが伝わるように質問を投げかけます。純粋な好奇心をもって尋ねれば，介護者の人生において介護がどのような意味を持っているのか，心のこもった返答をしてくれるでしょう（「神の思し召しです」「彼にもらった愛情の恩返しです」「よい娘でいたいだけ」など）。どんな目的であれ，その使命の価値を尊重し，違う方向に導こうとしないことが重要です。介護者は，自分の誓いを果たすことを応援してもらっていると感じる必要があるのです。

　ここまであなたが介護者の目的意識を支援する立場にいるのだとしたら，他の誰よりも，介護方法についての疑問や問題点を一緒に相談し，検討し合える可能性が高いと思います。特に，もっと多くの支援を受ければ，あなたの努力がもっと実を結ぶのではないかと聞いてみることができるでしょう（「もし誰かの手を借りたとしたら，神様の思し召しにもっと叶うことができるんじゃない？」「もしあなたがもっと元気になったら，彼の愛情にもっと恩返しができるんじゃない？」）。これは，支援の利用に関するあなた提案を介護者に受け入れさせるために試みる単純な説得とは，明らかに違います。まず介護者の使命を尋ね，その正当性を認めれば，どのような観察や提案も，彼女の側に立ったものであることを理解してもらえるでしょう。

> 主たる介護者に支援を受け入れさせるには，次のようにやってみるとよいでしょう。
> - 穏やかに説得する：強引なやり口は，ただ積極的もしくは消極的な抵抗を生むだけです。
> - 理解ある医師に協力を求める：主治医を信頼している介護者ならば，主治医の言うことには耳を傾けるかもしれません。
> - 命令ではなく同意する：「あなたの時間をすべて介護にあてるべきではない！」と言うより，「あなたが自分の時間を持つことに，私たちは全面的に賛成よ」と言います。
> - 話すより尋ねる：介護者の目的意識を明らかにし，支援を受けること

でその使命が達成しやすくなることを確認します。
- 病気の本人に協力を求める：介護支援を受けた方がいいと患者自身から言われるのが，一番強力です。

　その夜は長かった。テレサの使命感は揺さぶられたが，少しも弱くはならなかった。ローラの説得の試みは彼女をイライラさせただけだった。問題に直面させる夫の企ては，変化よりもショックを与えた。テレサはいつまでも眠れずにベッドに横たわりながら，みんなに不当な仕打ちを受けたと考え，以前よりさらに助けがないと感じていた。そして，みんなの同意があろうとなかろうと，自分にとって重要なことをやり続けようと誓った。もし彼らが本当に役に立ちたいなら，母を助けて，自分を批評したりはしないはずだ。明日の朝，そのことについて，ローラとクリストファーを正さなくては。
　寝室から階下に向かって音が下りてくるのが聞こえた。母が起きて，歩行器でトイレまで歩こうとしているに違いない。テレサは母が自分を呼ばなかったことに驚いた。そして，少なくともここ1週間は，夜中に呼ばれていなかったことに気づいた。ずっと1人でトイレに行っていたのかしら？ 不安になりながら思いをめぐらす。もし転んで腰を打ったら？ ベティはベッドから起きて，階下を見下ろし，娘が使っていた部屋に向かっていた。テレサが行ってみると案の定，寝室のドアが開いていて，隣にあるトイレのドアが閉まり，その間からかすかに光が漏れている。トイレの水が流れる音がして，合成樹脂の化粧板に歩行器があたるコツコツという音が聞こえた。テレサは少しの間，暗い廊下で手持ち無沙汰に立ちつくし，複雑な気分を味わっていた――母が1人で歩くのは不安だし，母のトイレをひそかに見張っているのは気まずいし，助けを呼ばなかったことにはいささか腹が立った。同時に，まだ小さかった娘たちをベッドまで抱えて連れていかなくてはならなかった時のような，奇妙な既視感を感じた。トイレのドアがゆっくり開くと，母が敷居をまたいで歩行器を押してきた。テレサはやさしく声をかけた。「母さん」。老いた母はビクッと頭を上げた。「ここで何してるの？ こんな

ことで怖がらせないで」。彼女は娘だと気づくと、怒りっぽい口調で言った。「もう1人でトイレに行けるんだから。どうして起きてきたの？ もう充分よ。ベッドに戻りなさい」

　テレサは面食らってぼうっとしたが、母は驚きすぎて怒りっぽく意固地になっているだけで、この言葉は本心ではないとわかっていた。しかし、ローラの手紙とクリストファーの忠告の後では、母親の反撃は顔を平手打ちされたかのように感じられた。防衛的になることを抑えられなかった。「私がやりすぎてるって言いたいの？ 介護を受けるために私の家にいるのに」。母がイライラすると、テレサが無愛想になったとき以上に手に負えなくなる。「特別扱いや子ども扱いはされたくないよ。できるだけ早く家に帰るつもりなんだから」と母は言った。

　ベティは寝室に向かって歩行器を押していたが、部屋に入る前で立ち止まった。彼女が振り返ると、暗い灯のもとで娘が動揺している様子が見えたので、「ごめんね。鎮痛剤のせいで疲れて、イライラしているの。さっき言ったことに他意はないのよ」と言った。テレサは心の痛みを漂わせながら「わかってる」と静かに答えた。ベティはさらに「あなたがしてくれたことには本当に感謝している。私がしてほしいことをすべてやってくれたもの。私は一人暮らしを続けてきた頑固なおばあさんだから、人から何かされるのに慣れていないだけ。それに今は虫の居所が悪いみたい。いい？ あなたは間違ってないのよ」と言ってから立ち止まり、それが娘にどう受け止められたか推し量ろうとしたが、娘はただ母親を見つめるだけだった。この場をもう少し修復する必要を感じて、ベティは「あなたが私の世話をしたいのかどうか、よくわからなくて」と続け、小さな声で尋ねた。「どうして私に何でもしてくれるの？」。テレサはためらうことなく答えた。「母さんを愛しているから。これまで私にたくさんの大事な物をくれたから。父さんのときも、母さんはこんなふうにちゃんとお父さんの世話をしていたじゃない。母さんが私に、家族はお互いに何をすべきか教えてくれたの」。夫のことを聞いて、ベティは悲しみにとらわれた。「あなたは父さんにもよくしてくれたわ。そのことであなたに感謝しているし、今、私の世話をしてくれていることにも

感謝している」。「いいのよ」とテレサは答えた。ベティはため息をつくと，寝室に向かってゆっくりと歩き始めたが，もう一度立ち止まって娘の方に向き直り，「私はプライドが高いから，いつも人の助けを拒んできた。でも，今，自分が病気になって，それが私を苦しめている。いい，あのね，他の人が私の介護を手伝うことを認めてほしいの。他にも家族はいるんだから。いったん化学療法が始まったら，私はたぶんもっと悪くなってしまうから，あなたに全部の負担を背負ってほしくない」と言った。テレサは言い返したかったが，今はその時でも，その場所でもないと思いなおした。テレサはどっと疲れを覚えた。この会話で最初のうちの緊張はほぐれたが，精神的に疲れてしまった。テレサはただ，「わかった，やってみる」と答えた。ベティは「おやすみ」と言って寝室に向かった。テレサは母親がベッドに落ち着く音を聞くまでしばらく待ってから自分の寝室に向かい，一瞬で眠りについた。

翌日，目が覚めて時計をちらりと見たら，もう9時を過ぎていたので，テレサは慌てた。クリストファーはいつものように仕事に行く前に彼女を起こさなかった。母さんの朝ごはんは？ テレサはベッドから飛び起き，廊下に向かった。ベティはすでに着替えて，寝室の肘掛け椅子に座って推理小説を読んでいた。テレサが思わず「ごめんなさい，寝坊しちゃった。朝ごはんを作るわ」と言うと，ベティが「クリストファーがもう作ってくれたわ」と言うので，テレサは驚いて「わかったわ」と答えただけだった。母親が読書に戻ったので，テレサはゆっくりと自分の寝室に行き，部屋着をはおり，コーヒーをとりに階下に向かった。

まだすごく疲れを感じていた。昨晩はよく寝たが，数週間の母の介護が明らかに負担になっている。彼女はコーヒーをたくさん飲んで，元気を出そうとした。しかし，今朝の気分は昨晩よりずいぶん穏やかになっているようだ。昨晩は母親との会話で多少傷ついた。「特別扱い」と言われたことや父の死に関する記憶，化学療法への悪い予感を聞いて，心が痛んだ。しかし，母が述べた感謝の言葉は，テレサにとって大きな意味を持つものだった。彼女は理解され，正当に評価されていると感じた。他人の助けを拒んできたことに

ついての母の考えもテレサの心を動かした。自分は母親似だと思っているし事実それを誇りにしている。母親が支援への抵抗を克服するべき問題ととらえていたのなら、それは自分にも当てはまるのだろう。

空になったコーヒーカップを流し台に置き、彼女は地下の書斎に下りていった。パソコンを起動し、妹のメッセージを読み返す。昨晩は批判がましく傲慢に感じられたメールの調子も、今日はやさしく思える。重要な点で譲歩するつもりはなかったが、それについてきちんと話し合えそうだ。「返信」ボタンを押して、妹に返事を書き始めた。「お互いに不満がたまっているみたいね。話し合った方がよさそうね。こっちに来られる?」。しばらく考えて、「外出できるように、今晩お母さんと一緒にいてくれないかクリストファーに頼んでみる。よかったら軽く食事をしましょう」と付け加えてからメッセージを読み返し、肩をすくめて、「送信」ボタンを押した。

何らかの支援を活用することは、介護の試練を乗り切るために非常に重要です。しかし、どれだけ支援を利用できたとしても、介護するということは、あなたと家族の人生を犠牲にすることを意味します。最初に介護計画を立てた時点よりも、犠牲が多くなることもあります。すると、時が経つにつれ介護に対処できなくなります。介護が長びく場合は特に、犠牲と向き合い、それに対処する気持ちの準備をすることが鍵となります。詳しくは次章で述べます。

介護者も医師のケアを必要とする

Q 多発性硬化症の母に付き添って神経内科外来を受診すると、医師はいつも私に指示だけします——薬を受け取るように、お母さんにストレスを与えないように、足元がふらついても安全なように家の環境を整備するように、と。

でも，私がどう思っているのか，指示されたことを私ができるのか，決して尋ねてはくれません。どうすれば私の気持ちや希望を，医師にうまく理解してもらえるでしょうか？

A　医師たちはずいぶん家族に注目するようになってきています。親を介護している子どもたちと細やかにやりとりして，子どもたち自身の健康状態についても尋ねたり，信頼できるパートナーとして患者のケアに参加してもらおうとする医師もいます。一方では，介護者の関心に注意を払わず，看護師の代わりか何かのように命令する医師もいます。医師が介護者の気持ちに鈍感な理由はさまざまです。「感情を持つ」家族に関わるための訓練不足や自信のなさ，もしくは，そんなことは医師の専門外だという意識があるのかもしれません。時間がなくて，長くなりがちな家族との話を避けるのかもしれません。病人のケアに慣れすぎているので，専門家でない介護者がどう思い，彼らに何ができるかということを考えないのかもしれません。この質問にある情報だけでは，お母様の主治医が取る態度の理由はわかりません。しかし，医師との関係を変えるためにあなたができることはあります。

　紙と鉛筆ほど医師の注意を引くものはありません。神経内科を受診するときに毎回，質問と観察記録をメモして行ってはいかがでしょう。診察が終わるまでに聞きたいことがあると，医師にはっきり伝わるはずです。診察が始まったとたんに医師があなたの手からメモを取り上げ，急いで質問に答えようと必死になる姿が目に浮かびます。お母様と別に，あなただけで医師の予約をとる方法もあります。そうすれば，お母様の予後について率直に話せますし，ゆくゆくは動けなくなることへの心配や自分の限界について，詳しく伝えることができます。医師はあなたの立場をより理解して，注意を払うようになるでしょうし，あなたという人をある程度は理解してくれるでしょう。そうすれば，医師があなたに命令することは二度となくなるはずです。

　主治医との関係を変え得る手段は他にもたくさんあります。全米家族介護者協会（National Family Caregivers Association）のホームページからは，「医師と介護者のコミュニケーションを変えよう」というパンフレットを入

手できます。また同協会は，診察でより多くの成果をあげるための介護者訓練プログラムを，全国的に運営しています。

1人ですべてをやりたがる

Q 兄は糖尿病の母を介護しています。私が何を言おうと，兄は私が家族介護者の1人だということを認めようとしません。母親の介護は息子として果たすべき役割だと思っているのです。私は兄が何らかの手助けを受け入れるよう，心を開いてほしいのです。どうすれば兄が，息子としてだけでなく介護者として自覚を持って，私や周りの支援を求めるようになってくれるでしょうか？

A 私には，お兄様が自分を「介護者」と考えているのか，「介護する息子」と考えているのかわかりませんが，介護者は多くの場合，自分自身についてそのようには考えずに介護をしています。お兄様が家族としての義務を果たせるように自分もできる限りのことをしたいのだと，お兄様に話してみましょう——そうすれば，彼が使命を果たせるように手助けする方法が見つかるはずです。

周りから援助を受けることを押し付けてはいけません。助けを求めることは義務を怠ることだと考える人は多いのです。介護をもっとよくするために支援を探すと，お兄様は面子を失うことになりかねません。それよりも，お兄様の介護に協力を申し出ることをお勧めします。食料品や日用品をもってお母様の家を訪ねましょう。映画に行ってもらうもよし。外出して，散髪したり，用事を済ませたり，ゴルフに行ったり，自分のしたいことをするための時間を作ってもらいたいと伝えましょう。お兄様が抵抗を示すなら，丁寧に受け入れて，反論しないようにします。（主介護者に援助を受け入れてもらうためのヒントがp.88にあります）。

お兄様にホームヘルパーのような専門の支援を受けることを説得するのは，さらに難しいかもしれません。自分で専門家に頼むこともないでしょう。この場合，極めて慎重に紹介する必要があります。たとえば，クリーニング

サービスを1カ月試してみて，もし気に入らなければ断るという約束で利用を始めるのです。ほとんどのケースで，誇り高い介護者が専門の支援を長期間続けるのは，雇った専門家が本当に役立った場合だけです。

お兄様の立場や献身的な愛情をできる限り尊重するべきです。しかし，まず手始めとして，お兄様とお母様のためだと進言してみましょう。

燃えつきのサインに気づく

Q 飲酒運転で中等度の脳障害となった父の介護を5年続けています。妹たちは去年から，私が燃えつきそうなので父を介護施設に預けるべきだと言い続けています。父はアルコール依存症なので，妹たちとは関係がよくありません。妹たちのアドバイスは父を嫌いだからか，本当に私を心配してくれているのか，わかりません。確かに疲れてはいますが，燃えつきているかどうかわかりません。どうすればわかるのですか？

A 「燃えつき」は，はっきりした定義のない一般的な用語です。もともとは電化製品がオーバーヒートして障害が起こった状態を示すものだったようです。近年ではロケット工学の分野で，燃料が燃えつきてミサイルが地上に落ちることを指す用語として使われるようになりました。臨床心理士たちは，労働者の慢性的なストレスについて組織的に研究するようになり，生産性と満足感が失われて労働者が苦しむ状態を示す言葉として「燃えつき」を使うようになりました。自分をなげうって長期間介護する人には，ミサイルのたとえがよく当てはまります。エネルギーの最後の蓄えまで使いきったら，墜落してしまうのです。

燃えつきの典型的な兆候としては，疲労感，イライラ，不眠，無力感，自分の仕事に対する価値喪失，自己軽視の傾向があると一般的にいわれています。これはうつ病とかなり重複しています。もしこれらの症状のうちいくつかがあてはまるなら，家庭医を受診して正式な診断を受けることをお勧めします。評価方法として，いくつかの自己記入式質問紙があります。もっとも

よく知られているのが，スティーブン・ザリット博士らによって開発された「燃えつき評価尺度」(the Burden Interview)で，多くのウェブサイトから入手できます。医師は質問紙の得点に基づいて，どのように対処すべきかフィードバックしてくれたり，燃えつきないために介護のやり方を修正する必要があるかについても提案してくれるでしょう。

　結局は，お父様の介護が，あなたにとって過重かどうかで判断することになります。妹さんたちは傍観者というわけではなさそうです。私は妹さんたちの心配も理解できます。アルコール依存症患者の家族会であるAAの会合に出たことがないのなら，参加してみてはいかがでしょう。あなた自身の動機を探るよい方法が見つかるかもしれないし，妹さんたちもきっと喜ぶでしょう。妹さんたちと話し合うこともお勧めします。彼女たちが心配してくれることに感謝の気持ちを示し，彼女たちから見て何が一番気になっているかを分かち合いましょう。妹さんたちがあなたを心配する理由には，お父様を遠ざけようとする目的があるのかもしれませんが，彼女たちが否定するなら，その話題はやめておきましょう。彼女たちがあなたの決定を支持してくれるかどうかが，あなたにとって特に重要なのだとはっきり伝えましょう。妹たちが常に手を貸してくれれば，介護への情熱を維持できるかもしれません。批判され続ければ，情熱は煙のように消えてしまいます。

孤独と行き詰まりを感じています

Q 私の母には腎不全があり，日々，身体的，時には精神的にも多くの助けが必要です。週に3回，透析のために病院に行かなくてはなりません。私は新しい友達を作ったり，友人関係を続けたりすることが非常に難しくなっています。この病気のことや，透析の必要性を理解してくれる人はほとんどいないからです。母が病気になる前の友達も，皆いなくなってしまいました。地域住民は支えになってくれません。地域支援グループも見つけましたが，私の状況には馴染まないように思えます。フルタイムの勤務と介護と家事の合間をぬって，趣味や習い事もしてみましたが，ついていくことができませんでした。もう行き詰まっ

ているように感じていますが，孤独感を減らし，支援を見つけるよい方法が思いつきません。どうすればいいのでしょうか？

A　あなたの介護状況には，あなたを消耗させ落胆させるいくつかの大きな要素があるようです。周囲の理解が得にくい病気だということ，その治療に関わらなければならないこと，適切な支持や支援を得られないこと，思いつく限りの改善策が底をついてきたことです。しかし，この質問で一貫しているのは，お母様の介護に対する揺るぎない献身的な気持ちと，状況が改善することへの希望を持ち続けていることです。そうでなければ，あなたはきっと，新しい可能性を探す前に諦めで心を閉ざしていたことでしょう。あなたが試してきたことのすべてを把握できていないので，適切なアドバイスは難しいですが，3つの面について考えてみてはどうでしょうか。

　1つは，あなたが手助けを求めていた周囲の支援についてです。多くの人は家族や地域のサポートグループに目を向けると思います。親戚，近隣者，教会グループなど，地域で活用できる団体にすべて連絡しても納得のいく返答がもらえないとしたら，インターネットの時代ですから，ぜひ国内外の団体を検索してみてください。腎疾患についてのホームページはたくさんあるので，あなたとお母様にとって必要な医学的知識や，話のできるチャットルーム，地域別のグループの連絡先を探すことができるでしょう。直接的な支援にはならないかもしれませんが，行き詰まってしまった改善案への現実的なアドバイスは得られるのではないでしょうか。さらに重要なのは，あなたの状況を共有でき，心底理解してくれる人と出会えるチャンスがあることです。インターネットを通じて介護者同士に強い友情の絆が生まれ，毎日のように話し合いの場を持っている人たちを，私は大勢知っています。

　2つ目は，あなたが支援を求めてきた方法についてです。空の井戸から水を汲むことはもちろんできませんが，すべての井戸が空っぽなわけではないはずです。なだめたりすかしたり，駆け引きしたり，何より相手の立場や差し出せる限界を受け止める姿勢があれば，たいていの場合，周囲から何らかの支援を得ることが可能だと思います。ちょっと厳しい質問をご自分に投げ

かけてみてください。私は，自分と母のことについて，周囲が支援しやすい状況を作れているのか？　私が周囲に援助してもらいたいという期待をひっこめているのは，援助を願うと批判されたり哀れに思われたりするような気がするからではないのか？　私が周囲に拒絶されていると感じる理由の1つに，自分の状況を理解してくれていないことや，周囲の反応が鈍いことがあるのではないか？　これらの質問を真剣に考えることで，あなたの支援に対する反応自体が支援を阻んできたという結論にたどり着くかもしれません。思い当たるふしがあれば，相手への期待度をできるだけ下げ，不完全な面も許容する気持ちを持って，もう一度，周囲に助けを求めてみたらどうかと思います。

　3つ目は，お母様の日々の生活についてです。透析治療に行かない日には，料理や縫い物といった軽い家事など，お母様が家庭の中でできる生産的かつ満足できる仕事があるでしょうか？　もしあれば，それを試してみると，お母様は，あなたにすべて依存しなければならないという負担が軽減し，あなたは，娘であり介護者である責任感からくる負担が軽減するかもしれません。お母様の人生が豊かになっていけば，あなた自身も豊かな気持ちになれることでしょう。

第四章
介護に伴う犠牲に対応する

　理学療法を始めてから2週間以上が経った日の朝,テレサの家のキッチンテーブルについたベティは,「もう自分のアパートに戻れる体力が戻ったみたいだわ」と言った。声の力強さからも,母が本気で戻るつもりであることは疑いようがなかった。テレサは驚いて母を見上げた。テレサはいくつかの入り混じった感情でこの日を待っていた。母は先週からなんとか歩行器を使えるようになっていたので,近いうちにこの家から出ることができ,自分は休みなく続いた介護からやっと解放されるのだと期待を持った。しかし同時に,家に帰った母が寝室のカーペットにつまずいて転び,腰を打ち,床の上で苦しんでいるのを数時間後に発見されるところを想像して不安にもなった。もしそんな事態になったら,母が自分自身の不器用さを悔やむのと同じくらい,テレサはそういう状況を作ってしまった自分を非難するに違いなかった。
　テレサは,母が自分の話にどう答えるか思いめぐらしながら彼女を見た。母が持っているカップを受け取り,大事な話を始めた。「母さん,少なくとも化学療法が終わるまではここにいる必要があると思う」。テレサは穏やかな口調で言った。ベティは,がんがどんどん増殖し続ければ,死が訪れる時まで治療は決して終わらないことを,悲しみとともに理解していた。彼女は娘の意見に丁重に異議を唱え,「本当にそうする必要がある時には戻るから」

と約束した。ベティは心の中で，自分の家で落ち着くことが体によい影響を与え，奇跡的な回復を図ることができるのではないかと考えていて，そうならないなら，娘の負担になる前に死にたいと願っていた。テレサには，母がめったに自分の考えを曲げることはないのはわかっていた。彼女は最終的に母の決意を受け入れた。そして，母の帰宅は，残された時間を自分の力で精一杯生きる最後のチャンスになるのだろうと考えながら，敬意を持って母を見た。コーヒーを飲み，トーストを食べ終える頃，母は「この週末に家に帰る時は，ローラが手伝ってくれるって」と事もなげに付け加えた。その言葉にテレサは驚いて言い返そうとしたが，思いとどまり，皿を洗うために立ち上がった。

　昼近くになり，母が休むために2階に上がってしまうと，テレサはローラに電話をかけた。「母さんが自分のアパートに帰るつもりでいたこと，どうしてもっと早く言ってくれなかったの？」とテレサは厳しい口調で言った。ローラは，「姉さんには話さないでほしいって母さんが言ったから……。母さんは，自宅に戻ることを姉さんが止めるんじゃないかと気にしてたんだと思う」と言い訳がましく答えた。ローラはその場をおさめたくて，「母さんは，姉さんがこの数週間にしてくれたたくさんのことに，感謝しているわ。母さんは姉さんの負担を軽くしたいのよ」と付け加えた。テレサは皮肉っぽく「ふーん」と言って，続けた。「でも，母さんが自分のアパートで暮らすためには，たくさんの助けが必要なのよ。この家にいるときと違って，私だってずっと母さんに付き添ってはいられない。どうするつもり？」とテレサが言うと，「私は私の役割を果たすわよ」とローラは答えた。テレサは疑わしげに，「それがどういうことになるか，わかってるんでしょうね」と言った。

　その週末，ベティは自分のアパートに移っていった。母の家を訪れた娘たちは，暗い寝室の中で，衣類を樫の木のたんすに詰め込み，狭いベッドを移動した。さらに，母が薬を飲む順番に沿って，サイドテーブルの奥に錠剤瓶を一列に並べた。母が歩くときのために理学療法士が渡したアルミの杖は，

入り口の隅に立てかけられたままになっている。居間の厚いカーペットを横切って小さなキッチンへ出入りするわずかな距離を，ベティは杖を使う代わりに，ソファや高い背もたれ付きの肘掛け椅子，桜材のテレビキャビネットなどを支えにしながら，ゆっくりと小刻みに歩いた。白い部屋着のポケットには，娘たちからいつも身に付けておくようにと言われている携帯電話が留められている。万一転んだら，それを使って助けを求めるためだ。突然具合が悪くなって救急車を呼ぶのにも必要だった。携帯電話を持たせることは，いつでも母の安否を確認できるよう，娘たちが安心するためでもあった。

　テレサの家から自宅に戻って以来，ベティはブラインドを閉めたままでテレビをつけ，肘掛け椅子に座って物思いにふけりながら毎日を過ごしていた。夫が死んでから10年間というもの，ずっと気楽に暮らしてきたが，今やこの場所からは居心地のよさと快適さが失われてしまっている。がんのこと，自分の将来のことを考えずにはいられない。手術の傷跡は，あと1週間ほどで化学療法を始められるくらいにはよくなるだろう。その後は，また別の化学療法を受けることになるのかもしれない。「それからは？」と自分に問いかけてみる。それから具合が悪くなり，死へと向かうのであれば，いずれ介護も必要なくなるのだろう。恐怖がよぎり，彼女の目は，もう何年も見ることのなかったジョン・スローンが描いた街の風景画の埃っぽい額と，夫と一緒に買ったルノアールの人物画に向けられた。活気のある街角の風景とバラ色の頬をした陽気な人々と自分を比べると，老いた自分，人生から切り離されてしまった自分を感じる。次にベティはコーヒーテーブルの上に並べてある家族の写真をじっくり眺めた。夫が死に，数年が経ってはじめて改めて見たのであった。そこには，いとこの結婚披露宴でネクタイを緩め，ほろ酔い加減でにこにこしている50歳の夫がいる。その写真に向かって，自分がどれほど夫を愛していたか，大きな声で語りかけてみた。子どもと孫の写真に向かって，この子たちにはそれぞれの人生がある，私は子どもたちの重荷にはなりたくないと，自分自身に言い聞かせてみる。しかし，一方では，「娘たちがいないとどうにもならない」という心の声が，ベティには繰り返し聞こえていた。

第四章

　ベティが娘の家から自分のアパートへ戻ったことは，他にも変化をもたらした。ローラが母の介護休暇を取っている間，テレサは仕事に戻ることにした。テレサも毎日母の家に寄るが，新たな決定によって，ローラも介護者の役割を持つことになった。ローラは昼食後，母のアパートへ行き，女性誌の最新号を2冊，コーヒーテーブルに置き，頬と頬をくっつけて挨拶をすると，持って来た食料品を取り出すためにキッチンに入った。居間に戻ると，母のやつれた顔とへの字に曲がった口元が目に飛び込んできて，ローラの心は打ちのめされた。ここにいたのがテレサだったら，母さんの悲しみは無視されてしまうか，それを乗り越えるように説得されただろうか。ローラは自分自身がうつになった経験があるので，やむにやまれぬ気持ちになり，ソファの縁に腰かけて，母の思いを聞こうとした。ベティは，「そうだね，調子は悪くはないよ。悲しいわけじゃなく，とても疲れているだけだから」と抑揚のない声で言った。テレビでは男性育毛剤のコマーシャルが流れていたが，母は少しも関心なさそうだった。ローラには，がんが母の心を悲しみの霧の中に押しやっているように感じられた。肘掛け椅子にもたれた母の体は縮こまり，いつもの母の雰囲気はとっくに失せてしまっていた。

　その日の午後はローラにとってさらなる試練の時となった。テレビの音が聞こえるだけで，アパートはあまりにも静かだった。近くに住む旧友のこと，孫の話，さらには女性誌のことまで話題にして，なんとか母と話をしようとしたが，母は言葉少なに返事をするだけで，すぐに沈黙が訪れてしまう。お茶を入れてもほんの一口すすっただけで，あとはカップの中をスプーンでかき回していた。空気は重苦しかった。午後も遅くなると，ベティはさらに重く沈んだ様子になり，圧迫感は強くなった。ローラは自分の気持ちもへばってしまったことを感じた。5時頃になってテレサが到着した時に，母のうつ状態について話し合うつもりだったが，このアパートから逃げ出したい気持ちの方が強かったので，いったん自分の家に帰ってから電話をすることにした。

「こんなはずじゃなかった」という気持ちがローラを支配した。最初は軽快なスピードで高速を走っていたが，すぐにラッシュアワーの交通渋滞につかまってしまった。6時半過ぎに切羽詰まった表情で家に戻ってきたローラを，夫のブラッドが玄関で出迎えた。「ゆっくりしてきたんだね」と，彼は強張った様子で尋ねた。彼女にはそれが，「なぜ夕食を作るために早く家に帰らなかったのか」と言っているように聞こえた。ローラがキッチンに入ると，ブラッドは夕食の準備を始めてもおらず，テーブルには新聞が広げたままになっていた。一言文句を言おうと振り返ったが，それを飲み込み，ハンバーガー用の肉を取り出すために冷蔵庫に向かった。そして，パテを焼いている間に姉の家に電話をかけた。テレサは「母さんとは楽しく話したわよ」と平然と言った。「私の孫のことを話したし，母さんは医者に言われたことを話してくれた」。ローラは驚いて姉に尋ねた。「母さん，落ち込んでなかった？」。テレサは「いいえ，機嫌はよかったわよ。母さんは落ち込んだりしないわ。何を心配しているわけ？」と答えた。

ローラは戸惑いながら電話を切った。自分の判断が外れていたのだろうか。母は確かにうつ的だった。がんは母の心を傷つけたし，今も傷つけ続けているに違いないのだ。姉は忘れてしまったのだろうか？ ローラは自分のことも疑い始めた。姉が気づけなかったのだろうか？ でも，ひょっとしたら，母はうつ的だったわけではなく，単に静かにしていただけなのかもしれない。それを医学的な面から見てうつ的だと誤解してしまったのかもしれない。ローラは混乱した。彼女は，世界を灰色に見てしまい，他の人もまたそうだと思いがちな傾向が自分にあると知っていた。だから，誤解しないように注意しなければならなかった。来週，母を車で化学療法室に連れて行くとき，母が不安のために疲労困憊しているなどと誤解していたくなかったし，治療のせいで食欲が低下したことを，絶望のためと勘違いしてうろたえたりしたくはなかった。

しかし，もっと恐ろしい考えがローラの心に浮かんだ。私がアパートを出た後に母は元気を取り戻したのだろうか？ 母は姉とはよい関係なのに違いない。2人はいつも近い関係だったわけだし。2人はそれを否定するかもし

れないが，それが事実なのだ。母は私の存在を軽んじていて，今日の午後は様子をうかがっていただけなのだ。こうした可能性を考えると，怒りがふくれ上がってきた。私の介護が評価されていないのなら，なぜ私は，子どもや孫との時間を削ってまで，仕事を犠牲にしてまで，夕食を遅らせてまで，母の世話をしなければならなかったの？　誰のためにもならないのなら，どうして自分を犠牲にしなきゃならないの？

　家族介護者は忍耐強く，寛大で，強くなければならないという，ある種の理想を，私たちは抱いているものです。このような理想像は，アルツハイマー病で認知機能が低下した夫に寄り添うナンシー・レーガンのような，尊敬すべき社会的象徴としてのイメージからも生じています。さらに，家族が互いをどのように感じ，思いやってきたかという，私たち自身の家族経験も影響を及ぼします。以前，ある中年女性から，彼女の母親が不満ひとつ言わずに病気の祖母を介護していた話を聞きました。今は母親自身が高齢となり，病気になったため，母は娘が自分のように不平を言わずに介護してくれることを期待しましたし，娘もその期待に応えていました。介護者が何をすべきでどうあるべきかというテーマは，宗教的信念に基づいている場合もあります。たとえば，脳に損傷を受けた十代の娘の母親は，娘の障害を「自分の人生を子どもの介護に捧げることができるか」という，ある種の道徳的価値観に関連した試練として神が自分に課しているのだと理解していました。

　こうした介護理念を持っているたくましい介護者もいます。その素晴らしい持久力を持って，何年にもわたり，たゆみなく自分を向上させていきます。確固とした決意により，長期にわたる葛藤や不安定な状態，気力を低下させるような辛い仕事の中にあっても，決してへこたれることがありません。まるですぐれた機械のように，不平も言わずに定められた目標に向かって邁進します。向上し続けることで，押しつぶされることはなくなります。睡眠がとれないと瞼が重くなるものの，それで苛立つことはありません。自らが払っている犠牲を感じていないのか，そのような感情にあえて耳を傾けない

だけなのかはわかりませんが、彼らは、病気に苦しむ者に全身全霊で献身的な世話をするという気が遠くなるようなことの見事なお手本になっているのです。

しかし、私たちの多くは、自らを駆り立てる理念だけでは、何年もの間、超人的に介護を続けることはできません。現実的に犠牲を払うということは、ほぼ常に犠牲を払い続けるということです。この現実に向き合わなければ、犠牲はさらに重くなります。強靭で熱意あふれる介護者であれば、何年後かのその日——枯れ果てた井戸からまだ水を吸い尽くされるように感じる時——が来るまでは、気がつかないかもしれません。それはまるで、病気になった家族の介護に対する理想に取りつかれているために、自分自身の余力が確実に失われていくのを、ただ黙って見逃しているようなものです。自分自身に定期的にエネルギーを補填することなく相手にエネルギーを与え続けると、能力は低下し、やがてさまざまなものを失うことになります。第一には、介護を行う中で、多くの夢や自由が犠牲になります。いくら介護能力が高くても、これらの犠牲への配慮がないと、その能力はいたずらに低下してしまいます。

ローラと同じように理想主義的でない人は、介護で犠牲になることが窮屈な制服でがんじがらめにされたように感じ、自分がいいように利用されていると思うかもしれません。わずかな時間であっても、自分は常にやらなければならないことで束縛されていると苛立ちます。ひどい背中の痛みで何年も苦しんだ70歳の女性がいました。彼女の夫は、「48時間なら、信じられないくらいうまく病人の世話ができるよ。結局、病人は治るか死ぬかだからね」とブラックユーモアを交えて言ったものです。自分の時間とアイデンティティを放棄するのは不愉快なものです。でもそれは、あなたが正しいことをしたくないということではありません。超人的な介護者であるかのように、あなたが自分のことより病気の家族を大切に思っていることは疑いようがありません。しかし同時に、介護者となることでこれまでの人生が犠牲になったことを嘆くことにもなるでしょう。うまくいけば、あなたはどうにかバランスを保てるかもしれません。しかし、最悪の状況になれば、自分の人

生における介護以外の可能性や心の平和を犠牲にしてしまった怒りと罪悪感に悩むことになるかもしれません。

　介護者はみな，超人的であろうとなかろうと，介護の代償を心に留め，介護に伴う多くの犠牲をうまくやりくりしていかなければなりません。その方法は2つあります。1つ目は「意志に基づく決定」です。もしローラが，医学的状態や母からの大きな期待，姉からの少なからぬ要求といった切迫した状況のために介護せざるを得ないと思っているなら，彼女は「辛い仕事を負わされた」と感じてしまうでしょう。母のために払ったあらゆる犠牲は，強制労働の刑罰のように感じられるかもしれません。しかし，ローラは自ら介護することを決意しました。医学的な緊急性や母からの期待，そして姉からの要求は確かにありました。しかし，それらのプレッシャーの中で，ローラは自らの関わり——うつ状態にならない範囲でできるだけのことをする——を明らかにしたのです。どんなに困難な状況でも，自分の気持ちを意識して，うまくやりくりすることで，犠牲を払わされているという辛さは取り除かれます。強い意志を持って実行することにより，くじけない自信と，自分は自分であるという感覚を持ち続けることができるのです。たとえ犠牲は大きくとも，自らの意志で決断したことにより，気持ちは楽になります。

　犠牲の問題に対処する2つ目の方法として，第三章でも触れたように「支援を得ること」が挙げられます。他の人から支援を受けることにより，長期間続く介護のプレッシャーに耐えることができます。たった1人でやろうとすれば，休みなく続く介護に徐々に疲弊してしまうでしょう。エネルギーと能力が充分にある介護者であるかのように，テレサは最初，他の人に介護の手伝いをさせようとはしませんでした。彼女は母の介護に姉としての責任があると考えていたのです。彼女の潜在意識の中では「どれだけ犠牲を払ったか」ということが，献身と管理の度合いを測る指標となっていきました。一方で，支援を受け入れるということは，弱い自分を認め，能力を喪失することであるかのように思えていました。夫と妹に彼女の置かれた状況を突き付けられなければ，テレサは自分の払っている犠牲がどれほどよくない影響を及ぼしているかを考え，自分の介護を振り返ってはいなかったでしょう。テ

レサは最終的に他の家族が介護に関わることを認めました。それによって，短期的には，介護がより耐えやすいものとなり，周囲にも優しくなれました。長期的には，常に支援を求め，支援を受け入れるのが可能になったことが，テレサに活力を与えることとなるでしょう。当たり前のことですが，生活するということは，生活を維持していくことです。母親がさらに重篤となり，非常に厳しい自己犠牲が伴ってきても，彼女は多くの手段を講じることができるでしょう。

　自己決断と後方支援だけがローラが必要としていたもののすべてなら，彼女は介護に伴う犠牲に関してこんなにも苦しむことはなかったでしょう。しかし，それだけでは充分ではありませんでした。多くの介護者がそうであるように，ローラは自分のしていることに自信が持てませんでした。自信のなさは彼女の荷をさらに重くしていました。ローラの介護能力を支えるためには，テレサと同様，気持ちの面での支援が必要でした。それには3つの大きな要素があります。「感謝」「共感」「支持」です。

　あなたがローラのようなタイプの介護者であるならば，自分が払っている犠牲に対して周囲から感謝の気持ちをあらわされる必要があると感じるでしょう。「あなたはお母さんのために多くのことをしてあげているわ」といった直接的でわかりやすい表現によって，自分の努力は周囲もわかってくれていて，決して無駄ではないという証が得られるはずです。しかし，感謝されることがないと，ローラのように，自分の努力が無視されたと感じてしまうでしょう。そうなると，辛い仕事はさらに苦しく不快なものになり，介護を「させられている」という気持ちになるのです。そうなると，愛する人が病気と闘っている間に我慢の限界がきてしまうかもしれません。

　ローラのような介護者にとっては，感謝されること以上に，周囲から共感されていると感じることが重要です。何年も続く日々の介護に埋もれて，多くの家族は悩み，周りの世界から忘れられていると感じます。「毎日，お母さんを介護することはとても大変でしょう」と言われるだけでも，激しい孤独感から救われたように感じるものです。ローラが自分の気持ちを理解され気にかけられていると思えなければ，母親の介護に対して，さらに大きな怒

りの感情を持ってしまったことでしょう。

　感謝と共感を得ることは必要不可欠ですが，支持を得ることができればさらに理想的です。ほとんどの介護者と同じように，あなたは，「なぜ自分が介護の道を選んだのか周囲に理解してもらいたい」と思い，その理由を支持してもらうことを願うでしょう。「お母様がしてくれたことに恩返ししたいお気持ちはわかります」といった言葉を聞くと，介護への固い決意に対して，実際の努力に劣らないくらいの敬意を払われたと感じるはずです。周囲の誰からも「なぜ母親の介護をするのですか？」と尋ねられなければ，ローラは，みんなは自分のやっている介護だけに関心があって，自分には興味がないと感じるでしょう。また，介護するのは罪悪感のためであるとか，経済的利益のためであるなどと動機を誤解されると，本人はそれを侮辱と感じるでしょう。介護の理由を理解していても，それとは逆のこと――「別にお母さんに対して義務なんてないんじゃないの」など――を言ってしまうと，本人は自分を否定されたように感じます。

　あなたが病気の人のためにしていることへの感謝，背負っているものへの共感，そして，介護を行う理由――あなたがしていることだけでなく，あなたがどんな人か――に対する支持がなければ，どのような犠牲であれ，対処することは困難です。介護者が家族や周囲の人たちから必ずしも支持を得られていないことが，彼らがサポートグループやカウンセリングに頼る理由でもあるのです。

　感謝，共感，支持は，犠牲を払うことに対処するために役立てられるべきです。しかし，心理的支援を形作るこれらの要素は見過ごされがちです。かろうじて近い親戚から時々感謝される程度かもしれません。脳卒中で麻痺が生じている男性の妻は，子どもや夫のきょうだいが全員，黙って介護するのは妻一人の役割だと見なしていることに気づきました。

周囲から，共感どころか哀れみの目で見られていると思うこともあるかもしれません。そういう態度を取られれば，侮辱されたと感じてもしかたありません。そして，感情的には支援を求めたくなくなるでしょう。嚢胞性繊維症の娘をもつ母親は友人から「あなたの人生は耐えがたいでしょうね」と言われ，怒りがこみ上げました。彼女の人生は辛いこともあるけれど，彼女は子どもを深く愛していました。彼女自身は娘のために尽くしていると満足しているのに，その友人はまったく共感してくれていないと感じたのです。

　介護を決断したことをとがめられてしまう介護者さえいます。重い糖尿病の合併症がある2番目の夫を世話していた母親の息子は，母親が継父の世話をしていることは認めるけれど，母親はそれで人生を台無しにしていると言ってしまいました。母親は，介護をすると決めた自分の決断に息子が賛成していないことで非常に傷つき，もしかすると息子は再婚についても認めておらず，自分の判断は尊重されていないのではないかと疑うようになりました。

　周囲から感謝，共感，支持が得られないときは，心理的支援を得るために思いきって行動を起こすべきです。家族介護者が犠牲について共感し合い，お互いを支えるためのサポートグループに参加するのもよいでしょう。本音で話せる配偶者や信頼できるきょうだいを探すのもよい方法です。時には要介護者に，「あなたに必要なことができているかしら？」とか，冗談交じりに「私の介護ってどう？」とか，心から「私のしてること，とってもとっても大変なの。わかる？」などと問いかけてみるのもよいかもしれません。

　ローラの場合，心理的支援は簡単には手に入らなかった。彼女はその夜，母親は自分との関わりを拒んでいるし，姉も自分を軽視していると確信してベッドに入った。夫のブラッドは食後になってはじめてローラの様子に気づいた。ローラは翌朝も不安を抱えながら起き，テレビの前で，母親のアパートに戻ったら，またひどく疲れる午後を過ごすのだろうかと考えていた。彼女は母親のアパートへ行く代わりに，4カ月になる孫娘のベビーウェアを買

いに娘と一緒にショッピングモールへ行きたかった。それは，きっと楽しいに違いなかった。買い物に行くのを我慢して母の介護をしなければならないことは，本当に苛立たしかった。

　ゆっくりシャワーを浴びて身支度を整えた後，ローラはテレサに電話をして，「今日，お母さんの具合はどう？」と尋ねた。テレサは「今日はまだ話していないわ。なんであんたが直接電話しないの？　私だけがずっと見てなくてもいいじゃない」とイライラしながら答えた。ローラには怒りがこみ上げてきた。姉が母への責任を回避するようなことを言ったので，我慢ならなかったのだ。姉は私のしていることに感謝しようともしない。「姉さんだけに母さんを見ててほしいなんて言った？」とローラは言い返した。「そんなこと言ってないわよ」と，テレサは軽蔑するように答えた。ローラは爆発してしまった。「姉さんが仕事している間，私は今日もあそこに行くのよ！」。彼女は熱くなりながら言った。テレサはやや時間を置いてから，「どうしてそんなにイライラしているの？　あなたが母さんにしてくれていることはわかってる。言い争っている場合じゃないわ。今，仕事中なのよ。本当に，会議に遅れてしまっているの」と言った。ローラはまだ気持ちがおさまらなかったので，何も答えなかった。テレサは最後に，「今夜，電話でもっと話しましょう」と言った。ローラは「わかった」とぶっきらぼうに答えて電話を切った。

　キッチンから地下室をうろうろして寝室に戻ったとき，ローラは今や二重にみじめになってしまったように感じていた。ローラの払っている犠牲に対して，姉だけが渋々ながらも評価してくれているのも事実であった。ローラは自分が母に電話することを避けていて，今朝の姉の様子にも過剰に反応していると気づいていた。彼女は不機嫌なまま洗濯物を片づけて，車でスーパーと銀行に立ち寄った。市街地に向かう間，ずっと横目で時計を見て時間を気にしていた。

　数時間後，ローラは渋滞した高速道路の一番端の車線を運転していた。今日の午後はどんな辛いことがあるだろうかということが繰り返し頭をよぎり，

ラジオのニュースもあまり耳に入ってこなかった。しかし，健康コーナーでがん研究のことが取り上げられると，すぐラジオに注意を向けた。アナウンサーは，地域の環境問題活動グループからの反論はあるものの，この地域はがんの発生率が全国平均より高くないと報告していた。それは思いもよらないことだった。いくつかの考えが頭をよぎった。焼却炉の煙，車の排気ガス，ビール工場からのイーストの悪臭に汚染された空気を吸っていたために，母はがんになってしまったのではないか。あるいは，ひょっとしたら，古い家の鉛のパイプを通った水を飲んだために，母の細胞はがんになってしまったのかもしれない。人の多い都会生活のストレスが病気になりやすい体質に変えてしまったのだろうか。がんの原因について思いを巡らせていると，どうしてこんなことになってしまったのか，私は何か悪いことをしただろうかと考えてしまい，母も同じように悩んでいるに違いないと思った。そのことに気づくと，今日のほとんどの時間を自分自身を憐れむことに費やしてしまったことへの無念さが押し寄せた。こんなに健康なのに文句を言うなんて！ローラは自らを叱責した。彼女は車線を横切って出口に向かい，のろのろした車の流れに入りながら，母親の命が危ないというのに，不自由さを嘆いてばかりいる自分に怒りを感じた。

　ローラは動揺を押し殺しながら，いつもの倍，母親の世話をしようと決意して，母のアパートに入った。年老いた母は，昨日からずっとそこにいたかのように，同じ部屋着をはおり，長椅子に座っていた。気力のない表情もあいかわらずだった。ローラが「頼まれていた銀行に行ってきたわよ」と明るく切りだし，「もう昼食は済んだ？　まだなら何か作りましょうか？」と言うと，母は「大丈夫，お腹すいてないから」と答えた。ローラは再びくじけそうになったが，気持ちを立て直すためにキッチンに向かった。どうしたら昨日のような息苦しい会話を繰り返さずにすむかを必死に考えながら，昨日使った皿を食器洗い機から出した。そして，母がまだ健康で，いろいろなことができていた頃を思い出し，2人が長年避けてきた話をしてみようと決めた。

　ローラは居間に戻ると長椅子の隣に座り，「テレビを消してもかまわな

第四章

い?」とためらいがちに言った。母は戸惑ったように振り返り,リモコンを探して画面を消した。ローラは自分が,母親に何か相談しようとしている若い娘に戻ったようだと感じた。若い頃のように,役に立つアドバイスをしてくれる母に戻ってくれることを期待した。がんのために逆転した母と娘の立場が元に戻り,昔そうだったように母親が導いてくれるという期待は,ローラを元気づけるものだった。ローラは注意深く,「お父さんが病気だったとき,どうやって世話したの?」と尋ねた。「どうやって頑張ったの?」

　それに刺激されたかのように,母は目を細めた。ローラは,母を苦しめてしまったかと心配になった。しかし母は,「世話してたわ」と淀みのない声で言い,「どうやってだって? 父さんは重い病気だったんだよ。私が世話しなきゃならないのは当然じゃない。それ以上,何の理由があるっていうの?」。ローラは,これ以上聞くと母をイライラさせてしまうのではないかと怖かったが,もっと聞いてみたかった。「母さんにとっては介護はどうだった? 大変じゃなかった?」

　母はすぐに「あんたもいたじゃないか」と答え,少し間を置いて穏やかに,「大変だったのは知ってるだろう?」と続けた。「あの頃は,父さんのために何でもした。重い病気だったんだから。最後はへとへとだったよ。あんたたちも私にやらせ続けていたしね。時々,もうこれ以上はできないと思ったけど,やらなきゃならなかった」

　「母さんがくじけそうになっていたなんて知らなかった」とローラは答えた。「母さんは強くて,だから決意したと思っていた」。母はローラを見つめて言った。「あの頃は若かったから,気を張っていられたんだよ。でも,今はがんが怖い。がんが最後どうなっていくか,見てきているからね。今は父さんと同じだ。そうなりたくはないけど,今は世話してもらわなきゃならない」

　現在の話になると,2人は少しの間沈黙に陥った。ローラは,プライドの高い母が,世話してもらわなければならないと認めたことに驚いていた。しかし,母が患者としての自分の立場と介護者である私の立場を同時に理解できるかどうかはわからないと思った。介護することがどれだけ大変かを思い

出して，私の気持ちをわかってくれるかしらとローラは期待もした。しかし，母は悲しげな表情でじっと前を見つめていて，しばらくの間，娘の思いどころか，娘が隣に座っていることさえも忘れているようだった。ローラは父親の話に戻した。「愛していたから？　それとも？」と尋ねた。

母はまたローラの方を振り向いた。「もちろん愛していたよ。でも，あの人が死んだら一人で生きていかなきゃいけないこともわかってた。後で，充分なことができなかったと思いたくなかった。そんなふうに思ったんだよ」。そして，ローラの気持ちがわかっていたかのように，「たぶん，あんたもそう思うんだろう」と低い声で付け加えた。

ローラは母の方へわずかに体を寄せただけで，何も言わなかった。自分がとても戸惑っていることを打ち明けた方がいいだろうか。でも，母を傷つけたくはなかった。「あんたたちがこうならないように，神様に祈ってたのに」と母は続けた。「ひどいもんだからね。死んでいく年寄りをかまってるより，することはたくさんあるのに。でも，とにかくここにいてくれてありがたいよ」

「私には大変なことよ。母さんにはわかるわよね」とローラはすばやく言った。「でも，母さんのためにここにいたいの。母さんとここに一緒にいるって，私が決めたんだから」

母は娘の方に身を寄せて何気ない様子で軽く手を触れ，「大変になってきたら，言えばいいんだからね」と言った。ローラは実際にどこまで介護ができて，それがどうなっていくのか定かではなかったが，「そうね」と答えた。彼女は母の提案が嬉しかった。

母はテレビの方へ向き直り，「お昼はどうする？　何もないんだけど」と言った。「ツナをもってきた」とローラは答え，立ち上がってキッチンへ行った。

ローラは元気が出てきた。母は自分のことばかり考えていて，娘たちが頑張っていることをわかっていないと思っていたけれど，私たちが犠牲を払っていることを認めてくれていた。そして，私がどう思っているか理解しようとしてくれた。この生活が変わるわけではない。しかし，理解され評価され

ているという感覚により，介護はうっとうしいものではなくなってきた。ローラは穏やかな気持ちでサンドイッチを作った。母のためにもっと何かしてあげたい気分だった。彼女はフルーツを細かく切り，ツナサンドイッチの隣に見栄えよく置いた。

　ローラが2つの皿を持って居間に入ると，母親は同じ姿勢でテレビを見ていた。男性育毛剤のコマーシャルがまた流れてきた。昨日はこのコマーシャルがえらく気にさわったが，今日はあまり気にならなかった。先ほどの会話で母が完全に心を閉ざしているわけではないとわかり，安心したのだ。実際に，母はローラの気持ちをわかろうとしていた。今，ローラも母の気持ちを充分に理解しようとしていた。テレビで気を紛らわせるのよりいい方法があるなんて言えるかしら？　それは現実を忘れる手段なのだ。彼女には1つの変化が起こった。この時間を母のために過ごそうと決め，長椅子に座りながら「チャンネルを変えてもかまわない？」と尋ねた。「いいよ」と母は答え，彼女たちは1時間以上，ドリス・デイ主演の古い映画を楽しみながらツナサンドとスライスした果物を食べた。

　帰り支度をする時間になって，ローラは予想していたより満足感のある1日だったと思った。二人でロマンチックコメディを楽しんだだけだったが，ローラには「なぜ介護をしているか」という理由が明らかになったようだった。今までは疑問ばかりがのしかかっていた。なぜこんなに犠牲を払わなければならないのか？　ゆくゆくは母が死ぬのだとしたら，とにかく何が重要なのだろうか？　彼女は，姉が長女として介護に意味を見いだしていることを羨ましく思っていた。しかし，介護は1日だけのことではないし，次女としての役割を果たすことを意味するものではない。父親のケアをした時の経験から，彼女は自分が誰かを救うことなんてできないと思っていた。その時のストレスでうつ状態になったことから，家族を支えていくことに対して用心深くなってしまっていた自分を知った。ローラが介護に対して前向きな意味を見いだすためには，いくつかの変化が必要であった。

介護に伴う犠牲に対応する

　精神科医のジョン・ローランドや心理学者のロレイン・ライトは，介護家族が持つ「信念」ということを強調しています。信念には 2 つの次元があります。1 つは「その病気の持つ意味についての信念」です。たとえばがんと診断されると，いくら医師が希望を持っていても，患者はそれを死の宣告のように思ってしまうことがあります。家族の誰かが糖尿病になった時，親類の誰かがそれをうまくコントロールできていれば，医師の警告にもかかわらず，自分の家族もうまくいくだろうとあまり気にしなくなるかもしれません。

　2 つ目は「介護についての信念」です。病気の家族を世話することは，ある人にとっては誠意の証明であっても，血のつながりのためだけに介護を期待されることを不平等な重荷と感じる人もいます。この両極の間には，多数の矛盾する信念が存在しています。介護を極めて神聖な仕事ととらえながらも，現実的な辛さを伴うものと思うかもしれません。親族に対して何も義務を負っているわけではないと思う一方で，介護を特に重荷とは感じないかもしれません。結局，何を信じればよいかわからなくなります。

　これらの信念は，その人が深刻な病気をどう乗り越えていくかということにも関係します。人はいずれ死ぬのだし，いくら努力してもその人の残りの人生は何も変わらないと思うならば，介護は苦しみ以外の何ものでもなくなってしまいます。介護によってその人がよくなる，少なくとも楽になると信じることができれば，ストレスの多い介護であっても価値を見いだすことができます。

　犠牲に意味がないと感じられるときは，いつでも 3 つのことだけ考えましょう。それは，病気の人自身の変化，介護家族全体の変化，そして介護者 1 人ひとりの変化についてです。変化は小さなこと（食事をとらなかった父が，あなたの手作りパイをみんな食べた）であったり，後ろ向き（私がそんなことをしなければ……母は……）であったりもします。

第四章

　母親の置かれている医学的状況に対するローラの思いは，今日まで非常に後ろ向きだった。以前の経験から，がんの予後には絶望的な思いを持っていたのだ。自分の介護が母の病気をよくできるのか，母を癒すことができるのかも疑わしく思っていた。母を苛立たせてしまうのではないかと心配もしていた。しかし，夕暮れの中を車で帰宅しながら，ローラは母が言ったことを思い出し，自分が前向きになってきたことを感じた。母の病気は楽観できない。母は自分を「死んでいく年寄り」と言っていた。でも，母が感謝してくれたことで，彼女は自分がしていることの大切さを再評価した。姉の影をあまり感じなくなっていた。姉が騒ぎ立てることにも寛容になれそうだった。ローラはハイウェイを走りながら，介護が自分にとって重要であることを理解した。自分は確かによいことをしていると感じられた。

　その日のローラには，さらに多くのことがあった。シティラインでカーブを曲がると，今夜は嘘のように交通渋滞がなかった。彼女は母が「罪悪感を持たないために，父の世話をできる限りやった」と言ったことを繰り返し考えていた。昨日と同じ道を通りながら，母のところに行かなければならない理由を考えた。罪悪感のために介護するというのは立派な理由とはいえないだろう。しかし，母によいことは自分にとってもよいことであるはずだ。父は冗談で「罪が世界を回している」と言っていた。これからも母を見捨てないでいよう，そして，何年後かに自分を追いつめることがないようにしよう。姉のように後で罪悪感を持たないために介護をするのではなく，自分の意志で介護しよう。罪悪感を持たず，うつにもならず，うまくバランスを取っていくことが自分のやり方だ。

　家族の中で，病気のこと，そして介護の責任と犠牲について，どのように話し合われているでしょうか？
　あなた自身はどのような気持ちを持って介護していて，それは家族の気持ちから離れてはいないでしょうか？

姉に対する罪悪感を和らげるのは今しかなかった。ローラはハイウェイの出口に向かい，道の脇に車を止めて，携帯を探そうとバッグに手を入れた。姉がまだ仕事から帰っていないことはわかっていた。留守番電話のメッセージに，「今朝，ぶつぶつ言ってごめんなさい」と心から言った。「今日はうまくいったの。とても気分がいいです。もう一度謝ります。ごめんなさい。今夜は電話しなくていいです。明日，母のところからかけるから」

しばらく運転して家に戻ると，昨日の繰り返しだった。夫はまた不機嫌な表情でドアのところに立ってローラを迎えた。オーブンの中に夕食はなく，今朝の新聞はキッチンテーブルの上に置かれたままだった。しかし今夜のローラはより大きな価値観に支えられて，昨日とは違う気分だった。介護に伴う犠牲とうまく付き合うためには，夫にも協力してもらうことが必要ではないかと思っていた。居間に入ると「あなたの美味しいスパゲッティとミートボール，作ってくれない？」と夫に言った。「ついでに新聞も片づけてくれない？」。夫は何か言いかけたが，妻が振り向くと言うのをやめた。少し経つと，夫が鍋に水を入れる音がした。少なくとも今夜のところは，ローラには少しも悪かったという思いはなかった。

介護に伴う犠牲とどう付き合っていくかは，長期間介護していく上での重要な要素となります。しかし，いろいろな問題が常に生じてきます。介護という大変な仕事の結果，現実的にどのようなことが起きるのでしょうか。多くの介護者は，現実的に考えすぎると余計大変になると感じています。一方で，幻想にしがみついていると急変時に対応できないと考える人もいます。次の章では，希望と受容，幻想と現実の心理的な長所について検討しましょう。

介護からアイデンティティを切り離すこと

Q 母が骨粗鬆症で背中がひどく曲がってしまったので，私はすぐ母を引き取り，インテリア・コーディネーターの仕事をやめました。夫は現役で，お金は充分にありました。子どもが小さかった時にはずっとその世話で，仕事をしていなかった時期もあります。それは現在母にしていることと同じく，正しかったと思っています。でも，インテリアの仕事と，仲間との付き合いが恋しくなってきました。どうしたら仕事への情熱のために家族への愛情を隅に押しやらないですむでしょうか。よい方法はありますか？

A ご自身にとって大切なことを，人生において続けていく意味を見つけたいようですね。ぜひそうすることをお勧めします。それは，介護から切り離された場所で自らのアイデンティティを保ち，英気を養っていく源にもなります。それを達成するためには，お母様の障害の程度，ご主人などから受けられる支援の量，そして，現に生活の一部になっている大変な介護をいかに気持ちよく行っているかなど，多くの要因が関係してきます。鍵になるのは，最悪の事態が起きてあなたが犠牲になることのないように，自分自身の時間を確保しておけるかどうかです。

これは，時間をうまく作れるか，そしてそれを保てるかという2つのチャレンジです。まずは，毎週何時間かインテリア・コーディネーターの仕事をしたいとお母様やご主人に伝えてみることをお勧めします。いつなら介護の手を休めて仕事をしてよいか，聞いてみましょう。彼らがあまり乗り気でなくても，何曜日の何時頃ならいいか，具体的に相談してみましょう。私はインテリア関係の仕事をよく知りませんが，以前の職場の人などから1週間に数時間程度の仕事を紹介してもらえないでしょうか。家の外でできると理想的です。それなら家族から手招きされたり呼ばれたりしないからです。

そんなに難しいことではありません。一番大変なところを頼んでいるわけではないのですから。ぜひ試みてください。お母様は急に「あなたがいないと困る」と言うかもしれないし，ご主人は最初は困惑するかもしれませんが，

早めに決めてしまいましょう。そうでないと，ご家族はインテリアの仕事はそんなに重要でなく，あなたもすぐ諦めるだろうと思って協力しないかもしれません。しかし，仕事をすることが決まった週に，何が何でも時間を作ろうとすれば，家族は，あなたの決意の固さをわかってくれるでしょう。

　しかし，状況は常に変化します。時間が経つにつれて，介護と仕事の予定を見直す必要が出てくるでしょう。お母様には今よりもっと支援が必要になるかもしません。それでもあなたは，インテリアの仕事ができなくなるわけではありません。お母様が悪化し，より多くの継続的な助けが必要となれば，周囲の協力が得られるような調整をしなければなりませんが，あなたの興味がなくなるまで，インテリアの仕事は続けましょう。そのことには誰も手出しはできません。

十代の介護者：期待しすぎないこと

Q　父は離婚後，何年も一人で暮らしていました。一人暮らしで，母のしていたことをすべて自分でやっていたのが誇りでした。父は軽い脳卒中を起こし，他人に頼るよりも私たちと暮らすことを選びました。介護について姉とも検討しましたが，彼女たちは近くに住んでいませんでした。それで私と，仕事をしながら大学にも行っている19歳の息子に介護の負担がかかってきました。しかし，父が服を着るのに手助けが欲しい時，いつも息子は姿を見せません。2人はいつも目を合わせようとしないのです。父は海兵隊の出身で，息子は典型的なティーンエイジャーです。1日が終わると私も疲れてしまうし，姉たちもそれぞれの家族のことで手一杯ですから，父を起こすのに肩をかせる息子の力が必要なんです。助けが必要なことを，どうやって息子にわかってもらえばいいでしょうか。

A　親は自分が思春期に反抗していたことを後悔する時，「ティーンエイジャーは協力なんかしてくれませんよ」「それがティーンエイジャーってものですから」などと言います。親から離れることは自分のアイデンティティを形成するのに重要でもあります。お父様の介護にあなたが懸命になっていても息子さんがそのような態度を取ることは，残念ながら不思

議なことではありません。それが彼なりに自立を示すやり方であれば，進んで手助けしようとは思わないでしょう。

　しかし，芝刈りや家の周りのことなど，体を使う仕事ならやってくれる可能性があります。多くのティーンエイジャーと同じように，息子さんは仕事をさせられることに怒るかもしれないし，やったとしてもいいかげんかもしれません。でも，息子さんに手助けを頼むことにより，あなたの仕事はいくらかでも軽減され，親子の関係も強くなっていきます。息子さんは，熱心ではないかもしれませんが，ある程度のことはしてくれるでしょう。

　しかし，2つの忠告があります。お父様と息子さんとの間で，仲裁役にはならないでください。彼らには，向き合わなければならない彼ら自身の関係というものがあります。どちらかといえば私は，各々の家族メンバーの不満は聞かないで，直接お互いが話すことを勧めています。また，息子さんに介護の責任を負わせることは，よいアイデアではありません。息子さんは息子さんなりのやり方で，あなたから心理的に独立しようと，もがいているからです。介護の手助けを頼めば息子さんの重荷になり，ますます介護の現実から，そしてあなたから遠ざかってしまうことになります。

　もう1つの側面としては，父親の代わりに祖父が暮らすようになったことで，息子さんは家族の変化を嘆き腹を立てているのかもしれません。それが介護を手助けすることに抵抗する理由になっている可能性があります。カウンセリングによって，息子さんは家族の変化に対応できるようになり，好ましくない行動やよそよそしい態度を取らずに，気持ちをコントロールできるようになると思います。

関係の大切さ——家族の内と外で

Q 私は40歳で，妻であり母親です。夫は3年前のボート事故がもとで車椅子を使っており，慢性的な痛みに苦しんでいます。夫は毎日強い痛み止めを飲んでいます。私の父が同居していて，私たちを経済的に援助してくれています。父は62歳でまだ現役ですが，最近医師から，血圧が非常に高くなってきているため，仕事を減らすように注意を受けました。これは，最終的には私が父の世話もすることを意味します。父は家の中でうろうろし，昼食ができるのを待ち，私に用事を頼むようになるでしょう。父が歳を取るほどそうなっていくのでしょう。私には友人がいないため，外出といえば子どもとたまに映画へ行くくらいです。子どもを夫や父と残して外出するのも心配です。叔母は助けてはくれますが，自分の家族があるので，月に1度来てくれるだけです。夫は怒りっぽく，すぐに大声を出します。私は出口のない籠の中にいるようです。私もたくさんの薬を飲んでおり，カウンセリングも試しましたが，限られた収入の中では続けることができませんでした。私の住む小さな町にはサポートグループもありません。私は話し相手が欲しいだけです。いい方法はないでしょうか？

A お困りの点はいろいろあって複雑なので，すぐに適切なアドバイスはできませんが，できる限りお答えします。特に，家族介護者がめったに得られないもの——「感謝」ということについてです。あなたの存在は家族を包み込んでいます。ご主人が不機嫌でない時，お子さんたちが喧嘩していない時，お父様が大きなストレスで悩んでいない時には皆，あなたがしてくれていることを気づいているし，心の中で感謝していると私は信じています。

あなたは「欲しいのは話し相手だけ」と言われました。自分のことをわかってくれる人との交流は，家族の欲求の渦の中に閉じ込められてしまっているという感覚から抜け出す一番いい方法ですから，それは正解です。理想的なのは，電話，手紙，メールなどで，慢性疼痛の患者さんの介護をされている方と連絡を取ることです。残念ながら，米国慢性疼痛協会（American Chronic Pain Association）などの主な支援組織は，家族や親族に対するサ

ポートはあまりしていないかもしれません。しかし，慢性疼痛で苦しんでいる人のための信頼できるウェブサイトがあります。たとえば「Rest Ministries」などからは，家族に対する多くのサポートが受けられます。「元気な配偶者協会」に連絡し，メンタープログラムを通して慢性疼痛患者の介護者と連絡を取りたいと問い合わせてみるのもよいでしょう。

あなたと家族との関係性も考えてみました。あなたを家の中に閉じ込めていてはいけません。同じゴールへ一緒に向かっていけるよう結束すべきなのです。家族のつながりが保たれていくなら，他の人たちの果たす役割はあなたの悲観的予想をくつがえすことになるかもしれません。お父様は経済的に助けてくれています。お父様にきちんと不満を聞いてもらおうとしましたか？　それがお父様の重荷になると恐れていませんか？　子どもたちには年齢相応の家事を手伝ってくれないかと聞いてみたことがありますか？　父親に障害があるからといってそんなことは子どもにさせられないと思っていませんか？

ご主人との関係ももちろん重要です。痛みのためや体が思うようにいかないことで大声を上げるのは，ご主人にとってもよいことではありません。慢性疼痛の患者は，長期間介護をしているご家族と同じく50％がうつ状態になっています。疼痛コントロールのために定期的に鎮痛薬を使っている人たちは，おそらくさらにその割合が高いでしょう。あなたご自身は服薬とカウンセリングをされたことがおありということですが，うつの治療を必要としているのはご主人の方かもしれません。あなたがご主人のことを苦労を分かち合うパートナーと認めるなら，ご主人がうつ的でない時には，きっとあなたの辛さをわかってくれるでしょう。

経済的には大変かもしれませんが，かかりつけ医にご主人のうつの程度を診断してもらってはいかがでしょうか。信頼できる牧師や聖職者がいたら，家族関係を調整してくれるでしょう。他の介護者とインターネットで交流するにも費用がかかりますが，きっとよい方向へ進み，お金には変えられない希望を持つことができるでしょう。

言いようのない悲劇に襲われた時

Q 私の好きな叔父には子どもがいませんが，最近，飲酒運転の事故に遭い，ひどい脳損傷を受けました。今後どうなるのかわかりません。再び物を見たり，歩いたり，話すことができるのか，まだわからないのです。私たちは皆打ちのめされていますし，ドライバーに罰を与え，起こしたことの恐ろしさをわからせるための法制度の不備を嘆いています。私やきょうだいが今，どんな思いで過ごしているかを本当にわかってくれる人は誰もいません。被害にあったのが親ではなくて叔父であるため，みんなあまり話し合おうとしません。私の心の痛みと怒りをどうすればいいのかわかりません。

A 以前は，高速の車による衝突事故や戦争で重い脳の損傷を受けた人の多くは，事故後の数時間以内に死亡しました。しかし，ここ20年ほどの神経科学，外傷医学，脳神経外科の進歩により，頭蓋内圧を軽減させる方法や，より高度な生命維持システムが開発され，奇跡的に生き残ることができるようになりました。しかし，患者に起きた奇跡は，しばしば家族や親類に新たな悩ましい問題を引き起こしています。もちろんどんな家族でも，頭部外傷を受けつつも生き残ったことには感謝するでしょう。しかし，重い脳損傷が完全に回復するには長い時間がかかり，知的，身体的な機能障害が残ります。患者は完全に周囲に依存しながら生活し，場合によっては植物状態のようになり，介護施設のベッドで過ごすといった多くの悲劇的状況があります。家族は時に，医学の恩恵とは何かという疑問を抱くようになります。本人はこんな状態で生きていくよりも死を選びたいのではないだろうかと，考えてしまいます。そして，早く死ねば，自分たちは精神的にも経済的にも負担から逃れられると思い，そう思ったことに対して罪悪感にさいなまれるでしょう。

あなたの質問で，家族研究者のポーリン・ボスの本『Ambiguous Loss』（あいまいな喪失）を思い出しました。彼女は，家族が身体的には存在するけれども意識のない（昏睡または高度アルツハイマー型認知症のような）状態になった時，その人はまだ生きているので，他の家族は喪失の悲しみを感

じることはないと分析しています。しかし,感情的な交流は失われているので,もはや以前と同じように接することはできません。悲しみ,不安,恐怖と同様に,典型的な反応として困惑,痛み,怒りの反応が起こります。その点で,あなたが経験しているのは正常で,予想されるものです。変わってしまった家族に関わることで,何があなたを困惑させるのでしょうか?

　2つの一般的なアドバイスをしましょう。1つ目は,怒りの感情をぶつけるのではなく,叔父様のリハビリに気持ちを傾けていきましょう。心理学者のアン・マリー・マクラフリンは,頭部外傷患者の家族は激しい怒りの感情を持っているので,その怒りをどこかに直接ぶつける傾向があることを指摘しました。そのターゲットは医師,理学療法士,リハビリチームのメンバーなどであることが多く,マクラフリンはそれを「敵対同盟」と呼んでいます。しかし,治療チームを怒りのターゲットにすることは,患者の状態の希望を託している人たちとの関係を希薄にしてしまうだけです。ですからその代わりに,治療チームと密接に協力し,重篤な脳損傷のリハビリテーションである脳刺激訓練や筋再訓練プロトコル,運動訓練や元気づけることへ,怒りのエネルギーを転換して注ぎましょう。忍耐と決意のお手本になるのです。そうすれば治療チームと患者の訓練はよりよいものになるでしょう。

　2つ目は,矛盾して聞こえるかもしれませんが,自分の怒りに耳を傾けることです。支援グループへ参加すれば,あなたの感情を理解してくれる,飲酒運転の他の犠牲者と交流できます。日常の生活では知り合うことがない人たちです。支援グループの中で気持ちを言葉にしましょう。他の人の悩みを聞きましょう。辛い日々をどのように乗り切るか分かち合うのです。相互的な支援によって何かが違ってくるはずです。それから,新聞に投書したり地域で話をする機会をもって,できるだけ多くの人と交流し,あなたが通ってきた道のりを話すことで,飲酒運転によって起きている傷害や死について,改めて知ってもらいましょう。そうすることで,言いようのない傷を受けてしまったことの意味を見つけることができるかもしれません。

伝統が介護者を拘束する時

Q 私は大家族出身です。家族の女性のほとんどが看護師で，介護することにはプライドを持っています。私も看護師ですが，他の人たちの問題にいつも関わりたいとは思っていません。ひどい関節リウマチで苦しんでいる年老いた叔母がおり，最近，私は3人の姉妹とともに介護することを期待されるようになりました。私はこの問題を避けようとし，関わらないようにしていましたが，姉妹と母からは大変な非難を受けています。私は結婚していないので，進んで叔母の介護をするのではないかと思われているのです。家族からのプレッシャーをどうかわして，自分の意見を主張すればいいでしょうか？

A 人生には，家族との間で緊迫した状況に直面せざるを得ないことがあります。成長し，自分の限界を広げ，最終的には妥協することを通して，私たちは皆，家族の価値と自分自身の夢とを追求する方法を見いだします。しかし介護となると，このバランスが不安定になります。家族が重い病気や慢性疾患に罹ることは大問題で，自分1人で介護するには大きなプレッシャーがあるでしょう。特に，他にも人はたくさんいるのに，介護は女性の仕事だという考えが強く残っている家族の中では，自分の道を進むことはさらに困難でしょう。

　お聞きしたいことの1つは，あなたが，自分の人生を自分で決める権利を持っていると信じているかどうかです。答えが「はい」なら，ことは簡単です。叔母様を世話するかどうかに関するご自分の決定に自信を持てばよいのです。お姉様やお母様はあなたにプレッシャーをかけたり罪悪感を持たせる作戦に出て，あなたは介護すべきだという自分たちの信念に従わせようと意見してくるでしょう。しかし，本来はあなたの意志が優先されるはずです。お姉様たちの怒りをうまくかわせれば，彼女たちの要求も穏やかに鎮めることができるでしょう。あなたも妥協して，少しずつ協力していこうと思うかもしれないし，叔母様の世話をするために割り当てられた役割について全面的に協力しようと思うかもしれません。重要なことは，自分の選択に確固たる自信を持つことです。自分で決断するという気持ちを持つことです。そう

すれば自分の気持ちをコントロールでき，辛さも和らぐでしょう。

　答えが「いいえ」なら，あなたには自分の人生を自分で決めるという自信がないのだと思います。振り返って考えてみましょう。家族にどれくらい評価してもらいたいのですか？　やってほしいと言われたことをしなければ，本当に家族の愛情を失ってしまうのですか？　難しい問題かもしれません。家族と関係のない親友なら，あなたの考えや気持ちを明らかにしてくれるかもしれません。心理療法士は，あなたがどうなりたいかを見いだすことを助けてくれます。

1人で背負っていくこと

Q 5年前に夫が亡くなると，兄が私の家で暮らすようになりました。兄は結婚したことがなく，私には子どもがいません。私たちは唯一血のつながっている家族です。この2年で兄は非常に忘れっぽくなり，認知症の徴候があらわれてきています。毎晩のように夜中に起きる兄をなだめて寝かせたり，できることはすべてしています。でも，もうとても疲れてしまい，なんとかやっている状態です。問題は，私を助けてくれる家族が誰もいないことです。支えてくれる家族が誰もいない中で，私はどうすればいいのでしょうか？

A お兄様はあなたがいてくれて本当に幸せですね。あなたは，本来は奥さんや子どもがすることをお兄様にしていますが，ほとんどのきょうだいはそんなことをしません。励ましてくれるご家族がいないのは間違いなく大変でしょう。家族に代わるものではありませんが，医学的・社会的なサービスや地域の関わりは，あなたの負担を軽くしてくれるかもしれません。

　医学的に見ると，お兄様には短期記憶の問題と時々の興奮があり，昼夜逆転が見受けられます。これらの徴候はアルツハイマー型認知症のステージⅡの診断と一致しています。まだ，この病気の進行を止めることはできませんが，問題行動を和らげ，睡眠を改善し，あなたが休めるように，抗うつ薬や睡眠薬，コリンエステラーゼ阻害薬が役に立ちます。まだそうしていないな

ら、かかりつけ医、神経内科医、または老年精神科医に診察してもらいましょう。認知症が進んでステージⅢになると、お兄様はおとなしくなりますが、その段階ではもう1人にしておけなくなり、最終的には施設へ入ることになるでしょう。

社会的なサービスとしては、地域の高齢者を扱うエージェンシーかアルツハイマー協会支部のサービスが、あなたの住んでいる地域でも利用できると思います。週に数日参加できるデイケアプログラムや訪問サービス、食事の宅配プログラム、それに介護者が受けられるカウンセリングやケースマネージメントもあるといいですね。友人や隣人、教会の人なども、実際に家の掃除を手伝ってくれるなどして、あなたに休息を取らせてくれるかもしれません。

専門家も地域住民も、家族のように愛情を注いで尽くしてくれるわけではありません。あなたは孤独を感じることもあるでしょう。でも、彼らはわずかでも介護の役に立とうとしてくれるはずです。医学的・社会的サービスや地域のサービスを、信頼できる家族の輪の中に入れることができれば、支えられているという感覚を持てるようになるでしょう。

限界を感じた時

Q 疲れていたり、イライラしていると、時々我慢できなくなって母を邪険に扱ってしまいます。母が悪いわけではないのはわかっていますが、障害が目につくと感情的になってしまいます。母を揺さぶりたくなり、実際そうしてしまうこともあります。時々自分が恐ろしくなり、罪悪感で泣きたくなります。私には、家族の介護者がどうして許されない行動を取ってしまうようになるのか、よくわかります。そんな行為に走りそうになってしまったら、どうやって気持ちをコントロールすればいいのでしょうか？

A 身体的な暴力が起こるということは、介護プランがうまく進んでおらず、介護者が困難を抱えているという重要な兆候です。このような状

態の時は、患者や家族が怪我を負ったり、そうでなくても口論によって心理的な傷を負うことになるので、患者と家族を守るために介護プランを修正するべきです。プレッシャーが高まってカッとなることは理解できますが、安全は保証されなければなりません。緊張が持続して、揺さぶったり、叩いたり、蹴る、髪を引っ張るなどが起こる時には、それぞれが危険を及ぼしかねないので、介護を中断すべきです。

それでは、どうしたら安全を取り戻すことができるでしょうか？ 最初のステップは、すぐに介護から離れられるように調整することです。おわかりのように、これは「言うは易く行うは難し」です。あなたが休息して落ち着きを取り戻せるよう、１週間お母様の世話をしてほしいと家族にお願いしてみましょう。もし家族がだめで、あなたに経済的な余裕があるなら、数日間の派遣サービスを使うことも考えられます。お母様の年齢に応じて、ベテラン看護師を派遣してもらうために一時的な経済的援助をしてくれる地域のエージェンシーがあるかもしれません。お母様の入っている保険会社が、短期間の休養給付を認めてくれることもなくはありません。保険会社によっては、ナーシングホーム入所の費用がかなりの期間免除されることもあります。

休息が取れたら、あなたのかかりつけ医と会い、現在起きていること、感じていることを率直に話しましょう。かかりつけ医はおそらく介護者の燃えつき症候群について話し、大うつ病と診断するかもしれません。

怒りの増大、興奮の高まり、衝動を抑える能力の低下は、精神障害に共通する徴候です。抗うつ薬や安定剤などによって気持ちのコントロールができるようになり、衝動行為を起こさず、怒りを抑えることができるようになります。カウンセリングを受ければ、お母様に対するフラストレーションを和らげるよい方法が見つかるかもしれません。気持ちをうまくコントロールできると思えた時にだけ、介護に戻ることを考えましょう。

気持ちのコントロールに関する質問ですが、以下のようにするといいでしょう。お母様があなたの人生においてどのような存在だったかを思い出すのです。まだ病気に罹っておらず、気難しくもなかったお母様。そのお母様を失ってしまったと思うほどに、怒りは悲しみに替わり、暴力は減るでしょ

う。あなた自身，どんな人間だったかを思い出してください。愛情があり，人を傷つけるよりむしろ助けようとする人間のはずです。お母様との緊張状態が高まりやすいのはどんな時か，考えてみましょう。たとえば真夜中のトイレ，車の乗り降りなど。難しいかもしれませんが，そういう時には特に緊張状態が弱まるような工夫をし，お互いに気分が高まらないようにしましょう。これらのことを試してみて，それでも時々お母様を揺さぶりそうになるなら，別の部屋に行く，家を出て周囲を一周する，友達に電話をするなどして，すぐにその場から離れましょう，それは放棄ではなく善意のための行動です。もしすべてがうまくいかず暴力が続くようなら，お母様の世話はやめて，他の介護形態をアレンジすることが最善でしょう。

第五章
希望，受容，幻想，そして現実

　実際のところ，母親のがんはどうなのだろうか？　がん専門医の診察を受けた後でも，テレサとローラには今後のことがわからなかった。40代後半だが白髪交じりのがん専門医は，パリッとした白衣で身なりをきちんと整えていて，親身に説明してくれた。その口調は慎重で堅かった。母は専門医にほとんど質問をしなかったし，専門医はほとんど自分から情報を出さなかった。姉妹が母親の許可を得て，専門医に母とは別に話をしたいと頼むと，彼は浮かない表情で診察室を出て，ホールの下にある自分の部屋に案内した。小さなその部屋にはカーペットが敷かれ，壁には木額の卒業証書や記念レリーフ，そして家族の写真があった。「母はこれから起こることを知りたくないんです。でも私たちは，将来のことをきちんと考えられるように，もっと母の状態を知りたいと思います」とテレサは話し始めた。がん専門医は咳払いしてから，ゆっくり，そして淡々と，起こり得る臨床的な道筋に関して，母の病状とは直接関係ないような研究や一般論を引用しながら説明した。姉妹が望んでいたものが詳細な絵だとすれば，彼の説明は曖昧なスケッチだった。テレサはイライラしたが，もっとしっかり聞いてみようと思い，具体的な質問の前に「どのようになるのか予測することはできないのでしょうが……」と言った。専門医は少し苛立ったように「ええ，予測なんてできませ

第五章

ん。できる医師なんていませんよ。治療の効果を見ながら診断するだけです」と言って，一般論を繰り返した。姉妹が質問をやめると，ミーティングはすぐに終わった。姉妹が待合室の方へ行こうとすると，専門医は「またお話ししましょう」と丁寧な口調で言った。テレサは大股で彼の前を横切りながら無愛想に「はい」と答え，閉じた雑誌をひざに乗せて，革の長椅子に前屈みに座っている母の方へ向かった。

　オフィス棟のロビーまで下りるエレベーターの中で，姉妹はがん専門医のはっきりしない言葉に欲求不満を感じ，同じ思いで視線を合わせた。母親はエレベーターの扉をじっと見つめていたが，気もそぞろのようだった。彼女は娘たちに，がん専門医が何を説明したか尋ねなかった。ローラは何か励ますようなことを母に言いたいと思ったが，母は頭の中のスイッチをオフにしているように見えた。どうして母は，自分に起きていることを知ろうとしないのだろうか？　彼女は疑問に思った。前向きではないのか，何か迷信を信じているのか？　ローラは頑固者の母が，「悪いことを話すとそれが現実になる。何も言わなければ悪いことは起こらない」という古い考えを信じていることを思い出した。たぶん，病気のせいで子ども返りしたようになって，がんの恐ろしさの前に沈黙してしまったのだろう。悪いことは話すな！　聞くな！　悪いことを考えて苦しむな！

　エレベーターのドアが開くと，母親は振り向きもせずに先に出たが，ローラは母をこのまま1人で帰らせてよいのか，自分たちが直面していることについて話してみるのがよいのかわからず，その後ろ姿を見つめていた。実際，私たちは何に直面しているのだろうか？　確かがん専門医は，さらなる手術の適応はなく，化学療法が最善だと話していた。そして，疲労感，腹痛，脱毛の可能性を含めた副作用についても説明していた。母の髪はいずれにしろ薄いとローラは思った。しかし，彼が予後に関する話を遠ざけたという事実は，母の状態がよくないことを示しているようにも思えた。先生は，暗い見通しを伝えて患者や家族から希望を取り上げたくなかったに違いない。もしくは，この訴訟社会において，医師は自分の誤りが判明した場合に訴えられることを恐れ，何も言いたくないのだろう。家族がすべてを知りたいと申し

希望，受容，幻想，そして現実

出たとしても，医師は躊躇するに違いない。姉のように強い調子で尋ねられても，医師はうまくかわして，真実を煙に巻いてしまうのだろう。

ローラとしてもすべてを知ろうとしていたわけではなかった。今日，がん専門医から「お気の毒ですが，お母様の余命は3カ月です」と言われたら，カーペットの上に倒れてしまったかもしれないし，待合室で母の顔を見ることはできなかっただろう。母とドリス・デイの映画を見るのに涙なしではいられなくなるだろう。しかし，将来について曖昧にしておかれることで，楽観的になれるわけではない。情報が何もない時に，そのぽっかり空いた穴に入ってくるものは，いつだって希望ではなく恐れなのだ。ローラは恐ろしい結果ばかりを考えてしまった。母親が不自由な体になるとか，どうすることもできない痛みが起きるといった，最悪の事態は容易に想像できてしまう。少なくとも，がん専門医がよくないシナリオをいくつか示した上で，その中から医学的に不確かなことを除いたならば，彼女の暗い想像は食い止められたかもしれない。

駐車場に向かう廊下を歩きながら，ローラには，姉がこの不確かな状況をどう感じているのかが見て取れた。姉はむっとしている時には早足になる。足早に，せかされるように廊下を歩いている様子は，いかにも苛ついているようだった。母はちょこちょことしか歩けないため，テレサは何度も立ち止まり，あからさまにイライラした様子で，急がせるように後ろを振り返った。ローラは弱々しい年老いた母親を保護しなければという気持ちになり，励ますように急いで母の腕を取った。「もう少しゆっくり歩いてくれないかしら」，ローラは憤然として姉に言った。テレサは落ち着きなくその場を歩き回り，怒りに満ちた形相で足を止めたが，何も言わなかった。「お母さんは私が送るから」とローラは続けた。「いや，私が送るわよ」とテレサは言い返した。ローラはむきになって「なんかイライラしているみたい」と言った。テレサがさらに言い返そうとした時，母がきっぱりとさえぎった。「私が決められることじゃないけど，あんたたちのつまらない言い争いには我慢できないわよ」

娘たちはすぐ静かになった。まるで病気の老女が瞬間的に威厳のある母親

に変わり、2人は叱られた子どもに戻ったかのようだった。ローラは困惑し、テレサは傷ついて怒っているようだった。母親はテレサの方を向き、穏やかに言った。「機嫌が悪いんだね。きっと先生は悪いことを話そうとしなかったんだろう」。テレサが顔をしかめて「先生はあまり話そうとしないのよ」と言うと、母親は「私にも一般的なことや治療の技術について話してくれただけだよ。でも、医者だって全部わかってるわけじゃないからね。知らない方がいいことだってあるし」と答えた。

　テレサはまだ怒っていて、医師への不満を言い続けていた。ローラは姉にかまわず、「来て、母さん。帰りましょう。それから話せばいいわ」と言った。ゆっくりと廊下を進んでいたが、10メートルも行かないうちにテレサが「家まで送るわ、母さん」と乾いた口調で言った。ローラはもうこれ以上姉と言い合うことはやめようと決めた。母親は何も言わずに重い足どりで歩いていたが、ローラの腕を軽く握っていた。

　何かが起ころうとしている時、うまく自分をコントロールできる人は、最善の方法でその状況に対処できるでしょう。うまくコントロールできるかどうかは、患者や家族が医学的に重大な局面に遭遇した時、どう反応するかによります。知識は力であり、将来の健康を左右するものだと信じる人もいます。そのような人たちはウェブサイトでいろいろな医学情報を探し、チャットルームに参加して、重大な病気に打ち勝つための治療の秘訣や期待できる研究、代替医療の情報などを収集し、複数の医師の意見を比較します。

　しかし、なかには知識は重要ではないと言う人もいます。最終的な医学的見解を知ることで、病気の行く末と、自分たちが今後どうなっていくかについて、うまく気持ちをコントロールできなくなるからかもしれません。情報から自分を守ろうとしたり、情報を拒絶することを「否認」といいます。この母親も「がん？　どんながんですか？　検査の結果はどうだったんですか？」と聞くことはできたでしょう。医師が情報を選択的に伝えることを「最小化」と呼びますが、気持ちをコントロールするために完全に情報を提

供しないというやり方よりも，今日の医療現場では主流になっています。この母親は「私はがんだけれど，先生は化学療法がうまくいくだろうとおっしゃった。すぐよくなるかもしれない」と言えたかもしれません。知識は重要でないと言う人は，状態の悪化や再発可能性を一時的にせよ意識から追いやろうとして，医師の言葉を重視しない傾向があります。

しかし多くの場合，医師から医学的情報が伝えられることが，患者と家族が気持ちをコントロールする上で重要な部分を占めるため，多くの情報を持っているはずの医師がそれを伝えないと，たとえ患者に悪影響を及ぼさないように意図的に情報提供を控えたのだとしても，医師は敵だと見なされてしまうかもしれません。経験豊かな医師はこのことがわかっているので，患者と家族が知りたいことに沿うよう話をします。患者のために全力を尽くしているにもかかわらず反抗的な態度を取られると，患者に対して不満を感じる医師が多いようです。私が医療機関で仕事をしていた時も，不満を述べる医師はいました。患者と家族に細大漏らさず話すべきなのか，かいつまんで話した方がよいのか，残酷なことは言わない方がよいのかといったことについて，医師の考えはさまざまです。家族と情報を共有することに懸念を抱き，自分の仕事は「患者を治療すること」であって，「家族の求めに安易に応じて不安をあおること」ではないと考える医師もいます。

情報提供に関するスタイルの違いの背後には，医療文化の変化があります。40年前は古典的な温情主義が幅を利かせていました。医師は自分自身を病気の専門家というだけでなく，患者が自分の病状について何を知るべきかに関しても熟知している専門家と見なしていました。そのような権威者的な役割は，後に「神のような振る舞い」として批判されるようになります。顕著な例としては，「がん患者は病気の知識があると治療意欲をなくし，そのために死期を早めてしまうため，厳しい宣告はしない」とされることが少なくありませんでした。

しかし，この30年間で米国の文化がより開放的になるにつれ，医療の世界もオープンになっていきました。現在の医学の教科書と利用者向け健康ガイドでいわれているように，理想的な医師－患者関係は「パートナー」です。

医療サービスを購入する患者は，すべてのことを知る権利を持っています。車の修理について説明を聞くオーナーと同じです。すべてのことを知ると打ちのめされてしまうから病気のことは聞きたくない，あるいは最小限のことしか知りたくないと望んでいる患者にとっては，彼らが知りたい情報だけを伝える医療者がパートナーとして受け入れられます。米国医師会は2000年に，医師が患者と家族に悪い知らせを伝える前に，彼らがどの程度のことを知りたいかを尋ねるための「終末期ケアに基づく告知トレーニングの基準」を配布しました。

　ほとんどの場合，一緒に病気と闘う患者，家族，医療専門家たちの間で，パートナーシップはうまく展開します。それがうまく機能しないのは，患者と医師とでコミュニケーションがかみ合わないとか，情報共有がうまくいかない場合です。医師を信用しない患者と態度の大きい医師とでは，コミュニケーションがうまくいかないことが多いでしょう。気の弱い患者と大胆な医師の場合もそうです。または，積極的な家族が患者と医師の双方に対して，わきまえなく出すぎた意見を言うような時も，パートナーシップは歪んだ形になってしまいます。患者と家族が状態の悪化を理由に医師の変更を迫ったり，医師をとがめだてするなどの方法で操作しようとしている場合には，このような関係に陥っていると考えられます。医師と看護師は「治療の邪魔」になっている「操作的」で「でしゃばりな」家族がいる「難しい患者」として不満を言い合い，煙たがるようになります。

　パートナーシップが壊れる時には，患者の予後について，しばしば意見の不一致が起きます。難しいのはここです。これからどうなるかを知ることができれば，患者は自分の状態をうまくコントロールできるという自信を持つことができます。一般的に，科学的知識や臨床経験のある医療専門家は，生きる希望，神の力，コミュニティによる癒しなどを信じている患者や家族よりも，慎重になるものです。経験ある専門家は，患者と家族が死が近いと諦めた後でも，病気との闘いを続けていくための医学的技術を駆使しようとします　（ホスピスで語られる古い冗談があります。問題：なぜお棺に釘を打つのでしょうか？　答え：がん専門医が中に入れないようにするため）。医

希望，受容，幻想，そして現実

師と患者がそれぞれ持つシナリオの中で，治療に必要不可欠の意欲を保ち，現実を見据えながらも希望を持ち続けるべきなのか，非現実的な幻想の中に希望を見いだすのか，どちらの態度を取るのがよいかを語るのは難しいことです。専門家－患者－家族の間で意見の食い違いがあるだけでなく，患者と家族の中にも，今後は誰の見通しのようになっていくのか，意見の大きな食い違いが見られます。家族の誰かが悲観しすぎれば，他の家族は大反論するかもしれませんし，楽観しすぎれば，もっと地に足を着けるよう説得するかもしれません。重篤な状態が続くと，「希望と幻想の間」で緊迫感が大きくなり，病気に関わる人たちのストレスは大きくなります。

> 希望と幻想の間に生ずる緊迫した状態は，家族1人ひとりの中で，さらには家族の間でも，しばしば起きてきます。あなたはどちらかというと楽観的ですか？ 悲観的ですか？ ご家族はどうですか？ 介護や医療について決断しなければならない時，あなた方の中で葛藤は起きますか？

　テレサの家で，ベティは孫娘が使っていた古い部屋で横になり，壁の黄ばんだポスターと，傷だらけのドレッサーの上に置かれた，色あせた，にこやかな表情の人形を見ながら，もう6週間以上もここに押し込まれているかのように感じていた。子宮切除の後遺症からくる腹痛に耐えながら体を起こした。回復してきてはいるものの，化学療法が始まってからというもの，彼女の体は鉛で覆われたようにだるかった。大砲の弾でも首にぶら下がっているかのように頭が重く，すでに自分は死んでいて瞼の上に銀貨が置かれているかのように瞼も重かった。化学療法を受ける前，ベティは自分が年老いて，灰色で覆われているような気がしていた。自分はもう過去の存在になり，他の色を失ってしまったようだ……。ベッドの上で姿勢を変えたり，タンスの方へ慎重に歩いたりしてみたが，30分で完全に疲れてしまった。手をつけていないスープ皿を片づけてほしくて階下にいる娘を呼ぼうとしたが，自分

第五章

の声がひどく弱々しく、しわがれていることにぞっとした。

　この状況はベティが望んでいたものではなかった。週に数回の治療が始まった最初の1週間は、病院の化学療法室までローラが運転して連れて行ったが、当時のベティは自分のアパートに居たいと言い張っていた。しかし、ほんの数日後に、ベティは歩く時にカーペットを引きずってしまうことに気づいた。ある日の午後、居間で長椅子の背にもたれかかろうとした時、足から突然力が抜け、肩と頭から激しく転げ落ちてしまった。怪我のことより転んだことに呆然としてしまい、娘たちが持たせた携帯電話のことも思い出せず、20分も起き上がることができなかった。ベティはテレサを呼んだ。彼女はすぐに職場を出た。長椅子の上でもうろうとしている母のためにテレサは急いだ。45分後アパートに到着すると、大丈夫かと尋ねる前に、出し抜けに「医者は呼んだの？」と言った。救急処置室で3時間待った後でCTスキャンなどの検査を受けた。骨折も出血も心臓発作もなかったが、1人では置いておけない状態になった。夕食の前には、姉妹は衣類と洗面用具でいっぱいの旅行バッグとともに母親を孫娘の部屋に連れ帰ったのである。ベティは疲れきり、不本意だった。

　その週、ベティは、体力が衰えているのは化学療法のためで、がんが悪化しているわけではないと主治医から断言された。しかし毎日、枕から頭を上げることさえ大変になり、治療は失敗したのではないかと疑わしく思うようになった（そういえば、夫のがんが確実に広がっていた時にも、医師は小康状態であると断言していた）。ベティにとってそれは、医学的な失敗というよりも、運命の繰り返しだった。こうして悪いことが起きているということは、医学的理由には関係なく、さらに悪いことが起きる可能性があるということだろう。今まで当たり前だと思っていたことはすべて、そうではなくなってしまった。どんなに神に祈っても無駄なように思えた。自分は年老いた病人で、疲れきっている。命にはそれぞれの時間、それぞれのコースがあると昔習ったことをベティは思い出していた。坂を下りるのが自分の番ならば、いったいどうすれば、反対方向に行くことができるのだろうか？

　数日間、ベティは、娘たちが氷水のピッチャーやたたんだ洗濯物を慌しく

希望，受容，幻想，そして現実

運んでくる時，いつも自分を観察しているように感じていた（がん専門医から脱水に気をつけるよう注意されていたので，テレサとローラは母が充分に水分をとるよう気をつけていたのである）。近づいて母親を見ている間，娘たちはしたくてしているのではないというように，かすかに顔をしかめていた。娘たちが眉をひそめるのを見て，ベティは自分がうつになっていると思われていることを確信した。自分では，うつになってはいないと思っていた。彼女が感じていたのは諦めだった。ベティはできる限りよくなろう，強くなろうとしていたが，一方では，これから起こることを受け入れようという気持ちにもなっていた。それをテレサに説明しようとしても，うまくいかないに違いない。テレサは母親が無責任にも人生を投げ出したと感じて，自分を軽蔑するはずだ。自分のためだけでなく，テレサのためにも闘っているようなものだ。気持ちが揺らいで病気に負けてしまったら，どんなにテレサを失望させてしまうだろうか。母親からはあまり意欲が感じられなかったので，姉妹はそのことについてあまり話をしなかった。娘が自分をじっと見ている時には，ベティは疲労を覚えながらも実際以上に元気があるように振る舞い，大丈夫だというようにテレサを見つめ返した。問題は，そんな母親を，テレサが眉をつり上げて，疑わしそうなしかめ面で見ていることだった。

この数カ月というもの，テレサはずっと苦しんでいた。母の健康を心配し，介護に必要なことは何でもしようと生活を変えていた。夫にはまともに会っていなかったし，孫のリサイタルとサッカーの試合にも行けなかった。彼女は突然会社を休み，短期間仕事に戻ったが，数週後にはまた休暇を願い出た。雇用主はよく許してくれている。しかし，こんなに犠牲を払っても充分ではなかった。耐えられないのは，テレサが，母にとって一番望ましいことをしようと努力しているのに，母の頑固さでそれが無駄になっているように思えることだった。父が居た家族の中で，母はいつも気丈だった。ストレスでふさぎ込んでいたのは父と妹だった。がんの治療が気丈な母をこんなにも変えてしまったことが，テレサには理解できなかった。2階のベッドで横たわっている無力な老女は，とても母とは思えなかった。化学療法が母を弱気にし

第五章

たことを不憫に思ったが，母の目の中にはすでにがんと闘おうという決意は見られなかった。

これは感情の問題だけではない。母がかつてのように強くなることを期待するのは非現実的だろうが，以前に医師から聞いたことによると，がんの治療には希望と前向きさが，化学療法や放射線治療と同じくらい重要な武器になるということだった。母がこの状況を甘んじて受け入れてしまい，さらに諦めてしまいでもしたら，母は自分の死亡診断書にサインするようなものだ。テレサには，母を喪う準備ができていない。それゆえ彼女は，母の態度が前向きに変わるよう，できるだけのことをしたかった。

こうしたことについて医師に助けを求めても無駄だろうとテレサは思った。一昔前なら，医師が特別な希望を与えることもあっただろう。医師は患者の気持ちを奮い立たせるために何を言うべきか知っており，余命を知らせることもなかった。しかし，今や医師は，何を言うにも訴訟のリスクがあるからと神経質になり，自信を持って診断を見立てることができなくなっている。母のがん専門医は自分の考えを述べようとする勇気がないし，よそよそしく，物知りなだけだ。母の主治医は暖かみがあって親切だが，忙しすぎて話をする暇がない。医師は希望を与えてはくれないし，確かなことも言ってはくれない。

それにあの神経質な妹ときたら，とテレサは皮肉っぽく思った。妹は週に何日かやって来ては母のベッドのかたわらに座り，くどくどと何か言いながら1時間ほど過ごしていた。テレサには，妹が母の悲観的な考えを助長しているかのように見えた。妹と母はネガティブで，どうしようもない思考の中で，堂々巡りをしているようだった。テレサにしてみれば，それは希望を与えるどころか，希望をなくすものだった。テレサの目的は，母が自分の心をポジティブな方向に向けておくことであった。テレサは，必要であれば，妹にもっと明るくしているように言わなければと心に決めた。

ローラは，母のいる2階に上がる途中でキッチンを通る時に，いつも姉に行動を監視されているような気がしていた。それに，なぜ姉から「母さんは

あんたに泣きごと言うのが好きみたいね」と嫌味を言われたのかわからなかった。その時はあまり気にしなかったが、ある時突然、姉の発言の意味が理解できた。姉は悲しみに耐えられなくて、涙より陽気なことを好む。おそらく私に、現状に立ち止まるようなことはやめて、母を元気づけ励ますような話をしてほしいのだ。ローラにとっても、幻想にすがることは決して心地よいものではなかった。たとえどんなに厳しくても、確かな現実の方が好きだった。しかし、元気づけたり前向きな話をしたところで、母の倦怠感は消えはしないと思っていた。がんの苦しみを砂糖で包むことは不可能だ。母に必要なのは自分の気持ちの聞き手であって、気持ちを変えることではないはずだ。ローラはただ肩をすくめて振り返り、何も言わずに階段を上がっていった。私が一番よいと思っていることをするのだから、姉さんには何も言わせない。

　ここ数日、ローラには特に考えていたことがあって、それをするのが一番だと思っていた。おそらく化学療法は母に負担なのだ。母がもう少し元気になるまでは、中断した方がいいのではないかと思っていた。母とはまだ中断の可能性について話し合っていない。がん専門医に判断してもらわなくてはならないが、彼がどう言うかはわからない。テレサの同意も必要だが、母の方が、自分が中断の提案に同意するとテレサを失望させてしまうのではないかと心配するに違いない。姉は、がんと闘い続けなければいけないと主張して、この提案には賛成しないだろう。それどころか激怒するかもしれない。姉と話し合わなければいけない。言い争いは避けたいが、母のためには、中断の話を切り出す必要がある。

　ローラは階段を下りてもう一度キッチンに戻ると、不機嫌そうにテーブルに座り視線を避けている姉に目をやった。そして単刀直入にこう切り出した。「化学療法は母さんには耐えられないと思う」。彼女は静かに、しっかりと言った。「母さんには化学療法の中断が必要だと思うの。数週間か1カ月くらい」。テレサは何か言おうとして口を開きかけたが、それをかみ殺すように、また口を閉じた。ローラはテーブルの反対側に座り、姉が答えるのを

待っていた。テレサは椅子の上で身をよじり、テーブルの上に静かに両手を置いた。「私たちの意見は同じじゃない」とテレサは珍しく低い声で言った。「私たちは正反対に動いてる。私は母さんに生きる希望を持ち続けてもらいたいのに、あんたは希望から引きずり下ろそうとしている。もし化学療法をやめてしまえば、また再開する自信が母さんに戻るかどうかわからない。母さんはそれが意味あるものだと信じていなくてはならないの。なのにあんたは、化学療法が有害みたいに言い聞かせてるんでしょう」

ローラは黙って聞いていた。そして「化学療法ががんを叩くことに役立っているかどうかわからない。でも、それが母さんの力を弱めていることはわかるの」と慎重に答えた。「希望を持つことはもちろん賛成だけど、母さんがこのぞっとする化学療法を続けさえすれば治るなんていう幻想は持ちたくない。姉さんは、母さんがよくなっていくと思いたいんでしょうけど、今よりもっと苦しむことになるかもしれないじゃない」

テレサは答えなかった。2人はテーブルの上に置かれた互いの手を見つめていた。しばらくしてから、ローラは「母さんにこの話を持ち出すかどうか決める前に、がん専門医に聞いてみたらどうかしら？ 彼の意見を聞きましょう」と言った。

テレサは乱暴な口調で、「この前はすごく実りのある話ができたもんね」と皮肉っぽく言った。「じゃあ、私が行って聞いてくるから」と、ローラは少し間をおいてから静かに言った。テレサは黙ったまま、妹を冷やかに見つめていた。テレサはテーブルから離れ、ゆっくりと部屋から出て行った。

われわれの文化では、ベストセラーになった心理学の本『ポジティブ思考の力』が広く信じられています。夜明け前の光明と暗闇のことが語られ、希望は永遠であり、願い続ければ星にだって手が届き、米国の精神であるフロンティア・スピリットは、あらゆることに挑戦し、絶対に成功してみせると決意することです。

この20年間、ポジティブな態度や信念といった影響因子に関する研究が

希望，受容，幻想，そして現実

多数発表されました。1980年代の終わりから1990年代はじめにかけて、社会心理学者のシェリー・E・テーラーとジョナソン・D・ブラウンは、「ポジティブな幻想」がもたらす効果について多くの論文を書きました。彼らは、やっかいな出来事にぶつかった時、自分の力を信じてそれにあたれば、実際の能力の如何にかかわらず全般的にうまくいく場合が多いと結論づけています。すなわち、自分の力を大きく見積もることが、しばしば助けになるということです。逆に、自分の力と状況をより現実的に見てしまうと対処できなくなり、うつ状態に陥りやすくなると言っています。ブラウンの分析によると、幻想はさまざまな面に影響しています。自分の意見の方が正しいと信じていれば、どんなに周りが反対しても決断できるでしょう。どのような状況になっても立ち向かえると思えるなら、恐れて受け身になるのでなく、自信を持って行動できます。そうすれば、逆境にあっても対処できるという気持ちになり、苦悩を感じることも少なくなるはずです。

1990年〜2000年には、「ポジティブ心理学」が広まりました。ペンシルバニア大学の心理学者マーティン・セリグマンを中心に、人々は感情面に影響を与えるライフイベントに対してどのような解釈を与えるかという研究が行われました。それによると、楽観的に育てられ、辛い時でも将来へのポジティブな思いを持ち続ける人は、うつ状態にならずに、人生の困難にうまく対処できることがわかりました。将来に悲観的で、自罰的な傾向があり、積極性を持たずに成長すると、つまずき絶望してしまうことが多くなるといわれます。

ポジティブな幻想とポジティブ心理学の理論をがん治療に応用すると、病気を克服しようという信念によって、死への恐怖による憔悴を乗り越えることができそうに思われます。治療に伴う副作用や合併症は終焉へと続くものではなく、目標達成の途中にある障害物にすぎないと見なされるでしょう。他人にあれこれ言われるのでなく、自分のために力を奮い立たせるのです。介護者にとっては、この闘いに勝利すると確信することで、疲労や犠牲の感覚は和らぐはずです。

しかし、困難な状況にあってもポジティブでいることは、心構えとしては

よいものの、たとえば人生が変わってしまうような病気に直面しているときも変わらずポジティブでいることは、いつも有効とは限らない、という研究もあります。ポジティブに、楽観的なことばかり考えていては、病気の重大さに目を向けなくなってしまいます。言葉を換えれば、常にポジティブに振る舞うことは、末期的な病気の見通しを知って傷つかないように覆いをかけてしまうことになります。病気が致命的でも何とかして生きようとしている人の家族が、その状況を楽観的に考えることができるなら、喪失感は和らぐかもしれません。しかし、単なる楽天主義は状況を見えなくさせます。楽観主義に凝り固まってしまうと、患者も家族も、現在陥っている危機にきちんと向き合うことができなくなるのです。医療スタッフが患者の家族に対して「彼らは現実をすべて否定する」といった不満を漏らし始めるのはそのような時です。セリグマン自身、有名な『学習性楽観主義』という本の最後に、「楽観主義は万能薬ではない」と書いています。どんなに多くの希望も、現実を否定することはできません。現実に置かれた状態を理解しようとしないことは、よいことではありません。新たに置かれた状態に心理的に適応する場合に、それは有効に働くのでなく、妨げになるからです。

　介護者と患者はどのようにして希望と受容、幻想と現実のバランスを取ればよいのでしょうか？　水が入ったカップに関する有名な比喩（楽天主義者はカップの水を「まだ半分も入っている」と思い、悲観主義者は「もう半分しかない」と思う）がこの理解に役立ちます。実際には4分の1より少し多く減っているだけなのに4分の3が空だと思うのは、うつ状態のために現実を歪んで見ているときです。これは苦しみを増大させ、病気の行く末をより痛ましいものにするでしょう。逆に、実際には4分の1もないのに4分の3あると思うのも、楽天的な幻想に支配されて現実が歪められています。自分には心構えがあるから大丈夫と甘く考えて、病気の悲劇的な結末を余計耐えられないものにしてしまいます。これらの歪んだ考えは、両方とも警戒すべきです。

　しかし、カップがもう半分空だとかまだ半分あるといった古いたとえ話を出したのは、それぞれの歪んだ考えを指摘し、そのようなことを避けよう

述べるためではありません。多かれ少なかれ現実に基づいた理解からくる利点を考えたかったのです。このことは研究によっても明らかにされています。「半分」ということを，ありのままに見ることがよいのです（半分より少し多い，あるいは3分の2程度と見るのは，現実を多少拡大していますが，おおむねOKと判断される場合もあります）。合理主義的で楽観的な患者とその家族は，最良の治療を見つけるために相当な努力をします。それが見つかったとなれば，その方法に忠実に従います。希望によって辛い時期がしのぎやすくなります。ポジティブな気持ちでいると，自分が置かれた立場が思わしくなくても，新しい解決策を試そうという気になります。楽観的になることは，不安や怒り，悲しみの感情を押し殺すことではありません。ネガティブすぎるのはダメといってこれらの感情を押し殺していると，それ自体がダメージとなります。しかし，ネガティブになりすぎて，最後にはきっとすべてがうまくいく，病気はなんとかなって，家族は存続する——という基本的な信念をむしばむべきではありません。患者，介護者，専門家は，最善の闘いをするために団結するべきです。たとえ苦しくても，最終的にはうまくいくことを信じて闘うべきです。その方法は複雑でも革新的でもありません。私たちは用心深さを強調して，「用心深い楽観主義者であれ」と言っています。

用心深い楽観主義者であるとは……
- 何が起きているかを見極め，変化するニーズに適切に対応するために，現実に即して状況をしっかりと把握しつつ，最善の闘いをするのに充分な希望を持ち続けること。
- 日常の浮き沈みのバランスを取り，感情的な反応をコントロールすること。
- 本当の危険に気づかなかったり，医師・患者・介護者のパートナーシップを壊してしまうほど，頑なに楽観的にはならないこと。

では，どうやって私たちは深刻な病気との闘いの中で「用心深い楽観主義」と呼ばれるバランス感覚を身につければよいのでしょうか？　1つ目のステップは，できるだけ現実に即して治療状況を判断するため，病気と患者に多くの注意を向けることです。しかし，以下の2つをマスターしてはじめて，1つ目のステップがうまくいきます。2つ目は，患者の状態がいちいち変化することによって，ジェットコースターのように気持ちを変化させないことです。よい兆候があらわれていても，すぐに治療がうまくいったと決めつけないこと。よくない兆候があらわれても，すぐに気力を失わないことです。3つ目は，時を待ち，何が起きているかを見極め，気持ちを落ち着かせることです。時間をかけるほど，より冷静で正確な判断ができるでしょう。あなたはその時，楽観的ではあるが過度に現実的ではないという，ちょうどよいポジションにいることでしょう。

テレサとローラはがん専門医の部屋を再び訪れ，黒塗りの机の前に置かれたクロムと籐製の肘掛け椅子に座った。壁に掛かっている卒業証書と賞状を眺めながら，重要な電話の際中だという母の担当医を待っていた。隣の部屋から壁越しに彼のくぐもった声が聞こえてきた。話の内容はわからなかったが，彼の声は深みがあって冷静で，単調だが計算されたリズムがあった。間違いなく誠実で抑制の利いた専門家に思えた。しかし，彼が会話の途中で大声をあげ，ばか笑いするのを聞くと，この人も普通の反応をするのだと驚き，2人は作り笑いをして顔を見合わせた。しばらく経つと，テレサには「私たちを20分も待たせているのに，なぜこの人は笑っているんだろう？」と思えてきて，作り笑いも消えてしまった。テレサは，この話し合いをすること自体に反対だったが，自分がのけ者にされるのが嫌なばかりに抵抗しなかったことに気づいた。もう，こうしていることにさえ我慢できず，家に帰りたかった。

数分後，がん専門医は部屋に入ってきて，姉妹と力強く握手すると，机の後ろにある黒い革張りの椅子にすばやく座った。ローラが，化学療法は母の

力を奪っているようで心配だと伝えると，彼は時々メモを取りながら中立的な態度で聞いていた。ローラが，「これは化学療法を中断した方がいいということではないでしょうか？」と尋ねた時，彼は感情をあらわさなかった。しかし，彼が最初の質問に答えようとする前にテレサが割って入り，「化学療法の中断にはどんな悪影響があるのでしょうか？」と尋ねると，彼はペンを置き，はじめてわずかに眉をひそめた。

「それは場合によります」と，彼は端的に専門家らしい口調で言った。「研究結果によれば，短期間の中断なら治療効果に影響はありません。しかし，これは可能性の問題であって，お母様への影響はまた違うかもしれません」。ローラは瞬きしながら彼を見た。テレサは歯噛みをした。もう研究に関することは聞きたくなかったからだ。彼女は，自分たちがどうすべきかを聞きたかった。がん専門医が急に姿勢を変え，「お母様がかなり弱っていらっしゃるようなら，治療を中断した方がいいでしょう」と突然言ったので，テレサは自分の不機嫌さを悟られたかと思った。「中断のリスクはおそらく少ないでしょう」と彼は言った。

「そうですか。そうおっしゃっていただけると嬉しいです。母は辛いんだと思います。きっと母も喜びます」とローラは言った。テレサは無言で医師を見つめるだけだった。

「しかし，治療の中断は短期間にしたいと思います。この治療は重要ですから」とがん専門医は強調した。テレサはしばらく間を置いてから「もちろんです」と答えた。その後にローラが小声で尋ねた。「化学療法は本当に必要なのですか？」

意味がわかりかねるというように，がん専門医はまじまじと彼女を見て，戸惑ったように「質問の意味がわからないのですが」と言った。ローラは身構えるかのように急いで「薬は本当に効くんですか？」と尋ねた。

自分の治療方針が疑われていると感じたのか，がん専門医は目をむいて，「このタイプのがんに対して，化学療法は王道です」とひどくイライラしながら言った。「単なる夢物語ではなく，我々も手ごたえを感じていることです。確かな実績もあります」

第五章

「妹は薬のことを言ってるんじゃありません」とテレサは不意に言葉を挟んだ。「妹は，母が結局は死に向かっていくのなら，化学療法や先生がお考えの治療は無駄なのではないかと思っているんです」

ローラは姉の方を向き，戸惑ったようにうつむいて，また医師を見た。がん専門医は「おお！」と言いながら椅子の上で体を動かし，メモ用紙を机の端に置いた。テレサは彼が怒り出すのか，さらに統計的なことを持ち出そうとしているのかわからなかった。しかし彼は，先ほどより柔らかな調子で姉妹に言った。「私はあなた方がこのことでどんなに心配し，お悩みかわかります。私も自分の家族で経験があるし，毎日のように仕事でこのような状況に関わっていますから。信じられないかもしれませんが，昔のようにがんの診断が死の宣告を意味していた時代とは違うのです。医療は進歩しています。期待できます。お母様には可能性があるのです」

がん専門医がローラの方を見ると，彼女はしっかり目を合わせた。たった今，彼が言ったことで，彼女は励まされたというよりも落胆したように見えた。反対にテレサは，驚きとともに感動していた。「あなたがポジティブな気持ちで取り組まなければ，治療は効果が上がりません」と彼は穏やかな口調でローラに言った。「あなたが気落ちしているとお母様はそれに気づき，何かを諦めてしまうでしょう。化学療法を再開しても，それがどのくらい効果があるか，正確にはわかりません。でも，希望をなくしては未来はありません。言っていることがわかりますか？」

ローラは「はい。治療のよいチャンスにしようということですね。それには，私たちの態度が影響するということですね」と答えた。「そうです。あなた方が楽天的でいられれば，お母様の支えになるはずです。お母様には本当に，生きる希望が必要なのです」とがん専門医は答えた。そして少し間をおいてから，「元気を出して。助けが必要なときは言ってください」と続けた。2人が立ち上がってドアの方へ行くと，彼はその後ろ姿に向かって大きな声で付け加えて言った。「私だって，現実的でポジティブにならないと，この仕事は続けられません。そうしないと1カ月ももたないでしょう。みんな希望が必要なんですよ！」

エレベーターに乗り込むとすぐ、ローラは姉に、「私がすべての治療に疑問を持っているみたいなことを先生に言って、二度と困らせないでちょうだいね」と言った。テレサは、「母さんが死ぬのが決まったみたいな態度をやめればね」と応えた。ローラは言い返したい気持ちを抑え、ただ「やってみるわ」と応えた。

　あなたの愛する人の病気に関して、幻想に浸ることなく希望を見いだし続けるのは難しいことですが、病気に立ち向かっていくためには、非現実的にならない程度にポジティブな気持ちが重要です。幻想は、病気がもたらす苦難と向き合うためにはよいかもしれませんが、そうすることで好ましくない現実から目をそむけてしまうことにもなります。病気の進行や状態の変化に伴って、希望と受容、現実と幻想のバランスは常に変化するものです。しかし、この変化に対応することは簡単ではありません。しかし、一度対応に成功し、それを身につけることができれば、介護を続けることができるでしょう。次章では、変化に直面したとき、自覚と柔軟性を維持するために必要なことを述べます。

否認で結びつく家族への対応

Q 私は、よくないことを誰も話そうとしない家族のもとに生まれました。誰もが、どんな時でも悪いことを否認します。祖母がうっ血性心不全で危なかった時も、短期間入院すれば完治すると信じ込んでいました。医師がそうではないと話そうとしても、家族はただ怒るだけでした。私が死の可能性を口にすると、家族から憤慨されました。祖母の死後、みんな悲しんだけれども、私を悪者のように感じているようです。どうすればいいのでしょうか？

A それは「メッセンジャーを撃つな」という諺で説明できます。私たちは悪い話を避けようとするものです。よくないことが降りかかってくると、悪い知らせそのものではなく、「悪い知らせを伝えた人」に怒りを感じる傾向があります。みんなの頭を砂から引き出すことが自分の義務だと思っていても、メッセンジャーは家族にとってやっかいな存在になりがちです。

　家族を現実に向き合わせようと説得するのは、必ずしも得策ではありません。真実を知らされているというより攻撃されていると感じて、あなたが言うことを即座に拒絶するでしょう。大変な忍耐を要しますが、ゆくゆく理解されるような種をまくことが効果的な方法です。医療に関する情報を共有し、結果の予測なしに、患者さんの状態だけを話すのです。ご家族があなたの考えを馬鹿にしても、それに乗らないことです。議論になれば彼らの思うつぼで、あなたを心配性だと見なし、退けるだけでしょう。患者さんの容態が悪化すると、ご家族も医療チームから多くの悪い話を聞かなければなりません。そうなれば自分の考えに固執するのではなく、患者さんの状態を冷静に見ることができるようになります。実際に起こっていることを見つめられれば、自ずと結論に達します。現実はゆっくり浸透していくでしょう。

　2つ目に考慮すべきは、心理学者が「集団思考」と呼ぶものです。家族会議や休日のディナーで集まると、たとえば「病気はよくなる」といった思考の流れにみんなが従ってしまう傾向があります。しかし、強い影響力を持つ家族メンバーから距離を置き、家族メンバー個々にアプローチすれば、たとえそれが悲観的なことであっても客観的に考えるように変化してきます。このことを心に留めて、各々と一対一で話せば、あなたの考えを納得させることができるでしょう。

　3つ目の方法として、家族の中でもっとも意見が重んじられる何人かに焦点を絞るとよいかもしれません。よくないことへの心構えをするために、家長または女性の年配者の気持ちを動かすことができれば、他の家族メンバーの視野が広がって、悪い予測を受け入れることができるようになるはずです。

　すべての鍵は、ご家族の否認を打ち負かそうとしないことです。時に家族

は，否認し続けることによってお互いを守る必要があるのです。患者の状態が悪化した時，よい結果への準備も悪い結果への準備も妨げないようなら，彼らの信条に敬意を払いつつ，ご自分のメッセージをゆっくりと伝えていくべきです。

真実が残酷かどうかを誰が決めるのでしょうか？

Q 父の担当医は本人にがんを告知しません。回復の見込みがないことを告げない代わりに，よくなっていくと信じ込ませています。それは残酷だと思います。母は数年前に亡くなっているので，父に非現実的な期待をさせないようにするのが私の責任になっています。どうすれば担当医に，父に幻想を与えないようにしてもらえるでしょうか？

A 最初のステップとしては，なぜ医師がそうするのか知ることです。いくつかの可能性が考えられます。その医師は，病名を伏せることでお父様が希望を持ち続け，厳しい状態になっても落ち込まないでいられると考えているのかもしれません。米国医師会の終末期ガイドラインに従って告知を望むかどうか尋ねた時に，お父様は先のことを知りたくないと答えたのかもしれません。ひょっとすると，医師本人の体験，たとえばがんで家族を亡くしているといったことがあって，告知することは気が進まないのかもしれません。医師の指針となる哲学を知るために（お父様がいないところで）医師と話すことは，あなたの責任です。その中で，家族とのコミュニケーション不足の問題も話すことができるでしょう。

重要な第二のステップとして，お父様がご自分の予後を知らないことが本当にいけないことなのかどうか，考えてみるべきです。私たちはいつか死に直面しますが，頭の上に刀が吊されていることを意識しながら生きていたくはないでしょう。生存可能性がほとんどないと知らないことによって，残された時間を死よりも生を見つめていられるなら，知らない方が賢明かもしれません。お父様のご意向がもっとも重要です。お父様に事実をどれくらい知

りたいか尋ねて，その希望を尊重しましょう。

　最後に，この非常に難しい状況にあって，あなた自身の死に対する気持ちを充分に考えてみることです。自分がなぜ，お父様が病気のことをすべて知って理解する必要があると思うのかについて，考えてみましょう。何が起きているかが患者本人に伝えられておらず，自分の病状を知らなかったために問題が起きたご経験があって，お父様がすべてを知ることが非常に重要であると感じているのかもしれません。それとも，お父様の回復の見込みがわずかしかなく，残された時間を一緒に大切にしたいからでしょうか？　あなた自身の考えと動機をきちんと把握した上で，お父様にどれくらい現実を伝えるのがよいか，医師と方針を話し合いましょう。

車のキー：自立の象徴

Q 父は進行性の神経疾患で，長年車椅子の生活をしていますが，最近まで車を運転して仕事に行っていました。些細な自動車事故の後，父は自分からもう運転はしないと決めました。他の交通手段を探すことは別問題として，父が自分でやっていけるという気持ちを失ってしまわないかが心配です。私が1人で息子を育てていたとき，父はいつも支えてくれました。運転をやめる決心をした父の辛さ，そして，そのことで私たちの生活にも大きな影響が出そうなことに，どう向き合えばいいでしょうか。

A お父様は神経障害が進行して，頭の回転が悪くなったり階段を踏み外すなど，予期せぬ機能の低下があって，辛く思われているのでしょう。車が運転できなくなったからといって人生のハンドルが握れなくなるわけではないのですが，特に男性は運転ができなくなると，自立心ばかりか自分を喪失してしまったかのように考えてしまいがちです。安全運転ができなくなっても自分で運転することにこだわるのは，不思議なことではありません。文字通り車のキーを取り上げなければならないこともあります。自分でできることが限られてきたことを理解して，人々のために運転をやめたお父様は

希望，受容，幻想，そして現実

賞賛されるべきです。

　実のところ，あなたの辛い気持ちがこめられたご質問に簡単には答えられません。家族としてのあなたの人生は確かに変わってしまった。あなた自身の人生も変わっていくことは確かでしょう。怒りや悲しみが生じるのは当然のことです。この先お父様と送る人生を不幸なものにしないように，そうした気持ちをコントロールするための提案があります。

　進行性疾患が急性疾患と異なる点は，来るべき機能低下を予測し，それに備える時間があることです。将来への備えをしたからといって，機能低下によって失われたものに対する悲しみがなくなるわけではありませんが，激しいショックは避けられるでしょう。車を運転できなくなった辛さはお互い十分に受け止めた上で，できる限りお父様が自分で動けるようにするにはどうしたらよいかを考え，どんなことが今後起きるか，どうやってそれに対処するかを話し合いましょう。病気が進行すれば，あなたはより先のことを考え，勇気を持ち，そして手際よく対応する必要があります。

　お父様は運転ができなくても，自分自身の人生のドライバーでいられるように努めなくてはいけません。どこに行くか，何をするか，できる限り自分の意志で決めてもらいましょう。自分でできることはしてもらい，できないことをあれこれ言わないように。病気によって機能が失われていったとしても，できる部分はあるのです。

　神経機能が低下している患者さんの中には，とても柔軟な考えの人もいます。運転席から助手席に移ることもその1つです。彼らは自分がどこに座っているか，あるいは自分で車のスピードをコントロールしているかどうかということより，窓から見える景色を楽しんでいます。そして，お抱え運転手（献身的な娘）のお荷物になってしまったと思うことなく，その状況を受け入れることができています。愛する者と一緒に過ごすことができるので，車に乗ることを楽しみにしています。このように受け入れ，穏やかな心境に達することは難しいものです。しかし，これからの長い道のりを一緒に乗りきるために，お2人にとってもよい方法かもしれません。

悲しみが怒りとなってあらわれる時

Q 78歳の兄は脳卒中になり，最近では，一人娘が住んでいる近くのリハビリテーション病院に4カ月入院しています。私は兄より15歳年下で，自分にも健康上の問題はありますが，兄の世話をするために数週ごとに兄のところへ通うようになって2，3年になります。姪は兄とうまくいったためしがなく，生活全般を見てくれる施設に兄を入れようとしています。しかし，そこはとても遠いので，今までのように兄に会いに行くことはできそうにありません。兄の意志によって，遺産相続リストに娘の他には私がただ1人挙げられていることを姪は快く思っておらず，私に何も知らせてきません。姪は兄のお金を勝手に使うし，兄のことを心の底から大事にしているとは思えません。どうしたらいいでしょうか？

A 身体的，精神的な危機状況の場合，3つの"C"で家族が集まるのが理想です。3つの"C"とは，Commiseration（同情），Coordination of caregiving（介護の協調），Comforting the afflicted（病気の人を慰めること）です。しかし実際には，感情的な距離や慢性的な葛藤によって損なわれてきたそれまでの関係性が影響してきます。患者に対する決定権を誰が持つかで争ったり，介護をしない人の陰口を言うこともあるでしょう。介護の負担に尻込みするかもしれません。患者の容態が急変すれば，緊張はエスカレートします。患者の死亡時には，家族関係がさらに大きな対立をはらむものになるかもしれません。

あなたは，介護者のこういった憤りと恨みに巻き込まれるようです。あなたがお兄様の世話をするかどうかということを決める前に，検討すべき法的，心理学的問題があります。

法的問題とは，お兄様が医師から判断能力があると認められているかどうかです。もし認められているなら，姪が後見人であろうが，父親の判断に反対だろうが，お兄様には住む場所を決め，自由にお金を使う権利があります。あなたと暮らすことを選択し，娘を相手にしないことすらできます。しかし，裁判所が，お兄様の精神面の評価に基づいて，脳卒中後の認知機能低下のた

め判断能力がないと判定したのであれば、あなたの姪は事実上すべての重要なことを決める権限があるし、彼女の考えで情報を流さないこともできます。その場合は、彼女と闘うか、それとも頼むのか、決める必要があります。

闘うのは難しくリスクを伴います。姪御さんが父親の意向を無視し、お金を勝手に使っているという確証があれば、姪御さんの後見人役割を剝奪するよう裁判所に申請するため、弁護士を雇う手もありますが、それには膨大な証拠が必要です。裁判官があなたの申し立てを認めれば、お兄様の状況を監視するために中立的な法定後見人が任命されます。ただし、あなたがお兄様にしてあげたいと思っていることを、その人物が好意的に見るかはわかりません。もちろん訴えを起こせば、姪御さんに対する宣戦布告になってしまいます。あなたが負ければ、姪御さんは今まで以上にお兄様との接触を制限し、あなたを排除しようとするでしょう。

平和的に頼んでみることには、一定の心理的な利点があります。彼女の尽力に敬意を払うことによって気持ちが通じ合い、お互いにとって有益な取り決めができるし、お兄様に関わりやすくなるはずです。姪御さんを好きになったり、言うことをきいたりする必要はありません。輪の中に入るために、彼女を恐れてはいないことを示せばよいのです。2人の近親者が協力すれば、お兄様にとってもより快適になるでしょう。さもなければ、お兄様はあなた方の相手への中傷や隠し事に神経質になり、2人の間にはさまれて悩むことになるかもしれません。それは体の衰えからくるあらゆる感情的な問題を複雑にするだけです。

しかし、あなたが姪御さんに手を差し伸べるもっとも重要な心理学的理由は、しばしば姪御さんへの怒りがあなた自身の悲しみを覆い隠すための手段になっているということです。お2人がうまくいっていれば、お兄様が衰えていくことへの悲しみを和らげることができます。悲しみを分け合うことでお互いを受け入れることができ、やがて来るお兄様の死も耐えやすいものになるでしょう。

第六章
気づきと柔軟性を育む

　「下に来て，手伝ってくれない？」と，テレサが2階にいる母親を呼んでいる。その口調は母親を招いているようでもあり，試しにそう言っているだけのようでもある。この数カ月ではじめて，テレサは客をもてなそうとしていた。客といっても家族なのだが，そのことで彼女はプレッシャーを感じていた。母親が起きてくるかどうか聞き耳をたてながら，彼女は階段の下で待っていた。しばらくしてもベッドの軋む音や歩行器の音が聞こえなかったので，野菜を刻むために台所へ向かった。

　母親の誕生日には家族全員で夕食をともにしようと，夫と娘たちはテレサを説得した。「あと何回誕生日を祝えるかわからないから」という理由で。しかし，テレサにとっては，化学療法が終了したというのが本当のお祝いの理由だった。10週間にわたる（初期に1週間ほどの中断はあったが）週3回の化学療法が数日前にやっと終わったのだ。これでようやく，病院で無駄に駐車場を探し回る必要もなくなり，注射による腕の青痣や，母親のしんどいという訴えもなくなると考えていた。母親のがんももう心配ないと思いたかったが，それを宣言するのはまだ早すぎた。がん専門医は冷静で控えめな態度で「今後5年間で再発が認められない場合にだけ，完治したと判断してよい」と言い，テレサの期待を抑えようとした。「5年間だって。それまで

には寿命がくるかもしれないじゃない」とテレサは鼻を鳴らした。彼女自身も母親の状態を調べていて,「最後の化学療法が終わって2カ月後の全身CTスキャンで腫瘍病変やその疑いが見つからなければ,少なくともその時点ではがんは退治されているはず」と考えていた。

　うとうとしながら横になっていたベティは,テレサの声で目を覚ました。だが,テレサの足音が遠ざかるまで動こうとしなかった。ベッドにうつ伏せになったままベティは葛藤していた。すぐにでも台所に飛んで行きたいという思いもある。かつてのベティは一家の誇り高い女主人だった。数十年間というもの,家族の食事の世話や家の管理を誰の助けも借りずにやってきたのだ。野菜を刻みテーブルをセットするといった子どものような手伝いであっても,以前の役割を取り戻す第一歩にはなるはずだった。しかし一方で,彼女は手伝いを頼まれることに憤慨もしていた。「疲れているのに,どうしてみんな気づかないのか」「こんな年寄りがどうして自分の誕生日くらいゆっくりしていてはいけないのか」「まして夕食会なんて,まったくおもしろくもない」。彼女くらいの年齢になると,何かをやりたいということはなくなるものだし,むしろそれは障害にさえなる。この後,ベティは孫娘をほめながら,抱っこしてやさしい言葉をかけているのだろう。でも,彼女の気持ちは家族の未来に向いてはいない。過去に向いているのだ。彼女の気持ちはすでに亡くなった夫や自分の母親のことでいっぱいなのだ。ベティは所狭しと食器や他の物が置かれている娘の机を眺めた。そして,アンティークの茶碗を準備し,銀縁のソース入れにひだ飾りつきの銀食器を組み合わせながら,彼女が若くて健康で,今は失われてしまったエネルギーに満ちあふれていた頃の,4,50年前の夕食の風景を思い描いた。

　ベティが手すりをつかみながらゆっくりと階段を下りていくと,テレサは階段の下で腕を腰にあて,非難と心配の入り混じったような表情で母親を見上げていた。「気をつけてよ」ときつい口調で言った後,感情を抑え,今度はやさしく「手を貸しましょうか」と言う。ベティは次の段に注意しながら,

「大丈夫」とはっきり答えた。ゆっくり1階に下りて台所へ向かおうとすると，テレサが「もう野菜は刻んだから。母さんのお気に入りの孫がもうじき来るわよ。居間に行って待ってたら？」と言った。

　ベティは背の高い肘掛け椅子に半時間ほど1人で腰かけていた。鍋のガチャガチャする音や食器棚が閉まる音が聞こえてきた。多くの居間がそうであるように，この部屋も愛する人が集まる場所というよりは，上品で重厚な家具の陳列室のようだった。空気はつや出し剤のレモンの香りがし，黄ばんだ明かりは薄暗かった。ベティはこの空間の中で，引退させられたような，奇妙な感覚を抱いた。もっと悪く考えれば，家族のお荷物としてここに置かれたような感じさえした。孫がじっと自分を見つめておもしろい昔話を聴く価値があるという感覚よりも，時代遅れの家宝としてこの部屋に置かれているように感じられた。そのときドアの呼び鈴が鳴り，テレサがせわしなく台所から玄関へ向かった。テレサの娘のパティが背の高い夫とひ孫2人を連れて到着したようだ。

　玄関のドア付近で一通りキスと包容を交わした後，テレサは彼らのコートを衣装棚に片づけて，彼らを居間に案内した。パティ，彼女の夫，ひ孫たちは順番に，家の主であったベティの冷たい顔に頬を寄せた。七面鳥と人参の香りが彼らの注意を台所に向けさせる。テレサが7歳の孫息子と5歳の孫娘に肉汁を混ぜるのを手伝うように頼むと，子どもたちは急いで手伝いを始めた。パティの夫もその後をついて行く。ベティのお気に入りであるパティは肘掛け椅子のそばにある花模様のカウチに座り，病気で弱った祖母に話しかけた。

　カウチの端に腰かけたパティは，父親に似て背が高かったが，腰回りはテレサと同じようにどっしりしていた。30歳前で2度の妊娠経験は，昔は少女らしかったパティの体型をずいぶんと大きくした。母と祖母からずんぐりした体型を受け継いだようだ。「調子はどう？　おばあちゃん。会いたかったわ。ずいぶん疲れてるみたいだけど」。「ああ，ありがとう。パティ，お前はどうなの？」。ベティはできる限り朗らかに答えた。パティは祖母の健康についてもっと聞こうとしたが，微笑みながら質問に答えるだけにした。

第六章

「まあまあだったわ。子どもが大変だけど。でも，しかたないものね」。ちょうどそのとき，5歳の娘が居間に駆け込んできて，パティの手を引いて台所へ連れて行こうとした。パティは「また来るわね」と言って娘と一緒に出て行った。ベティはまたもや1人になり，このおかしな部屋に置き忘れられたような気持ちになった。ベッドに戻ったら失礼だろうかと思案していると，パティが戻って来たので，花柄のカウチにゴロンと横になった。

　「ママは，おばあちゃんの化学療法がちょうど終わったところって言ってたわ。気分はよくなったの？」とパティは大きな声で聞いた。ベティは曖昧に「なんとかね」とだけ答えた。パティは眉をしかめて言う。「ママは自分の望むことを信じるのよ。でもね，おばあちゃんは前のように元気に見えない。どうしたのか話してちょうだい」。ベティは厳しい顔つきでパティを眺めて言う。「自分に何が起きているのかわからない。わかるのは疲れてるってことだけなんだよ」。パティは慌てて「医者はおばあちゃんがどんどん回復していくと思ってるのよ。化学療法も終わったんだから！」と祖母をなだめた。しかし，ベティの陰気な気持ちは変わらない。「回復してるなんて思えないよ。もう少し生きられればそれで充分。前のようには戻れないよ。これが長びいてまだ病気と闘わなきゃならないなんて，考えただけで参ってしまうよ」。パティは一瞬ドキッとしたが，心配そうに言った。「おばあちゃんがそんなふうに思ってるなんて，ママは全然話してくれなかったわ。私にとっておばあちゃんは，ここに座って，お話ししてくれるおばあちゃんに変わりないわ。食事を作れなくなっても気にしない。おばあちゃんには私や子どものそばにいてほしいの。そしたら子どもたちもおばあちゃんのことをもっと知ることができるしね」。ベティは手を伸ばしてパティに触れた。「やさしい子だね。できるだけ一緒にいたいね」。年老いた祖母は言った。

　呼び鈴が再び鳴った。さらに多くの家族とその孫が到着したようだ。5歳の娘がまた居間に走ってやって来た。ベティは挨拶を交わしている声が聞こえる方へ体を向けた。「お行き。夕食の後でまた話そうね。しばらくここに座っていたいから」。ベティはお気に入りのパティにそう言った。

ダイニングでは、テーブルの上座に一家の女主人が2人の娘に挟まれてじっと座っている。その夫たちや孫娘、ひ孫たちは、下座の折りたたみ椅子に騒々しく座っていた。テレサとローラは微笑みながら、落ち着きなく動き回り騒いでいる自分の娘やその子どもたちを見ている。今晩が誕生日のベティは、興味なさそうな様子でテーブルの一番端に座っていた。彼女が七面鳥を食べようとしないことについて誰も何とも言わない。人参とジャガイモに手を付けていないことにも、誰一人触れなかった。食事も終わりに近づいた頃、テレサがピンクのバラと文字の入った大きな白いデコレーションケーキを持ってきた。ベティは家族の視線が自分に注がれるのを感じ、弱々しく微笑みながら「こんな面倒なことしなくていいのに」と言った。「お誕生日じゃない」とローラが言った。「こんな面倒なこと……」とベティは繰り返した。テレサがやさしく「どうして？　健康が回復したのよ、素晴らしいじゃない」と言うと、ベティの表情から笑みが消えた。テレサは大きな声で、皆に向かって話し続ける。「母さんをお祝いするために集まったんだから。母さんは本当によく治療を頑張ったわ。みんなそう思っているもの」。ベティは笑みを作って弱々しく、「みんな、ありがとう」と言った。そして「子どもたちにケーキを切ってあげたら」と言い足しながら、疲れた様子で椅子にもたれかかった。

　子どもたちがテーブルから追い出された後、皿はきれいに積み重ねられ、台所からは沸かしたてのコーヒーの香りがしてきた。ベティがしばらく休みたいと言うと、パティがベッドまで連れて行くと申し出た。「コーヒーが冷めないうちに戻ってね」とテレサは言ったが、15分してもパティは戻って来なかった。階段の下に立つと2人の低い話し声が聞こえてきたが、内容まではわからなかった。それから5分してパティが戻って来た時には、テレサは怒っていた。

　「コーヒー冷めちゃったじゃない。どうしてそんなに長くかかったの？　パイを食べる？」。テレサは続けざまに尋ねた。パティは母親を見ないで椅子に座り、「おばあちゃんと話していたのよ」とそっけなく言った。「誰かがおばあちゃんの話を聴いてあげなきゃ。押し付けがましくなくね」。テレサ

はコーヒーカップを置き，冷淡に言い返す。「どういう意味？」。「ママは，化学療法が終わったからおばあちゃんは元気になったって思ってるんでしょうけど。でも，おばあちゃんは元気じゃないわ。すごく辛がってる。でもママはそれを見ようとしていないのよ」とパティは言う。ローラが出し抜けに「母さんはまだうつっぽいって言ったじゃない」と口を出したが，テレサとパティはそれを無視してにらみ合っていた。パティはローラの方を向いて怒りを含んだ口調で，「ええ，おばあちゃんはうつだわ。叔母さんとママはそれをどうしてあげたいの？」。テレサは咳払いをして独りよがりな調子で答えた。「私は毎日あんたのおばあちゃんと一緒だったんだから。そのために仕事もやめたんだよ。あんたは今日はじめてここに来てちょろちょろして，それでおばあちゃんがどうしたこうしたって言うのかい。母さんのことはよくわかってるよ」。パティは一歩も引かず，「ママはわかってない。間違ってるわ。2階に行っておばあちゃんと話してみたら」と食ってかかった。

　テレサは娘と妹を見やり，何人かがまだデザートをつまんでいる方を振り向いてからテーブルを立った。2階に行き，母親の寝室のドアをノックし，返事も待たずに部屋に入ると，「お気に入りのパティに私のことで不満を言っていたようね」と入り口に立ったまま言い放った。「そんなことないよ」，ベティはかぎ針編みのブランケットを足元にかけて横たわったまま，静かに答えた。「何がいけないの？　あの子に何を言ったのよ？」とテレサは追求する。「疲れてると言っただけだよ。どうなるか考えると気持ちが沈むって」とベティは返した。「あんたがわかってないとパティは考えてるみたいだけど，それはあの子がそう思ってるだけだよ」。テレサは平静を取り戻し，少し間を空けてからちょっと怒ったように言った。「母さんは元気になったと思ってたのに」。ベティは「化学療法が終了してほっとしてるよ。でもね，いつもひどく嫌な気分なんだよ。今だってそうさ」と言った。テレサは防衛的になり「一生懸命，面倒見ようとしたのよ」と答えると，ベティは「わかってるよ。気分がよくなかったり希望が持てなかったりしても，あんたを責めてるわけじゃないんだよ。自分のせいだと思わないでおくれ」と言った。テレサは一瞬うつむいて，また母親を見上げて「みんなが帰ってか

らまた話しましょう」と少しためらいがちに言った。「いいよ。お客様のところへ戻ってちょうだい。しばらくしたら下りて行くから」と母親は答えた。テレサが部屋を出るのにドアのところまで行ったとき，ベティはがっかりした表情で顔をしかめていた。

　数年，数十年と一緒に暮らしていると，愛する人の性格や癖，態度などを知り尽くすようになります。彼らの介護を数週間，数カ月とするうちには，病気の症状，進行，治療がこれらの特性にどのように影響するかを知ることになります。しかし，病気の家族の近くにいることで，しばしば視野が狭くなってしまいます。あなたが持っている家族の生涯にわたる知識は，彼らが今どのように感じ機能しているかについての理解を，深めるよりも歪めさせるかもしれません。日々の介護に関するニーズへ注意を向けていると，要介護者の真の希望に対するあなたの認識は歪んでしまうかもしれません。矛盾するようですが，介護する人と親密になればなるほど，彼らに起きていることの凄まじさを完全に理解するチャンスが失われるかもしれないし，決して理解できなくなるかもしれません。

　これは何も悪いことばかりではありません。第二章と第五章で，重篤な病の不確かさに圧倒されるのを避けるために人々が用いる防衛について述べてきました。否認と過小評価によってその過酷さを少なく見積もることで，危機状態でも介護の責任を果たすことができる場合もあります。同じ方法で，病気の経過を通じて希望を抱き，耐える力を維持できるかもしれません。

　骨の折れる日々の介護は意識を削ぎます。医療的危機の早期には，病人である愛する人のかたわらから心配で片時も離れられないでしょうし，うめき声を耳にするたびにたじろぎ，すべての要求を叶えようとして疲れてしまうでしょう。しかし，時が経ち，危機的状況から慢性期に入ると，あなたの日々は，感情に焚き付けられることなく，日常となっていくでしょう。愛する人が自分で服を着たり食事したりできなくなる事態に直面すると，はじめは，服を着せたり食事をさせたりしなくてはならないことにショックを受け

ます。しかし，やがて介護技術を習得し，繰り返し介護を行っていると，他の雑用と同じように，半分無意識でできるようになるはずです。家族が自分で薬を飲めなくなっても，はじめは多くの錠剤の形や色に混乱するでしょうが，経験を積む中で薬の管理と副作用にも精通します。数週間もすれば，新しい技術はあなたの第二の天性になります。第一の天性となる人も多いようです。介護はあなたにとって第一のアイデンティティとなります。日常介護の雑用，毎週の診察予約，毎月の薬の詰め替えは，日が昇り，月が満ちるように，あなたの生活のリズムと様式を整えます。

このように，日々の介護に没頭することには明確な利点があります。不愉快なことを考える代わりに，自動操縦の飛行機に乗っているかのように毎日の義務をこなせるようになります。心を解放することができれば，介護を負担に思う感情を軽減できます。以前は誇り高く自立していた人の入浴やトイレの介護をする時，心を解放することで感情的になるのを抑えることができます。

介護義務から心を解放することが，同時に不利にも働くという困った問題も存在します。愛する人の状況とゆっくり進行する病気による変化は，もはや急激に気づくものではありません。歳月とともにどちらもはっきりしなくなります。しかし，単調な介護にあっても，変化は何の前触れもなく起こります。愛する人との感情的な調和を喪失していると，うめき声を聞いても，あなたはもはや率直な感情的反応を示しません。病人が苦しんでいても，その屈辱感に同情するより，自分は何をすべきかと真っ先に考えるでしょう。あなたは危機状況にあった最初の頃ほど介護へ関心を示さなくなるかもしれませんが，それは日常的な束縛のためではありません。日常の介護に没頭するようになると，他のことに注意を向けなくなり，病気の様子や家族の衰弱が見えなくなってしまうのです。

これは冷たい言い方に聞こえるかもしれませんし，信じがたいと思われるかもしれません。介護とは愛情を示す，これ以上ない試みです。あなたはなぜ愛する人の介護に着手して，後からその人と情緒的に距離を置くのでしょうか？　それは意識的な決断ではなく，長く続く絶え間ない拘束の副作用だ

から，というのが答えです。絶え間なく圧迫を加えられていると，その部分に皮膚ダコができるのと同じように，愛する人が衰えていく残酷さや惨状に絶えず直面していると，感情は麻痺してくるのです。周囲の苦しみに徐々に共鳴しなくなることは，なすべきことを継続しながら感情的に生き長らえる手段です。この自然のなりゆきとして，あたかも感情のない動物のように，介護や食事の世話という日常の瞬間に生きながら，日々の厳しい介護に没頭できるようになります。意識することと柔らかな心をなくしてしまえば，少しでも介護の辛さを感じたり考えたりしないでいられる助けになります。しかし，それは激しい副作用も持っているのです。

　テレサを例にとってみましょう。彼女が洗濯物を運んだり，食器棚をバタンと閉めたり，皿洗いをしている様子を見ると，彼女は台所を忙しそうに歩き回っていて，がんの脅威に心を痛めていないようです。しかしこれは，彼女が起こり得ることを考えていないということではありません。心配事は心の隅に追いやられているので，意識の全体を占拠してはいません。その代わり，どうすることもできない危機状況にあって，日々なすべきことをなんとかこなすことに心を砕いています。それは間違いなく，この危機状況に対する彼女なりの対処です。この過程で2つの変化が生じるでしょう。第一は，母親の病状と母親自身から距離ができてしまうことです。母親は娘が急いでいる時には話を聞いてもらえないと感じるでしょうし，自分が重荷――家事リストの中でも面倒な仕事――になっているように感じます。第二は，そのやり方がもはや母親にとって最善でなくなっても，習慣的に同じことをし，自分はやるだけのことをやっていると確信するような場合です。これらの変化は母親の無価値感を強め，苦しめて，うつ状態を深刻化させるだけです。

　たとえば，数回の脳卒中を経験している老人の妻を想像してみてください。彼女は以下のようなことをすべてうまくできます。調理して，スプーンで裏ごしした食事を日に3回食べさせること，服を着せ脱がせること，濡らしたスポンジで体を拭くこと，さらにはトイレで背中を持ち上げることまでうまくやれます。彼女は毎晩，自分の成し遂げたことに満足して就寝しますが，明日の厳しい日課を思うと恐ろしくもなるでしょう。そうしているうちに，

いくつかの変化が起こります。かつて最愛の人だった夫は，今やもっとも骨の折れる患者になっています。生涯の伴侶としての感情的交流はなくなり，多大な苦労を要する動かぬ物体を相手に付き合うようになります。妻は逆上するのを防ぐために，頑固に無心になって，毎日この苦労を続けます。このような認識の変化があった場合，疲労と悲しみによるダメージを受けると，妻の活力と精神は徐々に損なわれていきます。愛し合っているという気持ちの拠り所はなくなってしまいました。新たに起こる問題への対処能力もなくなってしまいました。日課をこなすことは，その日1日をなんとか過ごしたというだけのことです。そのうちに彼女は，自分は夫の脳卒中の犠牲になったと思うようになります。燃えつきてしまう可能性も少なくないでしょう。

> あなた自身，そして病気になった愛する人への関心を失いかけていませんか？
> ● 誰かに指摘された病人の変化を否認してはいませんか？
> ● 愛する人のことが本当に見えていますか？　かつてのその人の姿を見ようとしてはいませんか？
> ● 助けを求められた時，自分の中に怒りや不満や恨みといった反応が起きないように，自動的に問題解決モードに入ってはいませんか？
> ● 日課の中に逃避してはいませんか？

　逆のことを言っているように聞こえるかもしれませんが，燃えつきを防ぎ，病人が自分を家族の重荷になっていると感じないようにするためには，医療や家族の困難のすべての側面について，意識しないようにするのではなく，むしろ意識的になることが重要です。毎日新鮮な気持ちで挨拶したり，変化に対して心を開いていることです。気づきが増せば，病に対する恐怖が克服され，病気になった愛する人との関係を保ったままでいられます。それは，感情の麻痺状態や柔軟性のない日常に適応してしまうことを避ける意味があ

ります。もちろんこれは，介護における気づきを制限し，日々の日課にただ従うことが，感情的に翻弄されないための無意識の防衛手段であるということに関係します。どうしたら恐れを増大させることなく，病気になった愛する人への気づきを高めることができるでしょうか？　どうしたら不安をかき立てることなしに，行動を柔軟に修正できるでしょうか？

　この15年ほど，「マインドフルネス」ということが米国の心理学と精神保健で主流になってきています。これに関する一般向けの本や教育ビデオが出版されていますし，多くの研修会が開かれています。注意を集中することに意識的になることで，人生の問題への反応を形成することができる，という考え方です。

　マインドフルネスのムーブメントは，仏教家のティク・ナット・ハンとマサチューセッツ大学教授のジョン・カバットジン博士によって促進されました。彼らは西洋人の不安とストレスを和らげる方法として，東洋の瞑想を採用しました。カバットジン博士は1990年の著書『マインドフルネスストレス低減法』(Full Catastrophe Living) の中で，「マインドフルネスとは，私たちが目覚めているすべての瞬間に，"今，いる"ということを忘れないでいることです。同時に，恐れと痛みに気づくことを学びます。私たちの奥深くにある存在とつながることで力づけられ，恐れと痛みを超越し，あるがままの状況の中に，平和と希望を発見するための知恵を見いだすことができるのです」と述べています。それは悲惨な状況への諦めとか，それを受け入れるということではありません。マインドフルネスの実践は諦めるということではまったくなく，有害な出来事からさえ意味と知恵を受け取るように，開かれた目と研ぎ澄まされた感覚で，直面する現実からもたらされる力に身を任せることなのです。マインドフルネスは精神的な桃源郷や感情の防音装置の中に逃げ込むことではありません。それは「今，ここ」への高められた感覚であり，その中で，あなたの感情は，「今，ここ」に充分反応して湧き出ています。周囲の世界との関係を決して消し去ることなしに。ましてやそれは，介護の日課を妨げるものではありません。介護の妨害になるのは，ただ，柔軟性を欠いた繰り返しから生ずるマインドレスネスだけです。

第六章

　カバットジン博士が言う「平和と希望」の感覚を増しながら，さらに気づきを増すための方法があります。彼らが推奨しているのは，反射的な感情反応の間，注意力を高める方法です。反射的な感情反応では，環境に適切かつ効果的に反応するのが困難なのです。主な技法は東洋の瞑想です。静座し，規則的に深く呼吸し，思考を言葉，音，イメージに集中します。座って呼吸することほど単純で簡単なことはないとお思いになるかもしれませんが，難しいのは第三の部分です。心の思考は水銀柱のようなもので，1カ所にとどまることなく，あらゆる方向へ滑っていきます。意識のきらきらした泡を撒き散らしながら。静座し深呼吸し，焦点をしぼるという一連の実践を通じて，「思考を抑制して心を安定させること」を学ぶことができます。するとあなたは静かに，現在の環境への意識を維持し，瞬間の中にある豊かさを享受し，状況が許す限り，柔軟に変化することへの準備ができるようになるでしょう。過去と未来に思いを巡らすことも，マインドフル瞑想から除外されることはありません。すでに起きてしまったことについてあれこれ反芻するのではなく，過去の出来事があなたをどのようにして，現在の大事な「この時」に導いたのかを認識します。また，未来への心配のあまりに心が打ち砕かれることなく，可能な道についてじっくり考えるのです。

　マインドフルネスの集中訓練を受けることは，ほとんどの介護者にとって，時間の面でも金銭の面でもかなりの負担でしょう（理想的には，このような訓練を受けられれば，日々のストレスや危機に冷静に対処する助けになるのですが）。しかし，ありがたいことに，マインドフルネスの要素は別の方法でも促進することができます。それによって病気になった愛する人と調和した状況を保てますし，精神を酷使することのない，新しい介護の道が開けることになります。

　マインドフルネスの2つの要素を満たす簡単な例としては，日記を書くことや，医療的な危機のはじめから結末までの経験を記述することが挙げられます。そうすることで，病気にまつわる出来事に翻弄されることなく，介護の日課にとらわれることもなく，意識を鋭敏に保っておくことができます。すると，愛する人の変化や介護による影響について，さらに注意深くなりま

す。その日やったことのリストや，病人の食事や睡眠について書き留めるだけでも，介護の振り返りになります。これは，毎日繰り返される介護の渦に再び巻き込まれるということではなく，毎日書き留めたことを読み返せば，病気のそれぞれの段階で頑張り抜いてきた家族の体験を意識することができます。日記は心を和らげてもくれます。書くというプロセス自体がいわば瞑想だと考える人もいます。日記を書くには集中しなければなりませんし，心の中で感情と思考を明確に区別しておくことが求められます。また創造的な空想をもたらす言葉を選択しなくてはなりません。集中し平静な心で書く経験を積むことが大切です。

　気づきや平静な心を促進する方法もあります。介護者や特定の疾患のサポートグループ，ネット上の対話グループやブログなどに参加することで，他の家族の経験を学び，自分の経験と比較する基準を得ることができます。一番いいのは，介護者という責任ある役割が与えた影響について，あなた自身の経験をこれらのグループで語ることでしょう。複雑な経験を言葉にしてとらえなおすことで，落ち着いてじっくりと考えることができます。あなたの語りに対するメンバーからの質問や反応を通じて，自分の経験を新たに経験しなおせるでしょう。そうすると自分の見方が変わり，より柔軟で創造的なやり方で介護に向き合うことができるようになります。

　誰かの助けを借りなくても，自分1人でできることもあります。多くの書店やウェブサイトで，呼吸法をはじめ，不安や慢性疼痛に対する視覚化技法など，リラクゼーションのためのテープやCDを販売しています。これらは平静な状態でいることを助け，生活上のストレスに効果的に対処するためのものです。ヨガにも同じような効果があります。ヨガは体を伸ばしてリラックスするだけでなく，心を穏やかにする方法でもあります。最後の，そして最良の手段である「祈り」は，気づきを増して平静な状態を促進することに，驚くほどの効果を上げます。霊的な存在に呼びかけることで，日々の雑事のぬかるみから精神的に救い出され，あなたの苦闘を普遍的な意図や絶対的な力の中でとらえることができるでしょう。祈りという行為は，静かに熟考すること，ゆっくりと一定のリズムで呼吸すること，慣れ親しんだフレーズや

聖歌を繰り返すことなどを伴い，瞑想で得られるのに似たリラックス状態を引き起こします（精神性については第八章も参照のこと）。

> 気づきを促進する方法
> - 日記をつける
> - サポートグループのメンバーに話し，聞くこと
> - インターネットのサイトにアクセスする（感情の表出，質問，共有，共感のため）
> - マインドフルネス，リラクゼーション，視覚化の技法を，CDやテープ，書籍から学ぶ（公共図書館にはそれらが溢れている）
> - ヨガの授業を受ける
> - 祈り

　どの方法を使ったとしても，気づきを拡大することで，種々の喜びを手にすることができます。愛する家族の病の進行にうろたえて，自分を保つために日々の雑事に閉じ込もる必要もなくなります。愛する家族の不安にさらに注意深く耳を傾けることができるようになり，病人の必要に合わせて柔軟に反応できるでしょう。これは，平静に患者のその都度の変化に気づき，考慮することであり，患者の状態やニーズの進展に応じて介護のやり方を微調整できることを意味します。あなたの思考が，すでに生活上で確立されてしまった日々の雑事のみに狭められていなければ，うまく問題解決を図ることができます。そのような人は，もっと革新的になれる思考の幅を持っているのです。概して，気づきと柔軟性が高まると医療の全体像を見渡せるようになり，そのことによって希望と受容のバランスがちょうどよくなります。医療的な危機状況を通じて，あなたはさらに精神の回復力を身につけていくでしょう。

気づきと柔軟性を育む

> 気づきが促進されると，以下のことに役立ちます。
> - あなたの愛する人が本当に必要としていることに耳を傾けること
> - 過去からのイメージにとらわれることなく，目の前にいる真のその人との関係を保つこと
> - 楽観主義を獲得すること
> - あなたの愛する人を「やることリスト」に載せるのではなく，1人の人として接すること
> - 達成すべき日課で気をそらすのではなく，自分の感情的な反応を受け入れ，学ぶこと——燃えつきないための一番よい方法

　パーティー翌日の土曜日，テレサはいつもより遅く起きた。すでに夫はベッドにおらず，彼が寝ていたところは冷たくなっていた。階下から皿がぶつかる音が聞こえたが，四肢がこわばったような感じで気分も悪かったので，横たわったままでいた。昨夜，彼女は睡眠時間の半分を，その夜の出来事を思い出し苦しみながら過ごした。そしてまた同じことを考え始めた。恥をかかされたような思いだった。パティは母親と一緒になって私に恥をかかせた——しかも家族全員の前で。そしてパティは英雄になった。もう一方では，母親が自分の娘の味方をしたことに怒りを覚えていた。その上，母と娘は自分に逆らうことで共謀しているようにも見えた。何年もの間，自分を犠牲にして世話してきたのに，感謝されるどころか，結果はこれかと思った。テレサはブランケットをはおり，いつしか暗い思考に陥っていた。「あの人ががんで死んだら，こんな思いもしなくてすむのかしら」と彼女はつぶやき，すぐさまその考えを意識の外に押しやって，母は健康になるはずだと言い聞かせるのだった。テレサは気持ちが向かいそうになる方向をさえぎり，手早く部屋着とスリッパを履き，急いで下りて行った。

　今朝，テレサは母と会うことに不安を覚えていた。台所へ向かう時も，母が「少し話し合わなきゃ」とでも言いたげに自分を見るのではないかと恐れ

ていた。遅くまで寝ていて、朝食の準備をしていないことを非難するような目で見られるのではないかと心配していた。台所の様子も気がかりだった。夕べは鍋やフライパンを洗い終える前に、疲れてへたり込んでしまったのだ。おそらく夫も油で汚れた調理道具を積み重ねたまま眠ってしまったであろう。しかし、驚いたことに、台所に入ると流し台はきれいに片づけられていた。テーブルでは夫と母がチーズオムレツの最後の一口を食べていた。その隣に腰かけてジュースを注いでいるのは、なんとパティだった。

「どうしたの？　何かあったの？　子どもたちは？」とテレサは甲高い声で尋ねた。

「あの子たちは家よ」とパティは答えた。「どうもしないわ。座ってちょうだい。私の作ったオムレツを食べない？」

夫は慌てて立ち上がり、テレサに席を譲ると、目を合わせようともせず地下に下りて行った。何かがいつもと違っていた。テレサは座ってコーヒーを注ぐと、しばらく待った。気まずい沈黙が続く。母親が「疲れたから上に行くよ。2人で話すといい」と言うと、パティが「手伝うわ、おばあちゃん」と言ったので、テレサはすかさず「いいよ、私がするから」と応じた。

テレサは2階から下りてくると椅子に腰を下ろし、ふたたび待った。パティは皿からトーストを1枚取ると、テレサの方を見上げながら言った。「夕べは私、眠れなかったの。お母さんに対してなんてひどい態度を取ってしまったかと嫌な気分になって。そのことを話したくて」

テレサは慎重な態度を崩さずに、椅子から身を起こした。「夕べのこと考えると、私も眠れなかったよ」。そしてパティが続けるのを待った。パティは手にしたトーストを皿に戻すと、「わかってる。ママがどんなに辛い思いをしたか。パパはまったく助けにならないでしょうし。私はもっとママにやさしくすべきだった」と言った。

「どれほど辛かったかなんて、あんたに何がわかるの？」。テレサは無愛想に答えた。パティはテレサの怒りに気づかないのか、なだめるような調子で続けた。「ママはいつだって、大変な時ほど身を粉にして働く人だものね。おじいちゃんが病気だった時、ママがどんなに皆を励ましていたか覚えてる。

気づきと柔軟性を育む

ママは同じことをおばあちゃんにもしているのよね。全部引き受けてるのよ。でも、うまくいってるようでも、見逃してることがあるものよ。特に気持ちの問題をね」

「母さんに起こっていることに私が何も感じてないなんて、思わないでほしいね」とテレサは言い返し、さらに続けた。「誰も私ほど母さんのことを思ってやしない。あんただってそうだよ」。パティはしばらく沈黙した後、悲しそうに言った。「ママと言い争うためにここにいるんじゃないわ。おばあちゃんが心配なのと同じくらい、ママのこと心配しているの。もう少し肩の力を抜いてもいいんじゃない？　私、ママに似ているからわかるの。子どもの用事で精一杯で、子どもたちの気持ちにも自分の気持ちにも、注意なんて払わないもの」

テレサは静かに考えていた。娘を見つめると、彼女が真剣であることがわかった。「言いたいことが全部わかったわけじゃないけど」、テレサは穏やかに話そうと努めながら、「どうしろっていうの？」と言った。

「やらなきゃならないことに巻き込まれすぎてるのよ。みんなでおばあちゃんの側にいて、助け合わなきゃ。おばあちゃんの体と気持ちの両方を知ることで、おばあちゃんが今できていることや、もっとできるようになることを変えられるはず。おばあちゃんと後どのくらい一緒にいられるか、わからないじゃない」

テレサはまた娘から見下されたように感じた。「どうしろっていうのよ」、彼女の声は徐々にとげとげしくなってきた。

パティはそれ聞きながら、「確かなことはわからないけど……」とできるだけ穏やかに言った。「おばあちゃんはママには言ってないと思うけど、なぜってママを傷つけたくないから……ママは何でも自分で背負い込みすぎるって言ってたわ」。テレサは一瞬目をむいたが、娘は続けた。「私はいつもここにいてママの言うことを聞けるわけじゃない。子どもの世話があるから、どっちにしても私には無理。そうでしょ？　でも、もし、おばあちゃんの様子や私たちの気持ちについてメールでやりとりができたら、もっといい関係になれるし、起こっていることにもっと気づけるはずよ。健康関係のサイト

で読んだんだけど。私はあんまりここには来られないけど、メールでなら意見を伝えられるわ。そうしたいの。それにメールはママのためにもいいと思う。近くにいすぎると見えないことってあるから。サポートグループのようなものよ」

　テレサは無表情のまま黙っていた。パティは母親が気分を害したと思い、急いで言った。「ママにたくさん手助けが必要だなんて言ってるんじゃないのよ。ただ、おばあちゃんの体と気持ちに起きていることに、もう少し気をつけていた方がいいと思うの。そうすればもっとうまくやれると思う」。テレサは渋々のようにも聞こえる低い声で、「いい考えだね」と答えた。パティは驚いて「そう?」と言い、母親が真剣なのに気づくとさらに熱心に話した。「ローラ叔母ちゃんをメーリングリストに入れて、もちろん私たちもみんなね。書き残しておくことは、みんなにとっていいことよ。書けばちゃんと考えるし、気持ちも落ち着くわ。いつもメールすれば、もう言い争わなくなるかもしれない。おばあちゃんも私たちが一緒にいるように感じるわ、きっと」

　パティは満足そうに見えた。テレサは娘の話を忍耐強く待ってから、「あんたの方法を試してみよう。母さんが病気になったとき、そのことを夜遅くまで書いてたんだけど、いつも忙しくてね。でも、書いておくことではっきりさせるのはいいことだと思う。あんたや他のみんながどう思ってるのかメールで読めれば、毎日の仕事だけにとらわれなくなるし、違う方法が見つかるかもしれないし」と言った。パティは「すごくいいと思う」と言った。

　「でも」とテレサはきっぱりと言い返した。「もし、あんたたちが私を批判するつもりなら、メールは役に立たないよ。しなきゃならないことを言ってもらいたいわけじゃないんだから。そんなの公平じゃないもの。母さんに必要なことは私が判断する。もっと気をつけろと言うならそれはいいけど、軽々しく批判してほしくないね」

　「そんなことするつもりじゃないわ。それが目的じゃないもの」とパティが答えると、テレサは続けて「毎日一人で何もかもするのには疲れたよ。いざという時にはこのメールでみんなに頼んでもいいの? それとも、もっと

注意深く，穏やかになるためだけに使うのかい？」と言った。

　娘は母親を見つめて，「ママ，何でも頼めばいいわ。できるだけママのところに来るようにするしね」と答えた。母親の話がもう終わったようだったので，パティは立ち上がって皿を片づけようとした。するとテレサは，座るようにと娘の腕に強く触れた。

　「もう1つ。これが一番大事なこと。あんたはおばあちゃんを愛している。でも，いつか私の世話をする時がくれば，おばあちゃんを世話することと，重病の母親を持つことは同じじゃないってわかるだろう。私は何日も母さんががんになったことに苦しんだ。それを認めたくなかったんだよ。穏やかになるなんてできやしなかった。でも自分のことも考えるべきだった。今はそうしてるよ」

　パティは静かに座りなおし，思いやりのこもった視線で母親を見た。「ママは正しいわ。私はママの気持ちがすべてわかるわけじゃないもの。だからお互いに書き留めておいた方がいいのよ。ママに苦しんでほしくないの」と言った。

　テレサは「それならいいよ」と短く答えると立ち上がって，娘の皿とカップを流しに運んだ。

　気づきと柔軟性を養うことは，長びく病がもたらす多様な変化に家族が適応するための最善の方法です。もっとも大きいダメージを与えるのは，愛する家族の健康が損なわれ，家族の資源が消費されていくにつれ，家族自身のニーズが無視されていくことです。家族は自分たちを守ることを学ばなければなりませんし，介護にあたって必要なことを検討しなくてはなりません。病人は受けている介護に対して愛を返す方法を探さなければなりません。次の章では，長びく医療的危機において家族関係を維持する方法を探求します。特に，親密さを守るための方法です。

脳卒中の後で態度の変化した母親

Q 一人っ子なので，年老いた母親の健康管理に責任を感じています。これまでずっと，私たち親子はすばらしい関係でした。しかし，母が重い脳卒中になって，介護のため2年半前に母親の家へ引っ越してから，うまく接することができなくなりました。絶え間なく文句を言われながら，母の体を拭くことには耐えられません。母からは感謝の言葉もありませんし，私が自分の人生を諦めたということを，何とも思っていないようです。母が怒れば，私も母に怒鳴り返したくなります。母は変わりました。いや，もしかすると私が変わったのかもしれません。しかし，どちらにしても私たちの関係はうまくいっていません。悪夢のようです。

A 親御さんの介護に専念するあまり，お母様の苦しみとだけ向き合うのは，本当に辛いことです。この状況を改善するために，3つの要因について振り返ってみましょう。お母様の変化，お母様に対するあなたの変化，そして，お2人を支配している悪循環についてです。

まず，お母様について考えてみましょう。脳損傷や脳腫瘍と同じく，脳卒中は感情と性格を変容させます。あなたが気づいているお母様の変化は，神経学的なダメージによる可能性が高いのです。それに，あなたの介護に頼らなければならないことで抑うつ的になっているのかもしれません。これらが原因で，お母様はあなたとの関係がうまくいっていた頃のお母様ではなくなっているのです。お母様の不機嫌な行為をある程度修正するために，抑うつの治療についてかかりつけ医と相談することをお勧めします。さらに重要なのは，お母様へのあなた自身の期待を修正することです。

ご自分が，お母様が以前のように振る舞うことを期待しているのに気づいていますか？ 気づいていないなら，介護から距離を置いて，少し振り返ってみることをお勧めします。愛する人がまったく変わってしまったことを受け入れるのは困難なことです。母親が昔のままであってほしいというご自分の願いに気づいている場合でも，あなたは以前の母親を失ったことを悲しんでよいのです。これは，変わってしまった母親とうまくやっていくために必

要な段階です。報われない介護と不愉快な経験から叫び出したくなるのも無理はありませんが、その代わりに以下の方法を試してみてください。

- お母様が変わったのは脳卒中のためだということを、覚えていてください。誤った行動を容認する必要はありませんが、それが神経学的な原因から起きていて、お母様の誤りではないことを考慮してください。お母様の行動を症状ととらえて、あなたに対する侮辱と考えなければ、少しは気持ちもおさまるでしょう。お母様の変化についてのあなたの考えや、お母様に何を期待できるかを、かかりつけ医と話してみてください。
- 怒りがこみ上げた時は部屋や家から離れてください。お母様本人とあなたの感情から、できるだけ距離を置いてください。考えるための時間と空間があれば、あなたの反応を調整できます。マインドフルネスや深呼吸、リラクゼーションの方法を使えば、怒りを感じてもそれが増大することなく、自分の感情を自覚した状態を保てます。
- 自分の口を手でふさがなくてはならないほど、お母様の変化に対処するのが苦痛な場合は、あなた自身の燃えつきとうつを緩和するための治療（精神療法や薬物療法）を考えてみてください。
- 最後に、あなたとお母様との関係性に気づくことが重要です。お母様がふさぎ込むほどあなたは落ち着かなくなり、あなたが落ち着かなくなるほどお母様は怒ってふさぎ込む、といったことがあるのではありませんか？　この悪循環を断ち切るには、お母様のうつ状態や行動を意識して、多少の理解とやさしさをもって対応することです。そうすれば、お母様に以前のようであることを求めなくなり、お２人の対立もなくなるでしょう。また、現在のお母様に感謝することを学ぶ機会にもなるでしょう。

介護者が病気になった場合の計画

Q 最近，私は夜に高熱で倒れ，動けなくなりました。翌日にもひどい喉の痛みがありました。幸い姪が数時間母親の介護に来てくれて，その間に医者に行くことができました。医者で急性扁桃腺炎と診断され，母親に移してはいけないと言われました。姪が仕事を終えてもう一度来てくれるまで，私は家に帰れず，母親に必要なことができませんでした。これ以上姪には頼れません。前触れもなく介護者が病気になってしまった場合は，どうしたらいいのでしょうか？

A どんな介護者でも 24 時間「疲れても休めない」なんて言えはしません。このような質問をするということは，あなたに休養が必要だということです。スーパーマンでもない限り誰でも疲れるし，病気に対する絶対的な免疫などないのですから。介護者が急に病気になった場合の対応を意思決定メンバーと一緒に計画することで，不慮の事態に備えることが理想的です。

現在使える資源を検討する前にしなくてはならないのは，自主性を持つことです。罪悪感，迷信，その日しのぎの対処という 3 つの要因が，これをしばしば妨げます。介護者の中には，介護されるべきは愛する家族であって自分ではないと思い込み，緊急に自分のケアをしなくてはならない場合でも罪悪感を持つ人もいます。あるいは，自分が病気になることを考えていると家族の誰かが病気になってしまうという迷信を持っている人もいます。多くの介護者は厳しい毎日をこなすのに精一杯で，明日起こるかもしれない困難について計画するという気持ちや洞察力を持てません。いずれにしても，こうした態度は理論的でなく，助けにもなりません。柔軟性がなく，病や不幸に対処する術を持たない介護者は，いつかそれらが起きた時，愛する家族を傷つけることになってしまいます。

緊急時にはどんな方法が必要になるでしょうか。あなたの場合なら，家に来てくれる人，介護提供者，お母様を見てくれる人，お母様を起き上がらせ，衣類の交換を助けてくれる人などでしょうか。簡単なお見舞い状であっても，

思いやりのあるものであれば、それらを無視はしないでしょう。介護者は実際的なニーズに合うような資源を家族や地域、専門家から探すことになります。

　姪御さんが関わってくれたのは喜ぶべきことです。親族は緊急時の第一の資源になります。いざという時になってはじめて、子どもやきょうだい、親戚に連絡を取って助けを頼むのではなく、まだ順調にいっている間に、あなたが病気になった時に彼らが何をしてくれそうか、尋ねておいた方がよいでしょう。前もって約束しておいてもいざという時の保証にはなりませんが、必要が生じた時に連絡してきてくれる可能性を高めます。

　残念なことに、多くの介護者は自分に関心を持ってくれる親族を持たないか、近くにはいません。そこで、地域の資源を調べることが次のステップです。誠実で、寛容で、頑丈な体つきの隣人にお母様の着替えや食料の調達、食事の用意などを手伝ってもらうことも、短期的にはできるかもしれません。教会、シナゴーグ、モスクの関係者など、多くの宗教団体はボランティア委員会を持ち、病気の人を訪問したり、車で病院へ送迎したり、簡単な家事を提供したりしています。

　専門家の資源についても述べておきましょう。かかりつけ医やソーシャルワーカーへは、レスパイトサービスや家庭健康管理サービスの利用について聞いておくべきです。多くの州では（一般的に高齢者のための地域エージェントを通じて）、介護者が緊急時に集中的なサポートを受けることができます。介護者が病気になった場合、信頼できる養護老人ホームに一時的に患者を移すサービスを提供している保険会社もあります。

　もちろん資源の利用可能性を調べて準備しておくことは、1つだけにしぼるものではありません。危機に際して誰に連絡をとり、彼らが何を提供できるかを知っておくと、助けを求めることに対して躊躇しなくてすみます。病気を避けることはできません。ただ、どんな状況にあっても、愛するご家族とあなた自身の最大限の幸福のために、よく練られた計画が必要なのです。

父親が介護付き住居を嫌がる場合

Q 85歳の父が認知症の早期と診断されました。父はまだ一人暮らしで，運転をするのです。運転先はいつも行く食品店や郵便局といった狭い範囲だけです。医者は父にも認知症の告知をしましたが，運転は限られた範囲であれば問題なく，単身生活は可能だと言っています。姉と私は，父が介護付き住居に引っ越すことを望んでいます。しかし，父は断固として拒否しています。どうしたらいいでしょうか？

A これは毎年多くの人が直面している，身が裂かれるように深刻な問題です。それは家族（通行人や他のドライバーの安全はいうまでもありません）の安全を守ることを優先することで，高齢者が自分の人生を自分でコントロールしたいという望みを砕くことになるからです。2つの方針がありますが，両方ともある程度の説得が必要です。

第一の方針は，お父様に対するあなた方の態度です。お父様の認知症の程度はご質問からではわかりませんが，まだ論理的思考ができるということから考えて，無理矢理にではなく，懸命な選択ができるお父様の能力に訴えかけることをお勧めします。もう少し言うと，お父様の安全に対するあなたの心配を述べ，一緒に介護付き住居の見学に行ってほしいと頼んでみてはどうでしょう。しかし，そこへ住むかどうかはお父様自身に決める権利があります。自分の立場や生活スタイルが変化しても，それが自分の選択であれば，私たちは変化を受け入れやすくなります。強制的に変化させられると抵抗するものです。いかにそれが正しいことであったとしても。

お父様が選択の結果を見越して考えることができなければ，変化を促すために，かかりつけ医に依頼するとよいでしょう。私ならかかりつけ医を予約して情報提供し，父親の日常生活に関する心配を述べるでしょう。お父様が安全な一人暮らしや運転ができるとはと思っていないことを，率直に伝えてください（特に，アリセプトやエキセロンなど抑制系の抗アルツハイマー薬を処方されている場合には注意が必要です）。一般的に医師は医療過誤訴訟

を恐れ，常に用心しています。たとえあなたの評価に賛同しなくても，あなたの見解をすべて退けるようなことはしないはずです。リハビリテーション病院の運転評価試験をお父様に受けさせるよう医師に頼めば，医師はおそらく了解するでしょう。テストに合格しなければ，医者は州立運輸局にお父様の免許を更新しないよう通達することになります（ほとんどの州は，障害のあるドライバーについての報告を医師に義務づけています）。免許更新にパスすればあなたも安心できますし，お父様は実際のところ安全に近所を運転できるでしょう。

　もう1つの方法があります。認知症のほとんどは進行性なので，お父様の状態はゆくゆく悪化します。お父様はまだ一人暮らしができると医師が判断するなら，いつ頃助けが必要になるのか聞いてみてください。そうすれば少なくとも，将来変化する可能性があることと，それに備える方法を検討しておくことができます。いつ頃家と車を売って支援を受け入れなければならないか，といったことです。

母親の衰えと父親の否認

Q 父は，進行一弛緩型多発性硬化症の母の介護を15年間続けています。私たちきょうだいは，父が自分のやり方に固執して母の衰弱を考えていないのではないかと心配しています。私たちが手伝おうとしても，父はいまだに母の介護はすべて自分がやると言って聞きません。母の状態は安定していて悪化などしていないと言い張ります。私たちは父を愛していますし，いつかは気がついて，介護方法を変えなければならないことに耐えられない父を見たくありません。どうすべきでしょうか？

A お父様は不断の努力と誇りをもって，誠実に尽くしています。あなた方はその努力を賞賛していることでしょう。しかし，お父様の幸せを心配することもまた，正しいことです。お母様の病状に関してお父様が気づきを得ることが，頑なな介護を変える最善の方法です。お父様は気づきを高

めることに熱心にはならないでしょうが、そのやり方がまったく間違っているとすると、お父様はご自分を燃えつきに追い込んでしまいます。それはお母様には悪影響しか与えません。

　お母様が衰弱してきたというあなたの認識を家族で共有しようとしても、お父様は聞く耳を持たないでしょう。あなたは子どもであり、お父様は、あなたが正しい判断ができるほど母親に会っていないと感じているからです。お母様の健康管理チームを呼んで、お父様の再考を促すようにしてもよいでしょう。神経科医に連絡し、家族会議を持つことを提案するのです。そこでお母様の病気の進行はどのあたりか、機能低下の予後はどうかを話し合います。お母様が身体医学的リハビリテーション医や理学療法士の治療を受けていれば、彼らが会議に参加するのもよいでしょう。専門家に頼めばお母様の数値データを持ってきてもらうこともできます。たとえば、精神状態検査や機能自立度評価尺度の結果などです。検査結果がそろったらお父様を会議に招き入れてください。はじめのうち、お父様は相談なしに会議を開いたことに怒るでしょう。でも、欠席はしないはずです（状況次第ではお母様に出席していただいてもよいし、後で説明するに留めてもよいです）。お父様は専門家の意見を信用しないかもしれませんが、病状の進行を期間ごとに数値で示したデータを無視することはできません。これらのデータは、将来お母様に必要となる支援の道筋を提示しているからです。

　病状の悪化を示す証拠を見せられても、お父様はうろたえることはないと思います。むしろ、起こり得ることへの気づきを広げ、可能な限り介護できるように準備しようとするでしょう。すぐに、お父様が新しい情報や専門家が勧める介護方法を受け入れるように説得できるかもしれません。しかし、「だから言ったじゃないか」というような言い方をしてはいけません。献身的な夫であり介護者としてのお父様の自尊心に敬意を払うべきです。再度、自分たちも協力したいと穏やかに申し出てください。お父様があなたを誠実で協力的だと認めれば、話し合う機会がもてるでしょう。

進行性の病が夫婦関係を変える

Q 父が母の介護をすることで，夫婦関係が変わってしまったようで心配です。両親はいつも子どもに，決して愛を失わず，お互いを利用しない完璧な結婚について言い聞かせてきました。父は以前にも増して母とともにいるので，互いの関係はさらに深まっていると考えているかもしれません。しかし，両親の家に行って父が母のために日常のことすべてをしているのを見ると，2人の間には距離ができてしまったようにも見えます。父が母を愛しているのはわかっています。しかし，私はそのことで心を痛めています。どうしたらいいでしょうか？

A 私の親友の母親は病弱で，最近介護付き住居に移りました。私の親友は，母親の介護が日常的な仕事になってしまうと，母親と感情的な距離ができてしまうのではないかと心配していました。彼女はそれを避けるためのよい方法を考えました。毎日母親のために走り回り，お抱え運転手のようになる代わりに，週に一度，夫とともに介護付き住居を訪問して，母親と楽しく夕食をともにすることにしたのです。これは何に価値を置くかということです。母親のためにしなければいけないことと，楽しみをともにすることは区別できます。そうすることによって，介護者としての義務によってお互いの関係性が決められてしまうことはなくなります。

夫婦の関係は母－娘関係より親密ですし，同居は近くに住むことより大変です。私の友人のケースは両親とうまくやっていくための教訓を含んでいます。第一に，介護に費やす時間と夫婦のための時間を区別することです。第二は，相互関係を強めることで親密さを増すことです。

どちらもご両親の間で起きていることに対する気づきを必要とします。ご両親は，介護と関係ないところで夫婦が一緒にいる時間を意識して作れているでしょうか？ 夕食をともにすること，映画に行くこと，キスすることなどです。そのためにお父様には，しなければならないことを考えることよりも，ただ妻とともにあるための努力が必要です。そしてお父様の意識を，毎日の介護に集中することから，人生における愛という資源に移すのです。お

母様はお父様との愛を育み、それを与えることができていますか？　それとも、いつも介護の受け手になってしまっていますか？　お母様が敬意を持ってお父様のことを気にかけるのなら——お父様の悩みに耳を傾けたり、背中をなぜたり——お母様は患者ではなく妻として関わることができます。そしてお父様を引き寄せます。

　もしお父様が介護のためにあてどなく日々を送り、それが夫婦関係にどんな影響を与えているかに気づいていないなら、お父様はますますお母様に距離を置くようになると思います。意識してお２人の関係を変えることが必要でしょう。結婚の誓いが、辛く硬直した義務に成り果てないように。

　こうしたことを達成するためには、どうしたらよいでしょうか？　ご夫婦のかけがえのない時間をともに過ごすことを、あなたから真剣に提案してください。お母様の介護を代わったり、家事を手伝うことで、お父様の自由な時間を作ってあげてください。劇のチケットをプレゼントして、ご両親が交通手段を心配しなくていいように車で送り迎えしてあげることもできます。豪華な料理をご両親の家に運び、テーブルをセットして、キャンドルを灯したら、あなたはそこから立ち去ります。食事が終わった頃に戻って、いつもお父様がやっているロマンチックでない雑用を片づけて、その夜の雰囲気がすぐに介護的なものにならないようにします。ごきょうだいがいれば、このような試みにそれぞれがどのくらい協力できるか、話してみてください。

　もちろん、夫婦関係についてご両親に率直な話をすることには、ためらいがあるかもしれません。その場合は、聖職者、カウンセラー、セラピスト、両親のかかりつけ医など、信頼できる人物から話を切り出してもらうことを検討しましょう。

第七章
親密さを守る

　その朝，テレサとローラは母親を連れて，がん専門医による全身のCT検査に向かうことにした。母を病院へ車で送るためにクリストファーが時間を割いてくれ，しかも朝食の用意まで申し出てくれたことに姉妹は驚いていた。姉妹も最近は協力し合っている。銀行に出かけたり，ラザニアの入った鍋を持参したり，そして，パティがメールによる家族支援グループへの参加呼びかけを行ってくれたことに感謝していた。しかし，クリストファーは自分の立場を変えなかった。だから今朝，彼が手伝おうと言った時，テレサは夫を奇妙な思いで見つめた。しかし，すぐに「お願い」と言った。

　クリストファーはベティと特別悪い関係ではなかったが，テレサが彼とデートを始めた頃，クリストファーとベティは何回も衝突した。ベティは，クリストファーがテレサにとってふさわしい人物ではなく，教育も不充分だと考えていたからだ。その後も，子どもには厳しくしつけをするべきだというベティの主張に対して，2人の間で激しい議論があった。それから2人は，お互い耐えられる程度の距離を置くようになった。無関心なのではなく，可能な限り，常に互いを避けようとしていたのだ。ベティの長びく回復期が，この解決をも長びかせていた。ローラの夫ブラッドも，数年にわたりベティと衝突している。ブラッドは家族の長年の友人の葬式には参加したくないと

第七章

言うなど,父親とも口論になることがあった。しかしこの10年というもの,ブラッドはベティにうまく関わり,2人の間柄は近くなった。妹夫婦と母親との関係は,よそよそしい態度のクリストファーと批判的な母親との関係よりも,温かいものになっている。

そうした過去を考えれば,クリストファーが車の助手席に母親を案内することや,自ら送迎を申し出たこと,病院までの短い道のりの間ずっと,母に話しかけようとしていることは驚くべきことだった。彼は「お母さん,大丈夫ですよ。検査は単に形式的なものですから」と言っている。ベティはそんな励ましや彼の変化に慣れているかのように,黙ってまっすぐ窓の外を眺めていた。後部座席のテレサとローラは,あたかも「どうしちゃったのかしら?」とでも言いたげに見つめ合っていた。

クリストファーが母の状況を突然心配し始めたのは,彼の性格に由来していた。彼には直感で行動する傾向がある。そしてここ数日,彼には今回の医師訪問に関する強い直感があった。彼は母が足を引きずっていることに気づいていた。彼女は年老いた鳥のよう気丈けれど,疲れ,抑うつ的になっていた。彼は,大きな手術と追加の化学療法を行ったとしても,ベティのがんは拡大するのではないかと恐れていた。この知らせをベティはどう受け取るかが気がかりなのと同じぐらい,彼は妻のことを心配していた。妻はここ数カ月,過度の介護ストレスにさらされている。キリッとしたかと思えば,次の瞬間には取り乱すなどを繰り返している。これは彼女なりの急性ストレスへの対処なのだろう。最近,彼女は夜遅くにベッドにへたり込み,朝早く自分に鞭打つように起きる。夫婦はめったに夕食を一緒に食べなくなったし,映画を見たり,お茶を飲みながらおしゃべりすることもなくなった。セックスもなくなっていた。単にセックスの問題ではなく,すべての変化が彼を悩ませているのだ。しかし,クリストファーは,彼女が気分を害したり欲求不満の標的になっていると感じないように,セックスについてはあえて何も言わないでいた。しかし,自分が恐れていることが今日にでも起きそうだと考えると,妻を助けるためにすぐそばにいようと決めたのだった。

クリストファーが病院の正面に入っていくと,テレサは「入り口のところ

で降ろしてくれて，後で迎えに来てくれればよかったのに」と言った。「いや，一緒にいくよ」と彼はガレージに入る手前で答えた。ベティは戸惑ったままの表情で前を見ており，姉妹はまた視線を交わし合っている。クリストファーは車を止めて，ベティが車から降りるのを手伝いながら，彼らしくもなく彼女を激励した。ベティはこわばった表情で応えていた。

　がん専門医が来るまで40分待たされた。クリストファーは仕事や孫について姉妹に親しげに話しかけていた。しかし，2人はほとんどそれに応えなかった。がん専門医の個人オフィスに案内されると，医師はクリストファーのために椅子をもう一脚運び込んだ。彼は余計な話をしようとはせず，母親に直接話しかけた。「ご承知のように，私たちはがんの再燃による転移の可能性を最小限にするため追加の化学療法を行いました。そして，腹部手術後の回復状態を評価するためにCT検査をし，転移の有無を確認しました」。彼は不気味なほど黙り込んで，次に何か言うために集中しているようだった。テレサは突然，動悸を覚えた。ベティはまっすぐ前を見つめていた。「申し上げにくいのですが。がんは転移しているようです」とがん専門医は変わらず低い声で言った。「肺に小さな結節があり，転移であると診断できます。肺は卵巣腫瘍が転移しやすい場所の1つなんです。もちろん結節の細胞診をして，その見立てを検証しなければなりませんが」

　室内はしばらく静まりかえった。テレサはため息をつきながら，「父は肺がんでした」と言った。ベティは医者を見つめ続けていたが，目には涙が溢れていた。クリストファーはテレサのひざに手を置いている。テレサは震える声で，「それはどういうことでしょうか？　どうすればいいんでしょうか？」と尋ねた。

　がん専門医はなおも勘にさわる口調で続けた。「それは状況次第です。ただ，もう少し検査をしなければなりません。その上で，さらに強力な化学療法も考えられますし，特定の腫瘍を標的にする放射線療法を使うこともできます」

　ベティは頭を揺らしていた。テレサはそれに気づき，動揺して尋ねた。「母さん，なあに？」。ベティは何も答えない。がん専門医がそれをさえぎっ

第七章

て,「とてもショックなこととお察しいたします。1週間後にお会いして,またお話ししましょう。それまでに診断確定のための検査を調整しておきます」と言った。

すると突然クリストファーが怒鳴り声をあげたので,皆は驚いた。「これですべてですか!? あなたが助けてくれることはこれで全部? さらに検査だって?」。がん専門医は同情めいた表情を作って彼の方を見た。「お母様の生活の質を改善するために,たくさんのことができます。正しい方法を見つけるには時間が必要なのです。あなたが驚かれたことはお察しいたします。私もできる限りのことはします」。クリストファーはがん専門医をにらみつけたが,もう何も言わなかった。

呆然としながら,家族はのろのろとオフィスから出た。姉妹が両側から母親の腕を支えている。クリストファーは何歩か後ろからついて来た。車に戻るとベティは力尽きたようになってしまい,座席に座るのに,クリストファーに持ち上げるようにしてもらわなくてはならなかった。帰路,クリストファーは突然,「なにも死刑宣告ってわけじゃない」と言い放った。ベティは彼から顔をそむけ,窓の外を見ていた。テレサは「後で話しましょう」と厳しい口調で言った。

家は葬式のような雰囲気だった。ベティとローラは電気もつけずに台所の椅子に座っており,テレサはお茶を沸かしていた。クリストファーは台所と地下の書斎を行ったり来たりしている。自分も台所に座って彼女たちに加わるべきかどうか迷っているようだった。誰も言葉を発さない。ついにベティが「私は怯えてなんかいないからね」と強がるように言った。テレサはすぐさま,「それでこそ母さんよ。何か方法を見つけましょう。闘わなくちゃ」と答えた。しばらくしてテレサは台所の外の廊下にいるクリストファーのところへ行き,「大丈夫だと思う。仕事に行ったら?」と言った。「いいのか?」「ええ,行ってちょうだい」。クリストファーはいくらか安心したものの,押し出されるような気持ちにもなった。ここからは女同士の時間で,男の存在は邪魔なのかもしれない。彼は書斎から書類やケースをかき集めると,家を出て行った。

親密さを守る

 それからの数日というもの，テレサは地下室のパソコンでたくさんのメールを送受信していた。何本かは同情的なものだったが，その他はさまざまなサイトから得た治療手段についての情報を，姉妹や子どもたち，姪と共有する内容だった。週末には，孫たちが家に集まるようになり，台所のテーブルにベティと一緒に座り，彼女を元気づけた。孫たちが家の階段で遊んだり，台所から出たり入ったりしながら，皆の気をそらしてくれるのはありがたかった。テレビでは野球が始まっていて，今日は家にいる姉妹の夫たち，クリストファーとブラッドがたまたまそこに集まった。彼らはよい友人というわけではなかったが，結婚後，義理の兄弟として30年たった今では，遠慮のいらない関係になっていた。以前はよく家族の集まりをしていたものだった。

 テレビの野球試合は長びいている。「本当にさえないなあ」とブラッドが言う。「打者がひどく悪い」とクリストファー。2人はまた沈黙したが，やがてブラッドが「みんな，何とかやっていますか？」と言った。

 クリストファーは「まあね。お母さんはあまりしゃべらないが，恐れているようだね。テレサは今回のことで，今まで僕が見てきた中で一番まいっているみたいだ」と言った。

 「ああ」とブラッドはうなずいて，「僕たちも同じでした。ローラは心配性の女王なんで。僕たちは何度か話し合って，バランスを取り戻そうとしました」と，台所にいるローラに向かってうなずきながら付け加えた。

 「どうやったんだい？」

 「彼女に，責任があるのは母親に対してだけじゃないと話しただけです。お母さんのがんが長びけば長びくほど，ローラは自分の家族のために時間を作ろうと頑張りました」

 「そんなにうまくいくものかな」

 「やり方次第ですね。今はもっといいですし」。クリストファーはダブルプレーの録画に注意を向けながら，ブラッドの言ったことに思いを巡らした。

第七章

　その夜、クリストファーは疲れていたが、寝る前に妻と話してみようと思った。彼は妻にも生活上のバランスを取ってもらいたいと強く願っている。彼は自分を彼女の生活の中にもっと加えてほしかった。しかし、妻の最近の精神状態では、この頼みにどう反応するかわからない。クリストファーはベッドで古い雑誌を読みながら、妻が来るのを待っていた。妻が部屋に入って来ると、微笑みながら「何かあった？」と声をかけた。テレサは「何でもないわ。おチビちゃんがおかしなことをしたのよ」と言うと、鼻歌を歌いながらバスルームに向かい、しばらくすると髪を後ろで束ね、パジャマに着替えて戻ってきた。彼が見る限り、ここ数週間で一番機嫌がよいようだった。「話したいことがあるんだ」と彼は切り出した。
　「なあに？」
　彼女がベッドに腰を下ろすと、クリストファーは、「ここに来て横になったら？　心配しているんだ」と言った。
　「ええ、あなたが母さんのことを心配してくれていたなんて、驚いたわ。あなたらしくないもの」
　「お母さんのことも心配しているよ。でもね、僕は君のことが心配なんだ。それに僕たち家族のこともね」
　テレサは疑わしそうに夫を見て、「どういう意味？」と問い返した。
　「君はお母さんのために、できることをすべてやろうとしている。それは素晴らしいことだよ。でもね、君がもたないんじゃないかと心配だ。それに最近、僕と全然一緒にいないじゃないか。君を失ってしまったような気がして……」と、彼は抑えた声で慎重に言った。
　テレサは一瞬キッと彼を見て、「これ以上プレッシャーをかけないでよ。私はやらなくちゃいけないと思うことをしてるんだから」と言った。
　クリストファーは腕を伸ばして妻の肩に手を置いた。「わかるよ。大変なんだね。でも、僕も君と一緒にやっていきたいんだよ」
　するとテレサは、「腕を降ろして！　そんな気分じゃないわ」と命令口調で言った。
　「何だって？」

親密さを守る

「35年間いつだって，あなたはセックスしたくなると私の肩に手を置いたわ。どうして最近，私の機嫌をとろうとするのかしら。今はそれどころじゃないの。待ってくれなくちゃ」とテレサは冷静に言った。

彼はすぐに腕を外して強く抗議した。「誤解だ。セックスのことなんかじゃない。ただ心配しているんだよ」

テレサはベッドから飛び起きて部屋を横切り，電気を消してから，暗闇の中で「そうね」と皮肉っぽく答えた。クリストファーは，ベッドに戻ったテレサがシーツを引き寄せてくるまったのを感じた。横になりながら話を続けたいと思ったが，また彼女に触れて会話する勇気がなかった。数分すると軽い寝息が聞こえ，もう眠りに落ちたようだった。クリストファーはしばらく天井を眺めて，朝になったらどう言おうかと考えていたが，イライラしてきたので，諦めて目を閉じた。

すべての家族メンバーがよい時も悪い時も励まし合って生活していくのは，家族の使命です。しかし，長びく医学的危機状態にあっては，他のメンバーを犠牲にして1人の家族メンバーを助けることにエネルギーが注がれるものです。経済的に問題のある家族では，文字通り，あるメンバーの口から食物を取り上げて別のメンバーに与えたり，薬を買うことに懸命になることもあります。共通しているのは，介護家族が「親密さ」という価値ある資源の使い方を考える時にも，感情的な選択が行われるということです。もっとも狭義には，「親密さ」とは身体的愛情表現とセックスです。広義には，家族が費やす時間を取り巻いて，惜しみなく与え合う関心や注意であり，互いに示す思いやりです。どんな介護家族であっても，誰かが特別扱いを受けることは認められませんが，介護者が要介護者を気にかければかけるほど，介護を受ける人がもっとも助けを必要としていると考えるようになります。チャールズ・ディケンズの『クリスマス・キャロル』を思い出してください。ボブ・クラチットと彼の妻と子どもたちは，末っ子ティムのために力を合わせますが，それはティムが純真だからというだけでなく，彼が不自由で，弱々

しく，特別な愛情を必要としていたからです。

　他の家族の生き残り戦略と同じように，支援を必要としている特定の家族メンバーに親密さの大半を注ぐことには賛否両論があります。危機の初期段階や治療を決意するまでの数週間は，そのメンバーが病と闘うことに焦点を当てる方がよいでしょう。病気の人は支援されたと感じ，希望を持てるでしょう。しかし，危機的な状況が数カ月，あるいは何年にも及び，1人の家族に専念すれば，他の家族はアンビバレントな感情を抱くことになるでしょう。介護を受ける人に嫉妬心を抱き，自分の欲求には同じだけの注意が向けられないと悲観するようになります。にもかかわらず，自分が心配されることを想像しただけで，罪悪感を抱いたり不安になったりします。危機の間は，家族間を充分な親密さが行き交わなくなるので，満たされない感じや悲嘆を体験しがちなのです。

　病人との親密さにあまりにも焦点が当てられると，その家族メンバーに心理的悪影響を及ぼす可能性があります。たとえば，重症慢性心不全の弟がいる健康な姉を想像してみてください。彼女は年齢以上に重い責任を背負い，そのことで貴重な成熟を与えられるかもしれません。しかしその一方で，自分のことにはほとんど注意を払わず，楽しい子ども時代を過ごせないかもしれません。10代の頃には，弟の世話という周囲からの期待に対して怒り，反抗し始め，その結果，非行に走ることにもなりかねません。もっと成長すると，彼女の世話を必要とする男性に惹かれるようになるかもしれません。それは彼女にとっては慣れ親しんだ関係ですが，やはり弟に対するのと同様の葛藤を抱くようになります。

　多発性硬化症の母親をもつ幼い息子を考えてみましょう。ストレスがかかると母親はすぐに調子を崩し，手足にもダメージがあるので，父親は息子にきちんとしているようにと厳しくしつけます。息子の振る舞いによって母親の症状が悪化しないようにするためです。息子は自分の乱暴な性質を一生懸命抑えようとします。母親の病気は再燃が避けられませんから，そのたびに息子は自分の行動が母親の病気を左右したかのように感じ，自分を責めるようになります。そして罪悪感に悩まされ，うつ傾向になる危険性があります。

親密さを守る

　膿胞性繊維症(のうほう)の子どもを育てること，進行性慢性拘束性肺疾患の祖母を世話すること，重症喘息(ぜんそく)の配偶者との結婚生活など，ネガティブな影響について考えることもできます。家族の1人が急性白血病や脳卒中，全科性エリテマトーデスであるために家族旅行や卒業式，結婚式に参加する機会を失うことなどはすでに述べました。どの例でも，1人の家族メンバーの医学的ニーズが他の家族の日常的なニーズよりも優先されるので，家族は多かれ少なかれ苦しむことになります。

　テレサであれば，「よい家族なら，この瞬間に一番苦しんでいて介護が必要な人に必要なことをきちんとするべきだ」と言うかもしれません。つまり，介護を受ける人の痛みが消え，危機のレベルが弱まるまでは，自分自身の欲求を満たす順番を待つべきだと主張するでしょう。でも，お腹をすかせたヒナのいる巣をイメージしてください。もし親鳥が一番激しく鳴いているヒナだけにえさを与えるならば，その1匹は成長しますが，ほかは死んでしまいます。それと同様に，家族メンバーの中には慢性的に欲求が満たされない者も出てくるでしょう。いつ終わるかも，どうなるのかもわからない危機の場合は特にそうで，家族の調子は悪くなっていきます。

　家族みんなの日々の暮らしをできる限り満足のいくものとするためには，もっとも介護ニーズのあるメンバーに集中することと，ほかの家族にも注意を向けることのバランスを意識しなくてはなりません。まさにブラッドが提案したように，忠実に介護にあたりながらも家族の親密さを守り維持することをできるだけ慎重に意識できれば，家族皆が満足できる生活を実現するでしょう。

　それでは，どうすれば親密さを守れるのでしょうか？ 第一のステップはやはり，挑戦への気づきを高めることです。第四章で述べたように，あなたと家族は，介護によって新たな責任を引き受けることの犠牲について考え，役割や関係性を変えることに取り組まなければなりません。どうしたら介護責任を分散できるか見つめ直し，誰か1人に負担をかけすぎないようにするべきでしょう。また，できるだけ普通の生活を維持しながら，家族全体で介護を共有する方法を話し合う必要があります。誰か1人が兵士として招集さ

れ,永遠に責任を背負い続けることは避けなければいけません。私たちは皆,海兵隊でもなければ殉教者でもないのです。介護家族であってもハイキングや夕食会,映画など,定期的に休暇を取るべきですし,お祝い事や充電の日が必要です。介護者が自分自身の時間を持つ権利を尊重され,基本的な配慮と協力を得られれば,自分も気にかけてもらえていると感じることができます。

　家族間でオープンで継続的なコミュニケーションがなされていれば,行き届いた公平な介護を取り決めることができます。直接会うにせよ,メールを使うにせよ,定期的に家族会議を開けば,患者の状態への気づきを高め,何をすべきか,誰が何をいつまでするのかをよく検討できるようになります。それぞれの生活における要求を他の家族に知らせ,思っていることを自由に話し,希望と恐れについて表現する場を持つことが必要になります。会ったり話したりすることを通じて,医学的危機にあっても一体感が増し,家族としてずっと愛し合い,ケアし合っていくことを家族メンバーに保証することになります。しかし,ミーティングで衝突がないわけではありません。重要な介護義務に関して言い争い,責任のなすりつけが起こることもあります。すべての問題が解決されるわけではありません。しかし,ミーティングをする限り,少なくともそのプロセスは,それぞれの家族の考えや感情に配慮する機会となります。1カ月,あるいは3カ月ごとに集まって,患者の状態と介護計画を再検討するとよいでしょう。

　第二のステップは,介護者以外の家族メンバーのニーズを維持するように努めることです。家族精神科医であるピーター・スタイングラスは「病を本来の場所に置く」と述べています。これは,病に対する医学的な心配を人生におけるドラマの中心的で永続的な問題としないという意味です。その代わりに,できるだけ多くの時間,他の家族をあなたの舞台にあげることです(病に関することは舞台袖に引っ込めたほうがよいのですが,それはなかなかできることではありません)。言い換えれば,家族の豊かで壮大な物語の登場人物や筋書きの中に,介護を含めるべきでないということです。このように考えると,他の家族と親密にすること,つまり,子どもの養育,結婚生活のサポート,セックス,引っ越しや転職などに力を注ぐことを,決して妨げ

たり無視したりすべきではないのです。

> あなたが病人とそのニーズから注意をそらすことに困難を感じているのならば、家族会議を開き、何が家族全体を構成しているかというリストを作成しましょう。あなたの家族にはどんな特徴があるのか？ それぞれの主な役割は何か？ 他の家族の現在のニーズは何か？ あなたの価値観は？ どんな出来事や機会を大事にしているか？ 他の家族にどんなことを望んでいるか？

家族内の親密さに関して重要なのは、一般的にはそれが相互的だという点です。あなたは自分の家族を愛しています。しかしその一方で、家族の姿に悩み、怒ります。そして、あなたが過ちを犯しても、家族はあなたに愛を返します。この相互性への脅威の1つに、患者の存在が介護におけるブラックホールになり、家族内での利用可能な愛情をすべて吸収してしまい、何も返されなくなることがあります。厳密には生物医学的要因に起因することもあります。たとえば、脳外傷やアルツハイマーのために認知機能が障害されていれば、自分が受けている介護の重要性を理解することができず、感謝を示したり気づかうことができません。これは家族を意気消沈させ、枯渇させる障害となります。病人を愛したり、病人から愛されたりすることが消失し、底なしの苦悩に変わってしまったかのように感じるでしょう。患者の認知機能に問題がないとしても、さまざまな心理学的理由で介護者を苦しめます。患者には身もだえするほどの絶望、激しい自己憐憫、溢れ出す怒り、過度の依存、押し寄せる権利の意識などが生じるため、自分が受けている介護に感謝しているようには見えません。介護者は、愛情を表現されるどころか、親密な感情と忠誠心が裏切られたと感じるでしょう。たとえ子どもとしての義務から介護を続けていたとしても、傷つきと怒りを抑えることは難しいでしょう。このような争いが続くと、自ら傷ついている上に相手をも傷つ

け，病人を苦悩させ，時に介護者を残酷にもさせてしまいます。

　親密な関係を守る第三のステップは，重い病気によってもたらされることが多い相互関係の消失を最小限に抑えることです。家族は介護者として介護以上のことをしなければいけません。病人があなたに気づかいを返せるような手段を工夫して，それを手助けすることです。夕食を作る身体的能力が病人にないとしても，彼から感謝され，食器を皿洗い機に置いてもらうことを期待できるかもしれません。皿洗い機を使うこともできない場合には，皿洗い機から食器を取り出している間，1日の不満を病人に聞いてもらうこともできるでしょう。注意深く会話しても感情を理解できない認知能力の病人であれば，別の方法を考えてみてもよいでしょう。郵便を分類する，請求書をまとめる，ベッドを整える，子どもや孫がテレビを見ているのを見守るなどです。してもらったことを後でやりなおさなければならないとしても，病人が自分が享受している介護という贈り物を認識し，自分のできる方法で，できるだけの感謝を返せるようにすることは価値あることです。重要なのは，病人からの貢献を周囲が期待していることを示すことです。

　介護者は病人が家族に貢献しなくても大目に見てしまいます。なぜなら，家族の一員として病人に責任を課すことに罪悪感を持ってしまいますし，また自分たちでやった方が簡単だからです。この2つの理由で，病人を大目に見ることを避けなければならないのです。家族への貢献がもはや求められていないとなると，要介護者は自己中心的で依存的になるか，反対に無気力で抑うつ的になるかもしれません。また，要介護者から承認されず，助けを求めることもできない介護者は怒りっぽくなり，燃えつきやすくなります。介護者と要介護者が互いにギブアンドテイクの関係を続けている場合にこそ，親密な関係が一番維持されるのです。このような関係性は，家族が医学的危機の間とその後をどれほどじょうずにやっていけるかということに，重大な違いをもたらします。

　これらを念頭に置けば，第六章に登場したテレサは正しいということになります。彼女は母親に野菜を刻んでほしいと頼んでいます。これは些細な行動ですが，一方的な介護関係を変化させ，母親の自己評価を高め，テレサ自

身の負担を軽減することになりました。テレサがそうしたのはよかったのですが，野菜を刻むのを手伝ってもらうことよりも，母親の貢献したいという気持ちを理解しておくべきでした。2人が同意したことを簡単にくつがえすことで，テレサは母の手伝いを取るに足らないことにしてしまいました。そのことで，母親は自分は価値がないと感じますし，テレサが主婦としていばっているような印象をもちます。これでは親子の親密さを損なうだけです。

> 親密さを保つための3つのステップ
> 1. 介護で必要になることを知り，責任の割り振りを話し合うこと
> 2. 介護の見通しをもつこと──家族の物語の「一部」として考える
> 3. 要介護者も何かを返すことができると確認すること

テレサとクリストファーとの関係は精神的に非常に疲れるものだった。口論の翌朝，2人はほとんど話そうとしなかった。朝食の席で母親がクリストファーに質問しても，彼は新聞から目を離さずに短く答えただけだった。テレサは母親が困った顔をしているのに気づき夫の態度を非難したが，クリストファーは不機嫌な表情でテーブルから皿を取り上げると，足早に部屋を出て地下へ下りる階段へ向かった。それはテレサの最悪の疑惑を裏づけることになってしまった。彼が最近，母親に特別よくしてくれるのは，単に自分とセックスしたいからなのだ──。その思いは彼女を傷つけ，嫌悪感を抱かせた。母親はもっとよいケアを受けるべきで，自分もケアされることを必要としていた。それなのに夫は自己中心的で，操作的で，無礼な態度を続けている。夫を追いかけていって穏やかに話してみようかと思ったが，怒りにまかせて叫ぶだけになってしまうのではないかと不安になった。そんなことになれば，夫に数週間不機嫌でいる口実を与えてしまう。

ローラが冷凍した肉と作りたてのロールケーキを持って姉の家に昼食前に

第七章

訪れると、テレサは前夜の食事会で散らかった居間の片づけをしていた。姉の不機嫌な顔を見て、ローラは玄関を入ったとたん「どうしたの?」と尋ねた。「何もかもが嫌なの」とテレサは気難しく答えた。「昼食を持ってきたんだけど」とローラは少し身構えながら、プラスチックの容器が入ったバッグを揺らした。テレサはバッグを受け取って台所に向かった。「あなたに怒っているわけじゃないわ。クリストファーよ。いろいろ聞いてくるけど、ろくなことをしてくれない」

姉の不平を聞くことには慣れていたので、ローラは何も言わずに台所に向かった。テレサはお茶をいれるために、コンロに置かれたやかんに水を入れて蓋を閉めた。テーブルに座ると、ローラが「母さんは?」と尋ねた。「2階で横になっているわ」とテレサは答え、「がんが母さんを食いものにしてるから疲れきってるのよ」と辛辣な口調で付け加えた。ローラは顔をしかめて、「機嫌悪そうね」と言った。「信じられる? 母さんが死ぬかもしれないというときに、あの人が考えているのはセックスだけなんて」。ローラが答えに躊躇していると、テレサはさらに言いつのった。「彼が最近いろいろ助けてくれていたのは、なぜだと思う? 病院まで車で連れて行ってくれたりしたでしょ? 私から無視されていると思って、自分をかわいそうだと思っているのよ。子どもみたいに気にかけてほしいのよ」

ローラは躊躇しながら言った。「たぶん、それはセックスのことじゃないわ。彼はもっと気にしてほしいのよ。あなたの愛情がほしいのよ」。「何言ってるの? 私がずっとしてきたことに文句を言う権利なんて、あの人にはないでしょ? あなた、彼と何か話したの?」とテレサは妹を試すように聞いた。ローラは静かに、「いいえ、クリストファーと話したことなんてないわ。でも、少し前に夫が話してくれたの。楽しい話じゃなかったけど。母さんのがんが私たちの関係に影響していることを気づかせてくれたの。彼は私がいなくなったようで寂しいと言ったの。彼がセックスしたかったのは確かだけど、でも、それだけじゃない。彼は私に言ったわ、私は娘としてだけではなく、妻としても責任があるって」と答えた。テレサは何も言わなかったが、顔は少し赤みを帯びている。ローラは続けた。「彼の言うことは間違いじゃない

と思う。私は少し極端になっていたかも。優先順位のバランスを取りなおさないといけないのよ」

テレサは立ち上がるとコンロを切り、カウンターにカップと皿を乱暴に並べている。ローラは姉からの手厳しい非難に身構えていた。しかし、テレサはただ座り込んで、ハチミツがいるかどうか尋ねただけだった。ローラはこの話を進めるのは危険だと思ったが、「母さんは何を望んでいるのかしら？ たとえ母さんがクリストファーとうまくいっていなかったとしても、今、姉さんたちが別れることを望んでいると思う？ それで姉さんが幸せになると考えているかしら？」と続けた。テレサは不機嫌に言った。「母さんは私たちが別れるなんて思ってないわ。でも、彼は冷静になる必要があるし、私が介護に集中できるようにしてもらわないと」。ローラが「母さんが死んだらどうなるの？ クリストファーにそばにいてほしいでしょ？」と続けると、テレサは何も言わずにドアの方をちらっと見て、お茶を勢いよくかき混ぜた。

介護家族の親密さを守るためには、身体的な親密さについて直接話す必要があります。要介護者とその配偶者の性的な関係、またテレサのように、介護の最前線にいて配偶者との性的関係に関心を持てない場合でも、すでに述べた3つのステップ（役割が変化することで生じた困難に関して気づきを高めること、家族全体の文脈において病人のニーズをとらえること、相互関係の喪失を最小限にすること）が必要ですが、それは簡単なことではありません。あらゆる介護状況において、身体的親密さが減少するという問題が起こります。

患者と健康な配偶者の場合（年老いた母親か父親を介護している場合にも当てはまりますが）、性的な障害は生物学的ならびに心理的に複合した問題です。まず、病気そのものが、性的機能の基礎になる神経学的側面、ホルモンの機能、血管の基盤を壊します。男性の場合は、勃起の持続や射精を不可能にします。女性の場合は、性欲の喪失、膣の潤いの喪失、オルガニズムの喪失を意味します。病気自体が性的な障害を引き起こさなくても、血圧降下

剤，抗がん剤，抗うつ薬などの薬が影響し，性的機能不全になることがしばしばあります。病気とその治療によって性的な情熱は冷め，愛情を向ける力は減少していきます。

　重篤な病気が家族に影響している場合，カップルのセックスに関連した心理的問題は無数に存在します。もっとも重大なのは，セックスに対する激しい恐怖心です。配偶者が心臓発作や脳卒中から回復している場合，または多発性硬化症のような神経学的病気で衰弱している場合，セックスが病状を悪化させるのではないかと恐れてしまいます。セックスは親密になるためというより，危険をはらんだものに感じられます。やさしく愛撫することですら脈拍を上げ，血圧を上昇させ，医学的惨事の原因になりかねないからです。再び安全なセックスができるように，医者が必要な教育と安心を与えてくれることはまずありません。セックスは彼らの関係において危険なものとなり，臆病になります。セックスを永遠に失ってしまったと悲嘆する場合さえあります。

　心理的な問題の2つ目は，今まで重篤な病気を経験したことのない夫婦にとって，病気は決して無視できるものではないので，性行為自体への不安が生じることです。病気そのものや薬物，その他の要因のため，相手に性行為が可能かという不安のためにセックスができなくなります。何度も性行為がうまくいかないと，もう成功しないのではないかと不安になります。2人はセックスを避けるようになり，互いが性行為でみじめさと落胆を味わわないようにします。

　長期間にわたる介護が結婚生活の力動を変えてしまうことが，親密さへの最大の障壁になります。多くの場合，介護によって力の不均衡が生じることは避けられません。健康な配偶者は増大した介護の責任を負い，家族の中で支配的になり，次第にすべての決断を行うようになります。常に介護を受ける立場に陥った病気の配偶者は，しばしば子どものように退行します。受け身的で，要求がましく，泣き言ばかり言い，関心を向けてもらおうとするのです。ですから，セックスの時だけ大人になって性的関係を発展させることができるカップルは少ないのです。健康な配偶者にとって，看護師と恋人の

親密さを守る

役割をうまく両立させることがどんなに難しいか，考えてみればおわかりと思います。夫をトイレに連れて行けば，次の瞬間にはロマンチックな感情は失せています。毎日の介護は睡眠への情熱を与えますが，お祭り騒ぎをしようとは思わないでしょう。

セックスへの障害に対して，明確な回答はありません。どんな夫婦も固有の問題を持っていて，それは個別に検討されるべきものだからです。しかし，身体的親密さを復活させるための一般的な提案もあります。病気や薬物が問題であるなら，医学的介入が基本になります。病気の進行や回復の段階に沿って，性機能についての現実的な見込みを医師から助言してもらうのがよいでしょう。現在では，性機能障害に対する新薬や治療法があります。家庭医（または専門の泌尿器科医）は，あなたと配偶者にいくつかの選択肢を提供してくれるはずです。薬が原因とわかれば，代わりの薬や定期的な休薬日を考慮してくれると思います。

医師や他の精神保健専門家は，心理的問題の克服に重要な役割を果たしています。性行為の恐怖に対する最善の特効薬は教育です。単に医学的事実についての情報をやりとりするだけでは，強い不安を感じてしまうでしょう。医師は，配偶者である介護者がヘルパーを雇えるようにすることができます。そうすることで，介護者としてだけでなく，妻として女性としてすべきことを保護できるのです。また，医師が性生活に戻ることについての医学的承認を与えれば，夫婦は大きな安堵感を覚えます。性行為への不安については，患者へのガイダンス，性的な映画や用具の使用，バイアグラのような性遂行強化薬などで対処することもできます。

それでもまだ問題があれば，「セックスセラピー」と呼ばれる精神療法が助けになるでしょう。この治療は力関係が崩れた結婚のバランスを取り戻すのに有効です。病気によって性機能が損なわれていたり，役割の変化によって夫婦の相互関係が成立しなくなっている場合に，精神療法は，以前の関係に思いを巡らせたり，日常的な満足を伴う新しい関係を形成するのを助けてくれます。

どちらかが介護の最前線にいるという場合には，セックスへの障害は少し

違います。介護では相当な時間とエネルギーを使い果たします。忙しさと疲労のために，介護者の性生活はうまくいかないかもしれません（多くの米国人が過剰な介護のため睡眠不足になっています）。精神的に高揚した状態でなく，いつも疲れきって床につくからです。そして，翌日の介護をやりぬくためのエネルギーと忍耐を与えてくれるよう，神に祈ります。性行為のような超感覚的なことは，めったに思考に入ってきません。

怒りと罪悪感が障壁となる場合もあります。集中して充分な介護を提供しなければならないという厳格な倫理観をもつ介護者は，配偶者からセックスを求められても，まったく別世界のものと感じるでしょう。そんな要求は自分の使命を邪魔するものだと憤慨するかもしれません。セックスを楽しむことと病人を救うことに神経を集中することは，相容れないのです。たとえ介護で消耗していなくとも，家族が病気の時にセックスに興じることは，強い罪悪感を喚起するものです。セックスの楽しみが病んだ家族の苦しみを矮小化し，病人にさらなる痛みを与えるかのようにも感じます。その結果，繰り返されるセックスの要求に関連した自己批判を避ける手段として，セックスを夫婦関係から閉め出します。たとえそれが結婚生活へリスクをもたらすものだとしてもです。

ジョン・ゴットマンら気鋭の研究者から学んだのは，コミュニケーションがポジティブでないと離婚の危機に遭遇するということです。互いに語り，共有し，一緒に楽しむか，それとも修復不能な親密さの終焉を見届けるか，どちらかです。長びく医学的危機が終わるまで，結婚生活に時間とエネルギーを注ぐことを延期していることはできません。それでは結婚を維持する可能性は極めて低くなります。たとえ1日20分の会話時間であっても（介護のない夫婦の方が介護のある夫婦よりも長く会話しているという研究があります），その間に抱擁したり，愛撫したり，同情を示したりしながら愛情ある関係を育み，感情的につながるべきなのです。怒りと罪悪感に悩まされているなら，そのことについて配偶者と話してください。「僕が悩んでいることを話してもいいかな？」などと。少なくともその時は感情的な堂々巡りから離れ，不快な感情を和らげることができます。配偶者からネガティブな感

情を向けられることが避けられない場合は，感情にうまく対処するためにサポートグループに参加したり，プロのカウンセラーを予約するべきでしょう。それは介護にとっても無駄にはなりません。時を経て，結婚が不運な終焉を迎えないようにしましょう。

その夜，テレサは落ち着かない様子で雑誌を手にベッドに座り，クリストファーが部屋に上がってくるのを待っていた。夫に何を言ったらいいか，まだ決められないでいる。しかし謝るつもりはなかった。何のために？ 彼女は言い訳がましく考えていたが，ローラの忠告を聞いてから落ち着かなくなった。どんなに夫に腹を立てていても，夫を疎外したいわけではない。少なくともコミュニケーションの回路を開いておくのはよい考えかもしれない。

クリストファーはすぐに部屋にやって来た。そして，今にも爆発しそうな表情で，声もかけず，妻の前を大股で素通りしてバスルームに向かった。夫が水をジャージャー流し続けながら歯磨きとうがいにことさら時間をかけているので，テレサはイライラしてきた。やっと夫が出てきた時も，彼女は雑誌を読むふりをしていた。夫はハーフキングサイズのベッドの向こう側に腰かけた。しばらくしてテレサは無関心な様子で「今日はどうだった?」と聞いた。夫は驚いたように妻を凝視してから視線をそらし，リモコンでテレビのスイッチを入れた。しばらくしてテレサは，「テレビを切ってちょうだい」ときっぱりした口調で言った。クリストファーは少しの間それを無視してからテレビを切り，妻の方へ向き直った。

「わかっているわ。昨日は私があなたに腹を立てた。それで今度はあなたが怒ってるのよね」とテレサは出し抜けに言った。

「僕が怒っているのはそのせいじゃないよ」

「ええ，確かに私たちは充分な時間を一緒に過ごしてないもの」とテレサは皮肉っぽく言う。

「セックスのことを蒸し返さないでくれよ!」とクリストファーは声を荒げた。

テレサはさらに低い声で，「あなたが心配しているのは，充分な時間を一

第七章

緒に過ごしてないってことでしょ」と言った。

「君は大したことじゃないように言うね。これは些細なことじゃないんだ。わかっていないようだけど」と彼は怒り続けた。

テレサは話すのをやめ，手を伸ばして夫の肩に置いた。「どうしたらいいの?」と，彼女は疲れた口調で言った。「母さんは私を必要としているのよ。わかってくれていると思っていたのに。私が間違っていたわ」。そしてため息をつきながら，「お互いあまり会っていないことはわかっているわ」と付け加えた。

クリストファーはまだ怒っていて，肩に置かれた妻の手を払うと，苛立ちを鎮めるために天井を見上げた。しばらくして，疲れきったように言った。「君がお母さんを介護したいことはわかっている。君を助けたいと思っている。でも，君から離されたくもないんだ。もちろんセックスもしたいさ。でも，ないと一番寂しいのは，触れ合ったり，話し合ったりすることだよ。そのどこが悪い?」

「悪くなんかない。でも，やらなきゃならないことがたくさんあるの。私もあなたと会う時間がなくて寂しいのよ」とテレサは落ち着いた声で答えた。

2人は黙って天井を見上げながら横になっていた。クリストファーはためらいがちに少年のような口調で，「お母さんの介護から離れて，2人だけで過ごす時間を作れないかな?」と尋ねた。テレサはしばらく考えて，「いいわ」と答えた。「何か方法を考えなくちゃならないけど，毎週でもいいわ。妹に助けを頼むから。あなたも，もう少し時間を決めてお母さんのことを手伝ってほしいのよ。そうしたらすべてのことが私の肩にかかることはないもの」

クリストファーはベッドの中で向きを変えて，「ああ，できるよ」とつぶやくと，腕を伸ばして妻の肩に触れた。彼女は少し涙ぐみ，押し殺した声で，「母さんはがんなのよ。私だってあなたのそばにいたいわ。でも愛し合う気分じゃないの。我慢して」と言った。クリストファーは諦めて手を引っ込めると，「いいよ，わかったよ」と言いながらベッドの背にもたれてリモコンをつかみ，再びテレビのスイッチを入れた。

愛情関係の尊厳を維持することは，介護に献身する人にとって重要な課題です。しかし，さらに重要なことは，日々尊厳の感覚を保持することです。病気に伴う絶望が家族の現在と未来に関するすべての思考に影響しているなら，スピリチュアリティーと宗教は，家族が生活の中に希望を見いだす方法です。次の章では，心を引き裂くほどの医学的衝撃に直面した際に，高い精神性を維持する方法を示しましょう。

配偶者は看護人と同時に恋人にもなれるのか？

Q 母には身体的な障害があって，父は日常の動作をすべて手伝わなくてはなりません。トイレ，着替え，ベッドと車椅子への移動。母が病気になるまでは両親ともとても活動的で，若い人に負けない元気な老人だと思っていました。それはセックスも含めてでした。最近までそんなことはなかったのですが，母が今後のことについて，よくわからないことを言うようになりました。自分は車椅子で一日中過ごしているから夫婦の関係を終わらせなくてはならないと言うのです。母は父の変わったことにとても傷ついているようですが，詳しいことは話してくれませんし，尋ねるのも気がひけます。両親にはなすべきことがたくさんあるのはわかりますが，夫婦の間にひびが入るのを見ているのは耐えられません。私にできることがあるでしょうか？

A すべての夫婦に当てはまるわけではありませんが，私は，生活の中に占める介護の割合が高くなるにつれ，性生活が減少する多くの夫婦に出会ってきました。配偶者が病気になり，介護が必要になった結婚生活においては現実に起こり得ることです。介護に力が注がれると，平等であった夫婦関係から性的で親密な要素が失われ，一方向的な関係へと夫婦のバランスが変わってしまうことが主な理由です。結婚生活が親子のような関係になっ

第七章

てしまっていると，配偶者と愛し合うことを快く感じられなくなります。または，厳しく現実的な介護を行うには，感情にとらわれず介護の課題に集中しなければならないため，性的な親密さを感じるのを困難にするのです。看護人として振る舞うこと，つまり質の異なる親密さを提供した後で，恋人の役割に変わるのは困難なことです。第三の理由は平凡ですが，たぶんもっとも影響があるものです。介護は毎日続く単調で骨の折れる仕事で，とても疲れるものです。そのため，セックスすることを考えられなくなるのです。

夫婦間で感情的，身体的な亀裂が広がるのを回避するのは，それぞれが何を望むかにかかっています。セックスを重視しない新たな関係性を望んでいるのか？　夫婦生活に再びセックスを戻したいのか？　そして両者とも同じことを希望しているのか？

夫婦ともに性的関係の再生を望んでいれば，それを点火するには情熱が必要です。何よりもまず関係性のバランスを取り戻すこと，そして，お父様がお母様のことを，介護が必要な病人としてだけでなく，自分を助けるパートナーでもあると認識することです。たぶん，お父様はお母様の気持ちを傷つけたくなくて，性的な問題については話さないでしょう。しかし，沈黙はお母様の猜疑心を増すだけです。難しい問題であっても意見を交わして，お母様を完全に自立した大人として扱う必要があります。そうすることで，お母様は妻としてお父様に助言するチャンスを持ち，ともに問題に直面することができるのです。やや逆説的に聞こえるかもしれませんが，性生活の不足についてオープンに親密に話し合うことは，2人を感情的に近づけ，身体的情愛を増加させる状況を作り出します。

語り合うだけでは関係のバランスが改善しなかったり，親密さが増さない場合は，余裕があるならば，さらに積極的な手段を取るとよいでしょう。家政婦を雇って，お父様がしている辛い介護の仕事を最小限にすることです。そうすれば，お父様は忠実な看護人というよりも，愛情深い夫としての役割を保持でき，ここ数年眠っていた昔の情熱を呼び起こすことができます。

私は，介護の重圧にとらわれ性生活を放棄してしまった夫婦を見てきました。彼らは身体的親密さを取り戻すために苦闘していました。マーヴィン・

ゲイの『セクシャル・ヒーリング』は古典ですが，いまだに，すべての傷を癒す愛情行為がもつ力への賛歌となっています。性的な能力が奪われて希望を失っている要介護者にも，義務に縛られている介護者にも，必要なものです。あなたは，ご両親がこの問題を解決するために，カウンセラーかセラピスト，または聖職者を探す手伝いをすることができます。

介護は虐待に耐えることではない

Q 一緒に暮らす父が脳卒中になり，性格が変わってしまいました。言葉で虐待するようになり，いつしかそれが身体的虐待にならないか不安です。私は父のために近くにいるのですが，今後どれだけ耐えられるかわかりません。父がまったく見ず知らずのように感じられます。どうすればよいでしょうか？

A 献身的に介護している人から酷評され脅かされることほど，あなたを意気消沈させることはないでしょう。でも，お父親の行動を理解し，軽減して，あなたの安全を保証する方法はあります。介護を諦める前に，神経心理学的介入を検討しましょう。

アルツハイマーのようにゆっくり進行する病気であっても，脳外傷や脳卒中のように突然のダメージを受けた場合であっても，患者にはしばしば，人格の変化だけでなく，感情表出，自己統制力，自分の欠点への洞察力，他人への共感能力などを含めたさまざまな認知面の変化が生じます。これまでの経験によると，左前頭葉に障害を受けた脳梗塞患者では，後に抑うつが生じやすくなります。右前頭葉の障害では無感情になります。激しい非難など突然の感情の変化が起きる場合もあります。これらの症状は6カ月程度すると歩行困難，口音障害，嚥下障害など梗塞に関連した他の症状とともに消えますが，多くの患者は以前とはまったく違う人のようになっています。

私がお勧めしたいのは，お父様の行動について，神経科医，精神科医，できれば神経心理学の専門医（神経系の問題によって生ずる情緒や行動の変化について精通している専門医）に相談することです。リスペリドンなどの非

第七章

定型抗精神病薬を少量処方すると,苛立ちをコントロールして爆発を抑えることができるかもしれません。または「怒りは抑うつの表出」という原則に則って抗うつ薬が処方され,欲求不満や攻撃性が緩和するかもしれません。薬物療法は多くのケースに有効です。

神経学的な障害による人間関係の問題についてセラピストと話し合うカウンセリングも助けになります。お父様は自分の欲求不満に気づき,自分の言葉や行動がどんな影響を及ぼしているか理解できるかもしれません。あなたはお父様の行動を抑える方法を徐々に会得することができるでしょう。たとえば,大声や人混みのような,特定のストレス源を避けることなどです。それらは理屈が通っていようがいまいが,お父様の怒りをかき立てるものなのです。お父様の不満が湧き上がってきたように見えたら合図を出して,お父様がそれを制御できるようにする方法もあります。あなたがどうしても言葉の虐待に我慢できず,お父様がそれをやめない時は,お父様に一言告げて部屋から立ち去る方法もあります。

幸いなことに,言葉による虐待は身体的虐待の前兆ではありません。しかしながら,万一お父様があなたに手を上げたり,物を投げたり,あるいは武器を向けるようなことがあれば,あなたが真っ先にするべきことは自分自身を守ることです。つまりその場を離れることです。そして助けを求めるのです。必要なら警察に電話してください。介護者は何も刑罰を受けているわけではないのですから,甘んじて殴られることはありません。

家族の変化から遠のく娘

Q 1年前に父が重い頸部ヘルニアになってから,私たち家族の生活は激変しました。今は17歳になる娘が3歳の時に私の夫は亡くなったのですが,それ以来,父と私と娘で一緒に暮らしています。父は娘にとって,祖父というより父親のようでした。病気の父は電気工の職を失ってパート勤務になっています。父は気分の変化が激しく,部屋をうろうろしながら自分の世界に没頭した生活を送っています。私は家計を助けるために仕事に復帰しなければなりませんでした。

この変化が娘によくない影響を与えるのではないかと心配です。娘と父はほとんど話しませんし，お互いに無視しています。娘は私にも辛くあたります。来年，娘が大学に入学するまでには，この関係を何とかしたいのです。どうしたらよいでしょうか？

A 10代後半の子どもであれば，家族よりも友人や好きな活動に心を奪われるのは当然です。娘さんの行動は大学へと旅立つために親から離れ，心の準備をする方法なのです。しかし，親離れは数年かけて徐々に行われるものです。お父様が病気になった時，突然，娘さんがしゃべらなくなったのであれば，その無関心さの一部はご家族を襲った医学的苦難への反応からくるものかもしれません。娘さんの行動は，ご家族の変化，つまり，あなた（仕事をするようになった）とお父様（自分のことだけに没頭するようになった）の変化が，娘さんのニーズに合っていないという悲しみを反映しています。娘さんの怒りはもっともです。お父様が病気にコントロールされていることにも，怪我をしないように充分な注意をしていないことにも，そして，あなたがもっとお父様を休ませるように介護していないことにも，怒っているのでしょう。

娘さんにアプローチする方法が4つあります。1つは，そのままにして待つことです。彼女が徐々に成長すれば，家族環境の変化に適応し，大人でも欠点があって，病気にも罹り，気分や不健康なライフスタイルに影響されやすいことを受け入れるでしょう。しかし，これには数年を要するでしょうし，大学に行っている間実家から離れるとすれば，より長くかかるかもしれません。もしご家族に未解決の問題があれば，彼女が大学に行く前に触れておく方がよいでしょう。

第二の方法は，娘さんとお父様がもっと一緒に過ごすように勧め，どうしたらよりよい関係になれるか考えることです。それは昔の気持ちをよみがえらせるかもしれません。しかし，2人が嫌がることも予想されます。時間も人の成長も，過去には戻りません。娘さんは昔の興味から遠ざかり，お父様は以前とは人が変わっています。2人は新しい共通点を再発見し，創造する

必要がありますが，お互いに苛立っているようなら難しいでしょう。

　第三のアプローチは，何とかしてあなたが娘さんとだけ過ごす時間を持つことです。娘さんはこれにも抵抗するかもしれません。でも，私はあえて主張します。娘さんと話すべき重要な問題は何でしょう。それは，ここ数年で家族に起こった変化に彼女がどのように影響されたかということです。彼女はまだ子どもなので，うまく言葉にできないかもしれないし，感情を表現することに慣れておらず，はじめはこの質問にうまく答えられないかもしれません。あなたは何度もその質問に立ち戻り，娘さんが抱えているであろうさまざまな感情を投げかけてみてください。病気の祖父を見るのが辛いのか？ 祖父の自分勝手な振る舞いに腹を立てているのか？ 祖父が自らを傷つけたり，さらに障害が重くなることを心配しているのか？ 家の医療的問題や経済的問題を考えたくないから，家族から距離を置きたいのか？ 娘さんが多くの感情を抱いていると感じられ，それを表現することが難しそうな場合は，感情を整理するために個人精神療法を受けることを考えてもよいでしょう。そうすれば，人間関係や彼女の願望を感情が邪魔することはなくなります。

　4つめは，この中でも一番の解決方法です。個人や家族に起こった出来事を中立的な人物に話すことです。娘さんがあなたとお父様から距離を取りたいと望んでいても，あなたが娘さんに示す行為は彼女の感情に影響を与えます。家族療法は個人療法の補助的な治療法として，お父様の障害発生によってあなたが失ったものを悲しむことや，この時期に何を成長させる必要があるのかを語れるように支援します。お父様は，部分障害のコントロールが家族に与える影響を学ぶ必要があります。娘さんは，彼女の受容と適応によって，家族の関係がよくもなり悪くもなることを学ぶべきなのです。あなたは皆を結びつける方法を学び，もう怒りや傷つきに邪魔されることなく，この1年で娘さんを大学へ送り出せることでしょう。

介護で失われた姉妹の関係を再生する

Q 私と姉は1歳半違いですが，いつもよい友人でした。幸運なことに，大人になっても同じ町に住み，毎日顔を会わせていました。しかし，姉の義父が心臓発作で倒れてからはほとんど会えません。少したってから気づいたのですが，姉は義父の回復を手伝うために自分の時間を使わなければいけないと感じているようです。義父は単身生活で，姉と姉の夫に依存しています。状態は安定していますが，姉は義父のそばにいなくてはならないと思っています。姉に会えないのは寂しいですし，怒りも感じています。どうしたら姉の人生に再び私の入る余地を作ってもらえるでしょうか？

A 怒っていたのでは，お姉様との親密さは回復しません。継続的な共感が関係を回復させます。心臓発作が起きると致命的なのではないかと家族は怯え，それは何年も続きます。お姉様が義父の世話をしなければと感じているのは当然のことです。そばにいて，自分の不注意で義父を再度不幸にしてはならないと心配しているのです。彼女の夫がそれを支持している場合には，特にそうでしょう。もしかすると彼女は，心臓発作が起こる以前に義父の世話をおろそかにしていたと罪悪感を抱き，食事や運動など健康全般へあまり注意を払わなかったことが義父の心臓発作を招き，夫から父親を奪うところだったと感じているのかもしれません。彼女は再びそのような危険を招きたくないのです。あなたを無視しているわけではありませんが，お姉様はまだ，残りの人生において義父に対する不安に対処する方法を模索しているのです。

私が強くお勧めするのは，お姉様が義父の介護に心血を注ぐことに反対するのではなく，その重要な使命にあなたが参加する方法を見いだすことです。あなたが，義父の健康に関する相談もできる信頼のおける人物になることです。心臓に負担のかからない料理法を相談することや，みんなで散歩に行くこともよいでしょう。あなたがお姉様の最大の協力者であり仲間であることを明確にすることです。

第七章

　そうすれば，最近お姉様と会えなくて寂しかったという主題を切り離すことができます。あなたがどんなにお姉様を愛しているか，大切に思っているかを彼女に話すとよいでしょう。そして，家族の邪魔をするつもりはないけれど，もっと会いたいと説明することです。あなたの申し入れにお姉様が罪悪感を感じてしまい，防衛的に反応するようなら，「時間が作れる時に，いつでもいいから会えれば嬉しい」と言って引き下がりましょう。あなたの希望が受け入れられたなら，お姉様と2人だけで会えるように計画しましょう。「家族の用事がある時にはいつでも計画を変更するから」と伝えておくとよいでしょう。

　このまま義父の病状が安定していけば，お姉様は徐々に自分の生活にも自信を持つようになるでしょう。不安がゆっくり減少するにつれ，お姉様は，もっと自発的に柔軟に，すべての人間関係に参加できるようになるでしょう。そして，大変な時期にあなたがいつも支持的でいてくれたことに，いつか感謝してくれることと思います。

第八章
魂を支える

　夜が明ける前，ベティは弱々しくその目を開き，誰かの叫び声が聞こえたかのように思い，びくりと目を覚ました。そして，その後に続く静寂の中で体を横たえたまま，その甲高いむせび声はどこから聞こえてきたのだろう（もしかすると自分の声だったのだろうか）と，混乱した頭で考えた。やがてベティは，そんな声ははじめから聞こえなかったのではないかと，ぼんやりした意識の中で疑い始めた。所在なく，何かをつぶやいてみたりする。どういうわけか，ここ10日ほど毎日，起きたい時間よりもずっと早く，暗闇の中で目が覚めてしまう。思うようにならないことにイライラしながら，夜が明け，日が少しずつ高くなる数時間は，孫娘の部屋の色あせたブラインドに映る木の影が次第にはっきりしていくのを眺めて過ごした。意識が徐々にはっきりするにつれて，1つ，また1つと心配事が頭をもたげてきた。この前出たばかりの検査結果，より「きつく」なると言われた次の化学療法，そして，不気味に腫れ上がった足。1週間前は，生体組織検査で肺の結節が卵巣がんの転移だとわかっても驚かなかった。最近は，気のせいか呼吸が浅くなってきたような気さえする。そして，この足はどうしてしまったのだろう？　肺から出る液体のせいでこんなにふくらんでしまったのか？　誰かがそんなことを言ったというわけでもないのに，がんが足に転移してしまった

第八章

のかと心配になりながら、毛布の下で足を前後に動かしてみた。
　むくんだ足を見ていると、自分の父親が死ぬ間際の様子が思い出された。短くて毛深く、まるでけばだった樹木の幹のようだった彼の足がふくれ上がっていたのは、痛風のせいだったのか、それともうっ血性心不全のためだったのか、結局わからなかった。そのうちにふと、父親がよく口ずさんでいた賛美歌のような、わらべ歌のような古い旋律が、記憶の深いところから浮かび上がってきた。歌詞も、はじめはきれぎれに、やがてすっかりよみがえってきた。

　　日が昇って
　　草は露に濡れて光る
　　神様は計画された
　　昨日より明るい今日という日を
　　　あなたのために

　それはまだベティが幼い頃、ベッドで子どもを寝かしつけるために髪をなでながら父親が耳ざわりな声で歌ってくれた、何の変哲もない歌だった。どこでその歌を覚えたのか、それとも彼女のための即興だったのかはわからない。父親は教育も充分に受けずに育った移民だったが、心のやさしい働き者で、神様が私たちを見守ってくださっているということを確信していた。素朴な信仰をシンプルにあらわすこの歌は、きっと父親が自分で作ったに違いないと、今思い返していた。最後にその歌を聞いたのはいつだったのか、たぶん1人でベッドに入って眠れるようになった70年ほども前のことだ。なぜその歌が今になってよみがえってきたのかわからないが、寝しなにむずかっていた自分を鎮めてくれた心地よさを思い出すだけで気持ちが和らいだ。独り言のように歌詞を繰り返しながら、その歌の続きと、歌っていた父親の疲れた表情を思い出そうとした。けれども、記憶はそこで途切れていた。
　覚えている歌詞に戻って、ベティは考え始める。神様は、私には何を計画してくださったのだろう？　最後に入院していた時、牧師からはすべてを神

の手に委ねてしまえば心が平安になると勧められたが，自分は自分で物事を動かしたい性格であり，たやすくすべてを引き渡せるほど神を信用できるとは思えない。むしろ，この頃は，神のご計画という考えそのものが暗い明け方の時間にベティを苦しめている。彼女には進むべき道が2つあるように思えた。それは互いに平行線をたどり，時には交わりながら，いっこうに満足できるような答えには行きつかない道であった。

　1つ目の考え方は罪の意識をさいなむものだ。落ち着かなく過ごす早朝の時間に，ベティは神がなぜ自分に罰をお与えになるのか，そのわけを知ろうとして，自分の人生を振り返り続けた。自分が信心深い人間ではなかったことは認める。人々がいかにもクリスチャンらしく振る舞う様子を見るとうんざりするので，教会に足を運ぶのはクリスマスと復活祭，それにたまの日曜日だけで，後ろの列にひっそり座っていた。けれども，彼女は常に正しい倫理観をもって生きてきた。子どもたちや孫たちには献身的に尽くし，彼らがちゃんと教会に通うように心がけてもきた。自分の夫が病気で苦しんでいた間も，彼女がよき妻であり続けたことは，神様はご存知のはず。これまで豊かな生活を送ることができたことにも感謝している。けれど，生まれてこのかた，こんなにきちんと生きてきたのに，年をとってから体の痛みや心配事，自分で自分のことができない苦しみにこうしてさらされることが正当な見返りだとは，とても納得いかない。

　2つ目の考え方は，1つ目よりさらに過酷であった。ベティは，どういうわけで神ががんで人を苦しめるのだろうかという疑問を持つようになった。自分の内側から，興奮してわれを忘れたようになった自分の細胞で自分がむしばまれるなんて，それより恐ろしい死に方があるだろうか，と身震いしながら考えた。いったい誰がそんな死に値するというのだろう。神が人間をこんなにも苦しめることを知りながら，悩みを神の手に委ねることがどうしてできるだろう。彼女の信仰は神の存在自体を否定するまでには揺らいでいなかったけれども，神の判断と目的を疑うには充分であった。神がどんな目的で人々を苦しめるのかという疑念は，しまいには気分が悪くなるほどまでに，病床の彼女をひっきりなしに悩ませ，腹立たせた。たまの日曜日の朝に

第八章

テレサが階上の部屋に上がってきて教会へ行こうと誘っても、彼女は「とてもじゃない、まだ無理だよ」と答えた。

　今朝からベティは、神への疑念を声に出して神自身に語りかけるという昔の習慣をまた始めていた。彼女は力なくこう言う、「証拠を見せてください、どうか」。その言葉は、どんな徴(しるし)を見ることすら期待できないと疑っているかのような感情のこもらない調子で始まるものの、「どうか」と口にする時には、声には切望するような響きがこもり、天からの徴が送られることを信じたいと思っているかのようだ。ベティは、枕から頭を起こして、何かを待っているかのように部屋を見回す。それから、頭を降ろして顔をそむけ、「ばかばかしい」とつぶやく。しかし、その言葉を口にしてしまうと、罪の意識が急に襲ってきた。それはきっと、魔術師がトリックでも見せるように、神がご自分の存在の証拠を見せてくださるようにお願いすることそのものが傲慢なことだと、彼女が自分をいさめていたからだ。埋め合わせのために、急いで小さな声で「主の祈り」を唱えてから、寝返りを打って壁をじっと見つめる。長いこと、悲しくからっぽな気持ちで横になっていた。そして、「いい加減に起きて」と声を張って自分に言い聞かせ、ゆっくりと毛布を外し、足をぎこちなくベッドの片側に引き寄せた。

　ベティはおぼつかない足どりで部屋を横切り、クローゼットから清潔な部屋着を取り出した。階下ではテレサが動き回る足音が聞こえる。部屋着を頭からかぶって着ようとしたが、腕が凝り固まっていて、腰に痛みがあることに気づいた。そして、「いじけるんじゃないの」と自分に言い聞かせた。気分を明るくするため、窓に近づいてブラインドを引き上げると、朝日が部屋に差し込んできた。ベティは目を細めて空を見上げ、今日の空模様を見る。それから視線を下げて、玄関の敷石のところに新聞が来ているか確かめた。庭の芝生の方を見る時は、まぶしくてもう一度目を細めなければならない。そして、天啓に強く打たれたかのようにはっと気づいた。草が露に濡れて光っていた。心臓がどきどきし、喜びと驚きで唇が丸く開いているのがわかった。「やっぱり私の祈りを聞き届けてくださった」と叫び、次に自分に問いかける、「それとも、大好きなお父さんが見守ってくれていたというこ

とかね」と。陽の光が将来への新しい希望のように、ベティの顔を温かく包んだ。

❦

　医学的な治療の間に訪れる希望はさまざまな形を取ります。外科医のメス、内科医の出す錠剤、がん専門医の持っている数々の腫瘍を破壊する「兵器」や、それらを使う医師の評判や能力、あるいは私たちの体が、直感的に自分を癒す方法を知っているはずだと信じようとします。家族や友達が自分を支えてくれると期待します。しかし、これらの生物医学的な解決方法と親しい人々のサポートが尽きてしまった時、私たちの多くは現世的な範囲を超えたさまざまな力を求めるものです。祈ったり、自分と神とのつながりを強めようとする人もいれば、神秘的な宇宙のエネルギーを引き寄せようとする人もいます。私たちは治癒されることを求め、それが叶わない時には、現状を理解し受け入れるために高次の存在の力を求めるのです。

　宗教的な戒律やスピリチュアルな考え方においては、常に信仰を深めることが健康につながるとされてきました。歴史をさかのぼると、まじない師や巫女は原初の医療従事者であり、宗教的な儀式を執り行ったり、トランス状態を引き起こしたり、ハーブや薬草で作った飲み物を与えて邪悪な霊を追い払おうとしました。18世紀から19世紀にかけての医師たちは、病院や診察室、患者の家などどんな場所でも、病人の体と魂の手当てをすることが通例となっていました。しかし、20世紀における科学の発達によって、医学が革命的に進歩するにつれて、医師は科学技術に基づく検査や治療の権威者として定義しなおされ、患者の心に対しては注意が払われなくなってきました。特にこの50年ほどで、医者たちは身体症状と生物医学的な処置を考え出すという役割にはまり込んでいました。看護師、ソーシャルワーカー、そして心理学者たちが患者の感情面のケアに関わってきましたが、宗教的なニーズにまで行き届くことはあまりありませんでした。牧師や僧侶、ラビ（ユダヤ教の宗教的指導者）が病室に通って、重篤な患者たちとともに祈るということはありましたが、このような人々は親切な訪問者ではあっても、治療に携

わるチームの一員とは見なされていませんでした。

　この20年の間に，スピリチュアリティと健康について，新たな関心が生まれてきました。その背景には，多くの人々が近代的な技術性の高い医学が不毛だと感じてきたことがあります。この30年ほどの間には，ローレンス・ルシャンとバーニー・シーゲルががん患者のために書いた自助ガイドブックが非常によく読まれましたが，この本では，がん専門医を神のようにあがめてその言いなりになるばかりではなく，前向きな姿勢や瞑想，自己決定の力をもっと信じるべきだと説いています。それと同じ時期に，受容とスピリチュアルな価値の重要性を強調するホスピス運動が広がりを見せました。最近の米国では，いわゆる代替療法，補完的療法，統合的療法など，自然薬やストレス管理法，スピリチュアルな気づきのレベルを高める治療法に関心が集まっていますが，これは高額な検査や副作用を引き起こす医薬品に依存する医師に対して，人々が疑いの目を向けていることをあらわしています。こうして，私たちが健康を守る方法に明らかな文化的変化が起きました。たとえば，無数のウェブサイトや本，雑誌などには，健康を促進するためにスピリチュアリティをどう活用すべきかということが書かれていますし，最近のいくつかの調査では，患者の大多数が自分の生活のスピリチュアルな，あるいは宗教的な側面について，主治医に関心を持ってほしいと考えていることがわかりました。

　医療に携わる人々がこのような文化的な変化に無関心だったわけではありません。ここ10年ほどで，患者のスピリチュアルで宗教的な信条を生物医学に取り込もうとする努力がなされてきています。これについては，大きく分けて3つの重要な動きがありました。1つは臨床面での変化であり，多くの主要な医療施設では，ストレス管理と宗教的な実践と伝統的な生物医学的ケアを組み合わせた，統合的な医療センターを置いています。病院に併設されているホスピスの多くは，牧師や司祭を治療チームの一員に含めています。また，主要な医学雑誌では，医師が医療行為におけるスピリチュアリティへの配慮についてどのように自己評価するべきか，などの特集が組まれるようになりました。このような記事は，医師が患者のスピリチュアルな信条を話

題にする際に，相手に不快感を与えたり，自分の考えを押し付けたりすることがないように，どのような注意を払えばよいか，というガイドラインを示すことを目的としています。

　2つ目は，医学教育のカリキュラムにおける変化です。米国の多くの医学部では，医師の卵に対して，患者のスピリチュアルな考え方に配慮することの重要性について講義で扱い，専門のコースを設置するようになりました。いくつかのプログラムでは，さらに新米の医師を対象として，医師個人がどのようなスピリチュアルな価値観を持っているかということが，患者や病気，医療行為に対する考え方にどのような影響を与えるか，という点まで踏み込んだ医学教育を施すところもあります。

　3つ目は，大規模な研究センターでスピリチュアリティの治癒可能性についての研究が行われるようになったことが挙げられます。臨床医が治療方法を選ぶ上で，経験的な証拠をもっとも重要視する時代であることを考えると，これはおそらく一番重要なポイントであるといえるでしょう。米国でもっとも権威ある医学研究センターの1つである米国立衛生研究所（National Institutes of Health：NIH）の代替医療についての研究所（National Center for Complementary and Alternative Medicine：NCCAM）では，患者の宗教的・超自然的な信仰と実践が医学的な結果に与える影響についての研究に対して，少額ではありますが助成金を出しています。このテーマを扱う学術的な研究センターは，この他にもデューク大学，ジョージワシントン大学，フロリダ大学などに開設されています。

　2001年に出版された『宗教と健康に関するハンドブック』（Handbook of Religion and Health）で，デューク大学のハロルド・コーニック教授は1,600の研究報告を分析し，宗教とメンタルヘルス，宗教と身体的疾患，そして宗教と健康に関するサービスの利用についての，3つのカテゴリーに分類しました。1つ目のカテゴリーで明らかになったのは，日常的に教会やシナゴーグ（ユダヤ教の会堂），モスクなどの宗教施設に足を運ぶ人々には，うつ病，薬物やアルコール依存などの発症頻度が少なく，病気などストレスの原因となるものに対する耐性が高いことでした。2つ目のカテゴリーでは，スピリ

チュアリティが血圧，コレステロール値，死亡率の低さと，免疫力の高さに関係があることがわかりました。さらに，3つ目のカテゴリーによれば，超自然的な信仰が強い人々は，予防的な健康サービス（たとえば定期的に健康チェックを受ける）をより積極的に利用し，医師の指示にも従う人が多いことが明らかになりました。これらの研究はまだ初期的なレベルであり，今後の研究が必要ですが，宗教的な活動や信仰が病者にとって強力な助けとなり得ることを示唆しています（これらの研究成果の概要は，デューク大学の関連ウェブサイト上で閲覧することができます）。

しかしながら，健康におけるスピリチュアリティの影響の様相は複雑です。デューク大学の研究では，宗教的な活動や信仰が実際は健康に悪影響を及ぼすこともあると指摘しています。たとえば，デューク大学がボーリンググリーン大学のケネス・パーガメント博士と共同で行った研究によれば，神を信じる人々のうち，神が罰を与えるために人々を病気にする，または病気になるのは神に見捨てられた証であると考える人々の死亡率は明らかに高いことがわかっています（このような考え方を，いわゆる「否定的コーピング」といいます）。このような研究結果は，スピリチュアリティは特定の状況のもとでは好ましい結果をもたらすが，その他の場合については必ずしもそのような効果が期待できるわけではないことを示しています。

この問題は，生物医学倫理の講義でよく取り扱われるジレンマでもあります。特定の宗教の教義では，信者に対し輸血や外科的処置などを受けることを禁じています。これらの信者が，彼らの信仰に支えられていることは間違いありません。しかし，信者の宗教的な慣習が医師の考え方と対立する場合には，患者は困難な立場に立たされます。このような患者は緊急時には，自分や自分の子どもたちの救命処置を断るかもしれません。このようなケースが法廷で裁かれる時は，患者らの宗教的な信念を侵すことにはなっても，命を救うための医学的介入が法律的に支持されてきました。しかし，患者や患者の親の意志に逆らうような治療をすることは，どんな医師にとっても寝覚めの悪いことには違いありません。このように，スピリチュアリティが原因となって，患者と医療従事者の関係が敵対的になってしまう場合には，ご利

益も考えものであるといわざるを得ません。

> 健康の危機に際しては多くの人々が宗教などを求めますが，それが必ずしもメリットばかりをもたらすわけではないことを，研究が裏づけています。それがメリットとなるかどうかは，あなたの態度にかかっているのです。宗教や人知を超えた力を信じることによって，あなた自身やあなたの家族は病気を受け入れ，理解を深めることができるでしょうか？ それとも，神があなたを罰していると感じるのでしょうか？ しばらく足が遠のいていた信仰の場所へ戻って行く時，安らぎを覚えるのでしょうか，それとも辛い時だけ神にすがることを偽善的だと感じるのでしょうか？

　信仰心の効用を見極めるには，これ以外にもさまざまな要因を考慮に入れる必要があります。その中でも特に忘れてならないのが，「スピリチュアリティとは何か」ということについての普遍的な合意は存在しないということです。たとえばAA（Alcoholics Anonymous）では，スピリチュアリティは高次の力（higher power）であると考えますし，宗教者は神を指すと主張します。また，そのような人知を超えた存在とどのようにつながるかについても，多様な考え方が見られます。西欧の宗教では祈りを通じて神とともにあろうとするのに対し，東洋の宗教では瞑想を通じてそのような存在に迫ろうとします。近代的な詩の世界では自然の観想を通じてそのような試みをしますし，ランナーズハイに見られるような，エンドルフィンの分泌が高まり，常識では考えられないような身体的状況になることをもって，超越的な力とつながろうと考える例すらあります。

　もっとわかりやすい言葉でスピリチュアリティをとらえようとする人々は，平和で統合された状態を，神という概念を介さずに求めようとします。たとえば，米国のかかりつけ医協会のウェブサイトでは，「スピリチュアリティと健康」というページで，スピリチュアリティを「自分の人生において意味や

第八章

希望,安らぎ,そして内なる平和を見いだす方法」であると,大きなくくりで定義しています。その方法には,呼吸法のエクササイズから,自己の価値観や信条の見つめなおし,文章を書くこと,祈ること,裁縫をすることなど,さまざまなやり方があるとしています。ここでのポイントは,このような行為を実践することであり,人知を超えた力を信じるかどうかは個人の考えに委ねられます。このウェブサイトでは,病気やさまざまな困難を抱えている多くの人々は,痛みや体の衰えに直面する時,このようなスピリチュアルな方法で心を鎮めることが効果的だと書かれています。

その一方で,健康の危機に面してから,にわかに神を中心とした,あるいは神によらないスピリチュアリティなどを受け入れることを,偽善だと感じる人々がいます。自分や家族などの愛する人々が死に瀕している時,10人に1人くらいの割合で,神の招きに抵抗したり,病院専属の聖職者と話すのを嫌がったり,「ともに祈りましょう」と声をかける周りの人々に対して固く心を閉ざす人がいます。そのような患者は,医療ソーシャルワーカーがどんなに親身になってアドバイスをしようとしても聞く耳を持たず,呼吸法のエクササイズを勧められても首を振って,そういう方法で闘病するつもりはないと言うのです。その人は唇をきゅっと閉ざして,誘惑に引きずられまいとするかのように,神や永遠や運命の変化といったことについての疑問が自分の頭に侵入してこないように,懸命に努力するでしょう。しかし,そのような疑問というものは,結局は自然に頭をもたげてくることが多いものなのです。

ある明るい静かな日曜日の朝,ローラは母を少し早い昼ご飯に連れ出せないだろうかという期待を抱いて,町に向かって車を走らせていた。姉が教会に行っているすきに母をさっと連れ出すことができれば,3人でいる時いつもそうであるように,母を振り向かせようとして姉と競い合わずにすむからだ。しかし,玄関先に続く私道に車を乗り入れると,手動の芝刈り機を手にしたクリストファーがやって来て,姉と母がもうすぐ教会から戻るはずだと言った。彼女は飛び上がるほど驚いた。もう何カ月も礼拝には行っていな

かったのに，なぜ今になって教会へ行ったりするのかしら？　家に入って待つようにと手振りでクリストファーに言われたローラは，台所でお茶をいれるためにやかんを火にかけると，腰を下ろして姉たちの帰りを落ち着かない気持ちで待った。

　ローラはいろいろな意味でイライラしていた。姉のいないところで母に会えないことにまずがっかりしているのはもちろん，今日，母を説き伏せて教会に連れて行った姉にも腹を立てていた。でも，笛吹きやかんの音を聞いて火を消しながら，思いなおして考える。姉は今までも母を何とかして教会に連れて行こうとしていたけれど，うまくいったためしはなかった。ということは，今朝は母が自分から日曜日の礼拝に行くと言ったのかもしれない。今日は誰かの命日だったっけ，と彼女はせわしく考えを巡らせた。死んだ父さんががんの宣告を受けた日だったかしら，それとも祖母の亡くなった日？もしそうなら，母が教会に行って，ろうそくを灯す気になったとしても無理はないけど。しかし，違う疑問も頭をかすめた。そういう理由ではなくて，特別な癒しを求めるために行ったのだったら？　まだ私には知らされていない悪いニュースがあったのかしら？　母と姉が，母の病状のすべてを自分に話してくれていないことはわかっていた。私が繊細すぎると思っているからだ。もしそうだとしたら，どんな悪いニュースなのかしら。もうがんが転移しているというのに，これ以上どんな悪いことがあるというのかしら。すっかり動揺した彼女は座っていられなくなり，立ち上がってリノリウムの床を足で叩き始めた。

　母が教会に行ったのは，ステンドグラスに囲まれ，香のたかれた祈りの場で，他の信者たちとともに祈りたいと思ったからというのは，ローラには思いもよらないことだった。それは，彼女が知っている母の姿ではない。母は常日頃から，襟のピンと立った服を着た牧師やそびえ立つ尖塔がなくても，自分の家の質素な台所や寝室で神様とお話しすることができると言っていた。またローラ自身も，教会の信仰というスピリチュアリティには違和感を持ち，愛する人を重い病気で失った多くの人々と同じように，激しい痛みの

第八章

中で死んだ父を送ってからは、神に対して怒りの気持ちを抱いていた。ローラ自身、母のたっての頼みすらも聞き入れず、何年も教会へ行くことを拒んできた。彼女にしてみると、姉がまるであれは大したことではなかったとでもいうように教会へ行っているのが信じられなかった。結局、ローラも母の付き添いで、ある年の復活祭の礼拝に行き、その翌年にはクリスマスイブの礼拝にも足を運んだ。でも、こういう組織だった宗教に対して持っていた前向きな気持ちはもう消えてしまった。むしろ、家の近くの森で犬と散歩している時や、孫の出産に立ち会った時に感じた神聖な力に強く惹かれていたのだ。教会の厳格で戒律に縛られた主なる神ではなく、そういう、存在の奇跡といったような意味での神ならば受け入れられた。彼女は、父親が天国にいるとはもう信じていない。父はただいなくなってしまった。箱に入れられた歯と骨は、やがて地中で生死のサイクルに再び吸収されていくだけである。

　実際のところ、もしローラがまた教会に続けて通い始めたとしたら、彼女は自分を偽善者だと断ぜざるを得なかった。母が人生の危機にあって宗教に惹きつけられたとしても、彼女にそれを責めることはできない。ただ驚いただけだし、いや、正直に言えば、自分でも認められないことだが、母が自分らしさをなくしてしまっているように感じることが一番耐えがたいことだった。彼女はこれまで、母は他人がどう言おうが、借り物でない自分の考えを持つ人であることを尊敬してきた。ご立派な宗教的教義やら儀式やらを喜んで自分に取り入れる姿は、母らしくないと思った。

　しばらくすると、車が止まり、ドアが力強くバンと閉まり、次にもう1つそっと閉まる音が聞こえた。母の歩行器が私道の砂利に降ろされる時の鈍いガタガタという音がする。ローラは椅子に腰を下ろして、落ち着こうとする。気持ちのよい日曜日の朝を、見苦しい場面で台無しにしたいわけではなかった。姉が部屋へ入って来て、予想通り、「来ていたのね、私たちのお茶の分のお湯もあるかしら？」と言った。続いて、疲れた様子ながらも満足そうな母が入って来た。「もう少しお湯を沸かすわ」と言って、ローラはやかんを流しに運んだ。「母さん、調子よさそうじゃない？」とローラが聞いた。「教

会でもすごくいい感じだったのよ」と姉が言った。「それは何より」と彼女は小さい声で答えた。「私たち2人とも,お説教がとても気に入ったの」と姉は続ける。「逆境にあっても神様を信じることについてだったわ」

　ローラは自分の顔が赤くなるのを感じる。その姉の言葉が,妹の自分も教会に戻って,母や姉と一緒に毎週礼拝に行くべきだというメッセージだとはっきり感じたからだ。姉とはこのことで以前に言い合いになったことがあったので,今日はそれを蒸し返したくなかった。ローラは姉に答えず,姉もそれきりその話を出さず,母も何も言わなかった。

　3人が静かにお茶を飲み,母がテーブルの上のツナサラダをつついていると,クリストファーが姉の手を借りに入って来たので,姉は飲みかけのお茶を残して庭へ出て行った。ローラはこの時とばかりに母を問いつめにかかった。「今朝は教会が楽しかったようで,よかったわ」と彼女は話し始めた。「母さんが教会へ行くとは思ってなかったの。母さんとお昼をどこか外で食べようと思って来たのよ」

　「ああ,それは残念だった」と母は言った。「あんたと出かけられたら楽しかったね。前もって電話をくれたらよかったのに」

　お昼の外食がふいになったことはどっちでもよかった。ローラは急いで,「それで? なんでまた今朝は教会へ行こうと思ったの? ずっと行ってなかったのに」と言った。

　「特に理由があるわけじゃないよ」と母はいつもの静かな口調で言った。「テレサに誘われて,それもいいかなと思ったから」

　ローラは「姉さんがしつこく言ったの?」とすかさず尋ねた。「違うよ」と母ははっきりと言った。「私が行きたかったんだよ」

　ローラは諦めない。「それって,母さんらしくないわ。なんかあったんじゃないでしょうね」

　母は「その反対。前よりいいよ」と言った。ローラが「どういう意味?」と尋ねると,母はしばらく黙ってツナサラダのまわりをフォークでなぞっていたが,話し始める。「誤解しないでほしいんだけど。うまく説明するのは難しいね」。母はまたしばらく黙り,ローラはじりじりしながら待った。す

第八章

ると母が突然,口早に話し始めた。「神様からの徴をいただいたんだよ。それとも,もしかするとあんたの父さんからかもしれない。とにかく,2人が私を見守っていて,これからいろいろなことがよくなっていくって,そういう徴があった。少なくとも私にできることは,教会に戻って感謝を捧げることだと思ったんだよ」

ローラはびっくりして尋ねる。「徴,って,何のこと?」

母は続けた。「重大なことじゃないよ。あんたにはくだらない話に聞こえるかもしれないけど,私には意味のあることだった」

ローラは「何か声が聞こえたとか?」と尋ねた。母は力強く答える。「いや,声は聞かなかった。頭がどうかしちゃったとでも思っているのかい? あんただって,そんなふざけたやり方をしなくても,神様を認めることはできると知っているはずだろう」

今度はローラが沈黙する番だった。彼女は台所の窓から外を眺めながら,母がどんな経験をしたのか想像してみようとした。母の言葉をいったいどう考えたらいいのか,何を言えばいいのか,彼女にはわからない。おめでとうと言うべきなのか,それとも正気ではないと心配するべきなのか(もしかしたら,がんが脳に転移して,それで幻覚が起きているのかもしれない)。母が受けた啓示は,よいことなのか,悪いことなのか。あまりに批判的だとは思われたくないので言葉につまっていると,母は言い訳をするようにこう言った。「あんたはあんた,私は私の信じることを信じる権利がある」。そして,思いついたようにこう付け加えた。「姉さんは,その点冷静だったよ」

ローラは痛いところをつかれたと感じた。これ以上母に反論すれば,理屈ばかりこねていると思われるだけだ。しかし,自分が母の信仰を否定しにかかっていると思われたままで話を終わりにしたくはなかった。ローラは椅子の上で座りなおして,弱々しく言った。「神様が味方だと母さんが感じられたことは,よかったと思っているわ。びっくりさせるんだもの。母さんが大丈夫か知りたかっただけよ」

「神様がついていてくださるんだから,大丈夫じゃないわけがないでしょ」という母の言葉に,ローラはうなずきはしたものの,彼女の中にあった母の

イメージが突然揺らいだようで，混乱していた。そして同時に，何か羨ましいような感じが湧き起こってくるのを感じた。それほどの確信をもって自分の祈りが聞き届けられたとわかるなんて，気まぐれであてにできない，信用できない贈り物のように思えた。

　着心地がよく，体に合ったお気に入りのセーターでもあるかのようにスピリチュアリティを暖かく着こなしている人であっても，死に至る病の持つ身も凍るような恐ろしい衝撃にあうと，まるで体の肉が骨まではぎとられてしまったかのように，無防備で弱々しくなりがちです。病気が善意の人々の努力に対する不公平な見返りであると確信してしまう時，信仰の危機が訪れることはよくあります。善悪の観念が危機的状況を迎えてしまうことは，もっと頻繁に見られます。病気になった時に，何か自分が人の道に外れたことをしたために罰を受けていると感じて，自分を責めてしまいがちだからです。聖書の『ヨブ記』が書かれて以来現代まで，信仰のあつい人々は，人間の苦しみという現実と道義的に正しい人生を送ることが両立することを，何とかして書きあらわそうとして苦労しましたが，いってみれば当然のことなのです。
　比較的最近の例を見てみましょう。古典ともいえる『悪いことが良い人々に起きる時』（When Bad Things Happen to Good People）の中でハロルド・クシュナー師は，自分の14歳の息子が遺伝病によって亡くなったことについて，なぜ自分の身にそのような悲惨な出来事が降りかかったのかと思い惑う心情を率直に綴っています。自分や息子自身の何らかの行為が病気の原因になったのではないかと考え続けた末にクシュナー師がたどり着いた結論は，神は私たちに起きる出来事をすべて思い通りにできるわけではないのだろうということでした。つまりそれは，神はある究極の存在で，生物に秩序をもたらしたけれども，今でも混沌とした宇宙を何とかしようと必死で闘っておられて，その意味では人間と同じである，という考え方です。クシュナー師は困難に陥っている人々に，神に怒りをぶつけるのではなく，神とともに闘うことによって，病気などの悪をこの世の中から追い払うことを勧めています。

第八章

　さらに、デービッド・ウォルプ師は『喪失経験に学ぶ：困難な状況に意味を見いだすには』(Making Loss Matter：Creating Meaning in Difficult Times) というベストセラーの中で、「なぜ私たちは苦しむのか」ではなくて、「私たちはどうすべきか」に注意を向けるべきだと書いています。ウォルプ師によれば、重篤な病気などの危機は、人々が自らに対して自分の信仰についてより深く問いかけるチャンスであり、死に正面から向き合うことによって学び、成長できるはずだと考えられます。もっとも破滅的な医療的危機ですらも、人間として生きる上で不可欠な要素であり、そこから意味や霊的な直観を見いだすだけの力が私たちには備わっている、というのが師の考えです。

　リック・ウォレン牧師の超ベストセラーである『目的に導かれる人生』(The Purpose-Driven Life)（そして、これに類する多くの著作）では、信仰と苦しみについての問いにもう少しわかりやすく答えています。ウォレン師によれば、私たち1人ひとりは、神の計画によってこの世に産まれてきたのであるから、目的をもって生きるという感覚を発見することをゴールと考えるべきではありません。私たちの人生の真の目的は、神様が私たちに与えられた意義を見いだすことであり、このような目的や意味が私たち自身に明らかになるためには、私たち自身の取り扱い方法について書かれたマニュアル、つまり聖書だけを参考にするべきです。神様だけが私たちに与えられた本当の目的をご存知である以上、私たちにできることは、神様の計画を信じることによって、病気や障害などを含めた不運な出来事もよりうまく受け止められるようになることなのです。

　ここで述べたいくつかの例はまったく同じ考え方ではなく、特に、人間自身が適応のための能力を持っているのか、それとも神が我々を導く力を信頼し、委ねるべきであるのかという点で、大きな違いがあります。しかし、似ている部分があることも事実です。いずれの著者も、医療行為の限界に際して神に怒りを向けることは逆効果だと述べています。また、そのような危機は信仰をかなぐり捨てるよりも信仰を強める時であるという点についても共通しています。さらに、信じることを、祈り、儀式、聖書の勉強などの具体的な「行為」に結びつけており、それによって霊的な啓示を得たり、終わり

を迎えつつある人生は与えられたものであって，残された限りある時間にも可能性があることに気づいたり，といったように，世界を新しい視点から見ることができるとしています。

　以下に示す事柄は，愛する人々が重い病に倒れた時，自分自身の心を支えるために役に立つはずです。まず，神を敵にまわさず，ともに闘うと考えること，患者である家族の病状と自分の信仰を結びつけて考えすぎないこと，そして危機的な状況を，振り返りや気づき，成長の機会としてとらえることです。これらを実践する方法は，介護者の信仰のあり方，慣習，個人的な好みなどによってさまざまな形があります。以下に記すのは，これまでに信仰上の壁にぶつかった数百人の介護者を見てきた私からの，みなさんへのアドバイスです。

● 疑いを持ったら，宗教従事者の指導を仰ぎましょう

　逆説的に聞こえますが，私たちは自分の信仰が揺らいでいたり，神に対して怒りの感情を持つ時ほど，牧師や神父，ラビ（ユダヤ教の宗教的指導者）などに相談して指導を求めようとしないものです。まるで，このような指導者は私たちを理解せず，信仰の上で挫折したと不快に思うのではないかと恐れているかのようです（このような心配の声は，指導者と個人的に親しくない場合にもっとも多く聞かれます）。しかし，まともな指導者ならば，聖歌隊員だけに説教をして満足してしまうはずはありません。彼らの役割は信仰の弱さをあばきたてることではなく，人々の声を聴き，慰め，教義に対する誤解を解き，疑いを和らげることです。すべての指導者が完璧にこれらの役割を果たすことはできないまでも，彼らが喜んで悩める家族と対話しようとする姿勢に接することで，あなたの信仰上の罪の意識は和らぎ，自分が介護者として失格なのではないかと悩むあなたを支えてくれるでしょう。指導者との対話がすべての解決に結びつくと言いきることはできませんが，納得はしないまでも信仰を失わずにすむように，彼らをよい意味で利用すると考えればよいのです。何とか信仰を持ち続けることによって，信仰を断ち切って孤独にひとり超然としているよりもずっと楽になれますし，心の支えを得やす

くなります。

● **病気であることで孤独を感じたら，仲間を求めましょう**

　第三章で見たように，長期にわたる介護では，孤独による気力の衰えを防ぐことが大変重要です。今日のように，病名ごとのサポートグループや介護者の権利を推進する国レベルの組織ができる以前は，教会やモスク，シナゴーグなどの宗教的施設が介護者を支え，地域の人々とつなぐ役割を果たしていました。たとえば，無料の食事や，車での送り迎えといった交通手段の確保など，病人を抱えた家族が闘う上で不可欠な一種の後方支援をすることは，これらの宗教施設の１つの特徴です。また，このような実際的な支援と同じくらい欠かせないのが，介護者の精神的な支えになることです。同じ信仰を持つ人々と肩を並べて祈ることは，私たちに力を与えてくれるものです。祈りに参加してともにひざまずき，ともに立ち上がることを通じて，帰属感が強まります。さらにこのような宗教的な共同体では，人々が互いに助け合うことが大きな特徴になっています。共同体のメンバーの誰かが困っていたら，誰かが手を差し伸べ，以前に助けられた人は受けた厚意を仲間にお返しします。お互いさまであるとわかっていれば，他人の厚意を受けることを恥ずかしく思う必要もありませんし，与えることがいずれ自分を助けることだとわかるので重い負担にもなりません。人生の道行きにおいては，完全に孤独ということはありません。病む人も健康な人も，教会の屋根のもとでは仲間なのです。

　このような宗教を通じた仲間を得ることによって重篤な病を抱える人の治癒によい影響を与えるかということは，興味深いテーマです。研究成果を見る限り，これについては一致した見解が得られていません。熱心にその効果を説く人々もいますが，社会科学の研究者の多くは，信仰の問題自体が研究のテーマとしてふさわしくないと考えています。実際にこのテーマの研究に着手した人々も，得た結果はまちまちです。周囲の祈り手が病気の回復に効果をあらわしたという結果を得た研究は小規模なもので，数も少なく，ほとんどの場合，明らかな効果があったとは認められていません。ただ，多くの

人々が合意できることとして，このような霊的なコミュニティの一員として公に認められていることは，それが教会の信者リストに名前が載っているだけだとしても，病者とその家族の孤独感を和らげるということです。

> 危機に遭遇すると，以前には考えられなかったような希望や信仰や迷信などを受け入れることがあります。もし，大切な人が病気になって，「大いなる天の力から啓示を得た」と言ったり，非合理的でも無害な方法で病気と闘いたいという希望を口にして，困難な状況の中に安らぎと満足を見いだしている様子であれば，それはその人が死という想定外の事態を何とか受け入れようとしているサインだと考えた方がよいでしょう。

●信仰が揺らいでしまったら，行為を強めましょう

　西洋の宗教では，信者はまず戒律を受け入れた後に宗教的な行為をするというのが一般的な順序になっていますが，東洋ではその限りではありません。東洋の伝統では，信仰が必ずしも特定の行為を伴わないばかりでなく，そのような行為自体が必要でないこともよくあります。たとえば，日本では多くの人が「心」の発達を志して，生け花や剣道などの活動に励んでいます。これらは仏教から影響を受けていますが，これらの活動をする人が仏教的な現世のとらえ方や輪廻転生などを信じているとは限りません。修道に信仰が不在であったとしても，穏やかで内的に調和した瞑想的な心身の状態を作り出すために何ら不都合は生じません。これらの活動で美しいとされる状態を経験することによって，神や仏などの超越的な存在に対する信仰を抱くようになることはあり得ます。

　このことが示唆しているのは，もし怒りを覚え，信仰の揺らぎを経験しているとしても，宗教的な習慣などの行為をやめてはいけないということです。行為を続けることによって，一度揺らいだ信仰を自分にとってより確実なものとして取り戻すことができるかもしれません。あるいは，今までとは異な

第八章

るスピリチュアルな方向が開けるかもしれません。その新しい宗教的な活路は，以前の信仰と異なっているだけで，神を理解する上ではそれまでと同じように意味あることです。その1つの例として，クシュナー師が息子の病気と死に打ちのめされた時の経験があります。クシュナー師はこの時，神がすべてを思い通りにできるわけではないと結論づけることによって，神の恩恵と正しさに対する信仰を保つことができました。

別の方法として，食事の前にお祈りをするという行為を例にとってみましょう。愛する家族の病気が次第に重くなることにやり場のない怒りを抱いている人は，病気が治るようにという祈りを無視しているかのような神に対して感謝を捧げる義務を負うことに強い抵抗を示すかもしれません。しかし，裏切られたという感覚をおさえて，食事の前の祈りを続けることによって，神にどんなに失望したかということを頭の中でいつまでも考えているより，ほんの短い時間であっても目の前の食べ物に対する感謝の気持ちで心を満たせる方がよいと気づくかもしれません。このような沈思する時間を持つことで，食べ物の味や食感，多様さなどに気づき，豊かに養われるということが奇跡であるかのように，深いレベルで食事を楽しむことができます。人によっては，食事をすることそのものが霊的な意味をもち，素直な感謝を捧げることが可能になります。食事に対する意識が変わることによって，命を支える美味しい食べ物を与えてくださる神に対する感謝を取り戻す人もいるでしょう。

宗教的な行為を投げ出さないで続けるべきであるというもう1つの理由は，「リスクを分散する」ということです。私たちは，今自分が直面している逆境の意味を完全に理解することはできません。神が自分たちを見捨てたのか，それとも旧約聖書の厳格な神がなさったように，神が自分を試そうとされているだけなのか，それはわからないのです。治療の失敗が意味するのは，「目には目を，歯には歯を」の戒律にあるような天罰かもしれないし，私たちには知り得ない深い考えに基づいた素晴らしい出来事かもしれません。古い言い伝えでは，神は1つのドアを閉める時には別の窓を1つ開けるといいます。神に対して怒りを覚え，その目的を信用できず，神の存在自体を危ぶむ人で

も，食事の前に「一応」祈りを捧げる人は多いものです。よいことはすぐそこまで来ているかもしれないのです。へたにつむじを曲げていて，それを台無しにしたくはありません。私たちが「念のため」食前の祈りを捧げるのは，本当は神に背を向けてしまいたくはないからです。私たちは，自分たちと愛する家族が少しでも状態がよくなるように，新しい恵みを受け，来るべき洞察を探り出せるように行動すべきです。

> さまざまな宗教者や著作家は，その宗教的な考え方にかかわらず，医療の限界を迎えた患者の介護にあたっては，信仰を持っていることが助けとなるような何らかの方法を見いだすべきだと考えています。神に怒りを向けたり，自分の信仰のあり方が家族の生死を分けると考えるより，神とともに病気と闘いましょう。信仰が揺らいだ時，宗教を投げ出してしまわずに，何か1つでもスピリチュアルな習慣を続けることによって，信仰を取り戻すきっかけをつかむことができるかもしれないのです。試練を単なる損失と考えてしまわずに，自分の霊的な成長のための糧として利用しましょう。

ある肌寒い曇りがちな日曜日の朝，妹娘は教会に行くためにぐずぐずと服を着替えていた。母が，2人の娘とその夫たちと一緒に，病者のための特別礼拝に行きたいと言い出した時，ローラは，もし自分がそれを拒んで母の死が早まりでもしたら自分をどんなに責めても責めきれないだろうという恐ろしさのあまり，嫌だとは言えなかった。でも，ブラッドがすでに車に乗り込んで催促のクラクションを鳴らす頃になっても，ローラはまだ服にブラシをかけ，髪をとかしていた。階段を音をたてながら下りて，必要以上に時間をかけてコートを着た。遅刻したいわけではないのだが，何だか体が重い。体が動こうとしないのは，怒りのせいなのか，自分の頑固さのせいなのか，次第につのってくる悲しみのせいなのか，彼女にはわからなかった。ドアをバ

第八章

タンと閉めて、足拭きマットにちょっと屈み込み、玄関先に植えてある生け垣を意味もなく調べたりしてから、やっと車の助手席の方に歩き始めた。

　町へ向かう車の中で、いつもなら教会へ行くことを歯医者にでも行くように嫌がってぶつぶつ不平を言っていたブラッドが、今日は落ち着いて運転しているのに驚いた。ローラは自分が教会へ行きたくないと感じていることが一層恥ずかしくなり、イライラした。病者のための特別礼拝そのものに反対しているわけではない。これまでにも、そのような礼拝には何度か参列したことはある。ただ、祖父母の時も父の時もそうだったが、家族が集まるという意味では心温まる機会ではあったが、それで病気がたちどころに治るわけではなかった。母がこの特別礼拝にとても期待を寄せているように思えることが、彼女には理解できない。ローラは教会に着くまでほとんど口をきかず、カーラジオのチャンネルを何度となく切り替えるブラッドの横で、不機嫌に窓の外を見つめていた。

　母は、礼拝にふさわしい感じの白いスカートとブラウスを着ている。かつては新品だった服も、だいぶ古びてよれよれになっている。母はやせて弱々しい様子ではあったが、それでも2列目の席に背中をぴんと伸ばして座り、聖書台の牧師をじっと見つめていた。テレサとクリストファーが母の両側に座り、ローラとブラッドも彼らにならって座った。ローラは急に母から遠く離れてしまったように感じ、いたたまれない気持ちになった。けれども、ほの暗い照明に目が慣れてくると、この教会に対する親しみの気持ちがまた戻ってきた。はるか昔にあのステージで洗礼を受けたこと、結婚式の時にこのバージンロードを父と歩いたことも思い出された。見回すと30人ほどの人が見えたが、最初は知っている人が誰もいないようだった。教会へ通わなくなってから、もうずいぶん時間が経っていた。するとブラッドが、後ろの方を見てごらんと目で合図した。振り返ってみると、ローラとクリストファーの昔のクラスメートだった女性と、母親でご近所付き合いもある年配の女性が見えた。そのすぐ後ろには、もう大人になった4人の孫らしき人々が、その伴侶や子どもたちと一緒に座っていた。その年配の女性は、母と同

じょうに悩み疲れた様子ではあったが、気持ちはしっかりとしているようだった。挨拶をしようと小さく手を振ってしまってから、自分のことを覚えていないかもしれないと思いなおし、慌てて手を引っ込めた。けれども、なつかしい顔を見られたということだけで、彼女の気持ちは明るくなった。同じ悩みを抱えた古い知り合いたちが共通の儀式を通じて一堂に会していることに、ほっとさせられた。もう一度周囲を見わたすと、自分たちと同じように世代の混じった人々が集まっていることがわかった。みな病気と最後まで闘うためにここに来ていた。彼女はここに自分の居場所があることを感じて気持ちがずっと楽になり、教会の椅子のベルベットのクッションに背中を預けて、ゆったりと座りなおした。

　牧師は少し猫背ぎみの年配の男性で、子どもの頃の牧師と同じ人ではなかったが、ここ数年で何度か会って話した時の様子からは、穏やかでやさしい心づかいのできる人だという印象を持っていた。今日の説教は、落ち着いた雰囲気でありながらも、重苦しくなりすぎないような配慮が感じられた。伝統的な祈りと賛美歌の他に、リルケとマーガレット・アトウッドというカナダの詩人の詩の朗読があり、「雨にぬれた朝」という1970年代のポップソングの演奏もあった。一貫したテーマは、希望を持って一日一日を大切に生きること、そして神を受け入れることであった。終わり近くになって、牧師は癒しを求める人をステージ上に招いて、1人ひとりの肩や額に右手で触れて、特別な祝福を授けた。母はクリストファーの手を借りてステージに上がり、目を大きく見開いて真剣な表情を浮かべている。牧師の祝福を受ける時、母は深く感動しているようであった。

　礼拝が終わると、教会の地下でコーヒーとお菓子が振る舞われた。コーヒーサーバーの置かれたテーブルで、母が微笑みを浮かべてこう言った。「牧師さんが私の額に触った時、私の内側で何かが変わったのがわかったよ」
　姉と夫たちはうなずきながら母の話に耳を傾けている。ローラも同じようにしたかったが、母が大きく変化したことに驚いて、少し尻込みしてしまった。それでも精一杯の努力で「よかったわね、母さん」と言って、ケーキを

第八章

　取り分けるテーブルの方へ移って行った。心の中では、牧師が触っただけでがんが消えてしまうなら世話はないと思っていた。もし仮に、本当に神様がいるのならば、私たちの祈りを聞き届けてくださるはずだ。しかし、「もし仮に」だけでは現実の社会は回らないのも事実だわ、と自分に思い出させていた。ケーキを1切れ取ろうと手を伸ばしながら、ため息をつき、こう考えた。とにかく母が楽になったようだから、それだけでもよかったわ。

　はっと気づくと、ローラのすぐ隣に牧師が立っていて、話しかけてきた。「またお会いできて嬉しいですよ」と牧師はやさしく言った。

　「こちらこそ、お会いできて嬉しいです。とても素晴らしい礼拝だったと思います」とローラは答えた。

　「あなたにそう言っていただけて嬉しいですよ」と牧師は言った。そして、間を置かずにすぐこう付け加えた。「お姉さんからあなたのことをお聞きしたのですが、最近だいぶ辛い思いをしておられるそうですね」

　「えっ?」

　「無理にというわけではないのですが、もしあなたさえよければ、一度ゆっくり話をしにいらっしゃいませんか?」

　ローラは突然のことにびっくりしてしまった。神の存在を疑っているなどと口にするのは恐ろしいことだ。失礼にならないように気をつけながらも、彼女は目をそらして姉の姿を探したが、部屋の向こうに母やクリストファーと一緒にいて、こちらは見えていないようであった。けれども、ブラッドがすぐ後ろに立っていた。彼には牧師の言葉が聞こえており、うなずいている。

　「あなたのご家族は、ずいぶん辛い経験をされてきていますね」と牧師は根気強く言った。「そんな時でも、話をすることで気が楽になって、ちゃんと前を向いて歩けるようになることがありますよ」

　「わかりました、お電話します」とローラは自然な口調でそう答えた。

　「よかった。ご連絡をお待ちしていますよ」。牧師はそう言うと彼女の隣を離れ、別の家族の輪に入っていった。

　ローラはブラッドの方に向き直り、そして、彼より早く口を開いて「大丈夫よ、ちゃんと話しに行くから」と言った。

病気と未来の不透明さに立ち向かうためには，霊的なつながりを保つ方法を見つけることが不可欠です。それが，家族が困難にさらされている時に家族を守る防波堤の役割を果たすからです。神に祈っているのにもかかわらず状況が悪化する時には，激しく押し寄せる悲しみに耐えるために，家族はなんとかして1つにまとまっていなければなりません。次の章では，どのように病気の家族を手助けし，慰め合い，肯定的に未来に目を向けることができるかについて，見ていきたいと思います。

敬虔なる受容，それとも受け身的無関心？

Q 私と私のきょうだいは，母にもっと積極的にがん治療を受けてほしいと思っているのですが，母は自分の病気に対して受け身的で関心がないように見えます。まるで，もう諦めてしまったかのように見えます。母は，ことあるごとに，「すべては神さまの手の中にあるのだから」と言います。信仰によって長生きする人たちがいるのは知っていますが，私たちは，母の場合はむしろ信仰によって命を縮めるのではないかと恐れています。どうすればよいのでしょうか？

A 患者が医療的処置に対してどのようにアプローチするべきかについては，宗教によって非常にさまざまなやり方があります。一方では，病気を治すか治さないかは神様がお決めになることだという教えを受け入れて，いっさいの治療を拒むという形で非常に強固に信仰を守る人もいますし，神様が望んでいるのはどんな小さな可能性にかけてでも生き延びることだと信じて，あらゆる治療を受け入れる人もいます。そして，この両者の間には，教義その他によってありとあらゆるバリエーションがあって，ある種の治療法は受け入れられるがその他の治療法は拒否するケース，一定程度の治療は

第八章

するが，あるところから先は受け入れないケース，治療と祈りを必ずセットにするケース，またその逆に投薬や手術から祈りを完全に切り離すケースなどがその例です。私の考えでは，この問題は，以下の2つの問いに患者がどう答えるかが鍵になっています。

1　あなたは近代医療そのものが神の偉業であり，医師や看護師は神様の手だと思いますか？　それとも，傲慢で技術に偏った世俗主義で，全能の神の教えにそむくものだと思いますか？
2　あなたは，神様に与えられた運命を信じることを神様が望んでいると思いますか？　それとも，あなたに神様が与えた判断力を使って，自分を救うように求めていると思いますか？

これらの複雑な質問に対しては，人によってさまざまな答えがあり得ますから，他人からは「受け身的な無関心」と見えることがその人にとっての信仰のあり方かもしれませんし，積極的に治療を受けることが神の意志に反することであると考える人もいることになります。

ご質問から判断するに，今というタイミングで，お母様と信仰について話し合うことがとても大切であるように思います。ただし，あなたやあなたのごきょうだいがご自分の信じる信仰のあり方について話す前に，あなたがお母様をよく理解し，尊重しているということをきちんと伝える必要があります。相手を尊重するということは相手の考えをすべて受け入れることではないのですから，お母様の考えに対して，それとなく異論を差しはさむことはできます。

もし私があなたなら，「すべては神様の手の中にある」とはどういう意味なのかを，お母様に尋ねると思います。お母様は，神様がすでにお決めになったことをご自身が変えることはできないという意味でそう言っているのでしょうか？　もしそうなら，神様はお母様が治療を受けることによってよりきちんと病気と闘うことをお望みであるかもしれないという考え方を提案してみることができるでしょう。医師と協力して治療にあたることが，神のご意志に反しているとお母様はお考えなのでしょうか？　あなた自身が，お母様の考え方をまだよく理解できていないと私は思います。

もし，相手を尊重した上での話し合いがうまくいかず，お母様が動かされなければ，お母様が信頼する牧師か，またはその他の宗教者に同席してもらって家族での話し合いの場を持つ計画を立てたら，そこに参加する意志があるかどうか尋ねてみてはどうでしょうか。そのような話し合いにはいくつかの目的があります。お母様が，治療や投薬を受け入れるための宗教的な根拠が存在することに気がつくかもしれません。またあなた自身も，そのような場で自分の考えを説明する機会を得て，お母様に治療を受けるようにうまく説得することができるかもしれません。また，そのような場では，お母様が深く信じている信念について（それが治療を拒否する結果，死を意味するものであったとしても），あなたたちが納得するように，牧師が説明できるかもしれません。

　この最後に挙げた可能性は，非常に受け入れがたいものでしょう。あなた自身の宗教観に反するだけでなく，あなたやあなたのきょうだいにとって感情的に立ちなおれないほどの衝撃があるかもしれません。しかし，それが受け入れられれば，お母様が自分自身のやり方で人生を生き切ることをあなたが妨害してしまう心配はないでしょう。あなたも，自分の子どもたちや家族から同じようにされることを望んでいるはずです。お母様が自分が最善だと信じる方法でがんと闘う時には，神の手だけでなく，ご家族からも支えられる必要があるのです。

怒りの中で信仰を見いだすには

Q 妻は3年前，はじめての子どもを出産する直前に母親をがんで亡くして以来，神に対して非常に腹を立てています。教会へ通ったことも，数々の祈りも，母親の命を助けてはくれなかったと言って，もう教会へ行くことも祈ることもしません。以前は，彼女は強い信仰を持ち，信仰が彼女を支えてきました。なんとかして怒りを忘れて，心の傷を癒してほしいのです。そうすれば，また神にすがることができるようになると思います。私は信仰を諦めていません。どうすれば彼女の力になれるでしょうか？

第八章

　　多くの人々の信仰心は、その人が何を正しいと考えるかに結びついています。人は、自分の行いが模範的で教えに忠実であれば、その優れた行いに対する報酬を自分と家族が受けられると信じています。その正当な報酬が得られない時、人はジレンマに陥ります。報酬に見合うだけのよい行いをしなかったために天罰を受けていると結論づける場合は、自分に対する自信を損なうことになります。神の公平さや存在自体を疑問視する場合、矛先は自分の外に向かいますが、信仰が破壊されてしまうことが多く、このようなケースでは教会へ足を運ばなくなってしまうことが珍しくありません。このような人は、神に対する怒りのあまり、教会の門をくぐることすらできなくなってしまうのです。正義が行われて死んだ家族がよみがえるまでは教会へ行っても無駄だと考える人もいます。このような極端な例は、数は少ないですが、二度と信仰を取り戻すことができないことがほとんどです。

　奥様が信仰を取り戻す助けをするには、どのような道があるでしょうか？大切なのは、神と正しさに対する考え方を奥様が改めて調べなおしてみるように励ますことでしょう。彼女が直面する可能性のある疑問はさまざまです。たとえば、「正しい神が人々を苦しめることがあるのだろうか？」という問いであればどうでしょう。もし奥様が、神は人間が悩み苦しむことに意味があると考えていて、その意味は私たち人間には計り知れないことがあると思えるのであれば、その問いに対する答えは「はい」かもしれません。あるいは、「祈りは神に届いていても、望みが叶えられないことはあるのか？」という問いであればどうでしょう。これについては、神がその祈りにまったく答えなかったのか、あるいは神から返って来た答えを理解できずに苦しんでいるのかをよく考えてみなければなりません。自分の母親ががんによってどんなにひどい思いをしたかを考えれば、今は痛みも苦しみもない安らかな場所に憩っていると認めざるを得ないかもしれません。このような疑問に答えを出すのは決して容易なことではありませんから、夫であるあなたが奥様と対話しながら、一緒に答えを出すというのもよい方法でしょう。奥様の賛成が得られれば、牧師や神父など、宗教者や信仰上の教師に協力してもらって、疑問に取り組みやすいように手助けしてもらうことも大切です。

こうして，迷子になった魂を探し当てる作業をするのと同時に，彼女の抱える深い悲しみについても，2つの点から考える必要があるでしょう。その1つは，神に対しての怒りを持ち続けることによって，母親の死に向き合いきちんと喪に服すことができなくなってはいないかということです。これは心理学者が「複雑な死別」と呼んでいるもので，悲しみと怒りを経験し，次第にそこから立ちなおっていくという喪失体験のプロセスが正常に進まないことをいい，大うつ病との関連が指摘されています。また，2つ目として，彼女が母を失い，何が正しいことなのかわからなくなり，信仰という足場も失うという複数の喪失体験によって，抑うつ状態になっていないかということについても注意が必要です。もしそうであれば，神に対する怒りはうつの症状のあらわれである可能性が高くなります。カウンセリングを受けたり抗うつ薬を処方してもらうことで抑うつ状態が軽減されれば，結果的に神に対する怒りがおさまるかもしれません。さらに，彼女が持っていた霊的な部分が再び呼び覚まされて，母親の死をいくらかでも安らかな気持ちで受け入れることができるようになるかもしれません。

救済のための代替医療

Q 私の母は自分のがんを治すのに，友達から勧められたという代替療法を信じて，ちゃんとした医師による治療を受けようとしません。私にしてみれば，時間の無駄である以上に危険だと思います。母が自分にあった治療法を探し当てることに協力しながらも，怪しげな民間療法に惑わされていないかどうか確かめるには，どうしたらよいでしょうか？

A 米国で10年ほど前に「代替医療」がはやり始めた時は，いわゆる「自然」な治療法である朝鮮人参，銀杏などの漢方薬や西洋オトギリ草（うつに効果があるとされるハーブの一種），昔から伝わる鍼治療，健康を実現するための霊的な考え方の導入などが，まさに伝統的で近代的な生物医学の「代わり」として紹介されました。しかし，その代替療法という名称

についても，代替療法についての考え方自体も次第に変化し，自然的な療法が薬剤に取って代わる代替的なものとしてではなく，「補完的療法」であると見なされるようになりました。最近になって，補完的医療はさらに，自然的医療と生物医学的医療の境目がわからないほどに接近した「統合的療法」に発展しました。今でも，「代替」医療的な考え方に基づいて，近代医療をまったく使わずに自然的医療を取り入れる人もいますが，特にがん治療の分野においては，多くの病院主体のがんセンターで統合的療法のプログラムを取り入れており，がん専門医たちも自然的療法について以前に比べてずっと豊富な知識を持っています。さまざまな自然的療法で使われる薬についても研究が進んでおり，患者自身が健康回復のための新しい方法に興味を持つことは，一般的に歓迎される傾向があります。

　伝統的な医療という考え方の中で見れば，あなたのお母様が近代医療を拒むと決めたことは理解に苦しむでしょうし，心配もされると思います。私の考えでは，お母様ががん専門医と相談し，薬草や調合物の効果についての研究結果を参照して，裏づけをとりながら自然的療法を試してみるのがよい方法ではないかと思います。大切なことは，たとえ化学療法や放射線療法を受けないと決心していたとしても，がん専門医とは連絡を取り続けることです。残念なことですが，特に末期のがん患者など，わらにもすがる思いをしている人の不安につけこんで，やたらなものを売りつけているような場合もあります。あなたのお母様がこのような手合いに利用されることがないとも限りません。

　それでは，あなたはお母様にどうしてあげたらよいのでしょうか？　家族療法家のミニューチンの「相手と対峙する前に仲間になりましょう」という名言が，ここでは素晴らしいアドバイスになります。お母様自身が自分の健康や治療方法についてどのように考えているのか，まずやさしく聞いてあげましょう。あなたがお母様の言葉をきちんと受け止め，理解したと，お母様は感じているでしょうか？　あなたが自分の意見を言う前に，まずそれをよく確かめましょう。そして，お母様ががんを治すためにあらゆる可能性を探っていることは，お母様自身が生きることをとても大切に考えているから

だということを認め，言葉にして伝えましょう。それから，言葉を選んで慎重に，あなたの心配していることについて話しましょう。お母様をとても愛していることを伝えて，お母様が選択している治療方法がかえって命を縮めてしまうのではないかと心配していることを話しましょう。統合的医療という方法ならば，近代的医療と自然的医療の双方を取り入れられることを説明しましょう。そして，少なくとも治療の方針について，がん専門医と主治医に相談してほしいと頼みましょう。その時には，お母様が最終的にどのような方法を選択したとしても，あなたはその決断をサポートすると言いましょう。

　おわかりのように，最終的な選択権はお母様にあります。あなたはそれを尊重しなければなりませんが，少なくとも，このことについてお母様と話し合うことで，自分の意見を言えたという満足感を得られるでしょう。もっとも重要なことは，医療が限界を迎える困難な時期に，愛情のこもった配慮ある大切な会話を交わすことによって，あなたとお母様の結びつきが深まるということです。

第九章
終焉へ向かう日々

　化学療法を始めて 2 週間経ったある朝，ベティが目を覚ますと，枕に銀色の髪の毛の束が散らばっていた。より程度の強い治療に切り替えたときに髪が抜けるかもしれないということはがん専門医から警告されていたが，もう他には手立てがなかったので承知したのである。しかし，それが現実のこととなった今，彼女は怯えていた。もともと髪の量は多い方ではなく，年をとるにつれて薄くなってきていた。毛がまばらになった箇所が頭皮のあちこちにできた今となっては，さらに20歳ほども急に老けたような気がする。テレサが様子を見に上がってきたとき，ベティはあまりの恥ずかしさに枕を頭にかぶって，部屋に入らないでほしいと頼んだ。テレサは「容姿にこだわるなんて」とたしなめたが，母からじっとにらみつけられ，いたたまれなくなって部屋に入るのを諦めた。

　容姿にこだわるということは，ベティにとって罪深く恥ずべきことだった。自分のことをきれいだとか，まして美人などとは一度も思ったことがない。むしろその正反対で，口紅をひき着飾っていた頃でさえも，若い娘としては質素で地味な方だと思っていた。けれども，1日おきに2時間ずつ，2週間にわたって「毒物」を体に注入したことによって，11月の強い風に吹かれて枯れ葉がいっせいに散るように自分の髪が抜け落ちてみると，自分が

第九章

自分でなくなったような気がした。だるさのため，鏡を見ることができるのも1日にせいぜい1度か2度だったが，その時，せめて見慣れた自分の顔を見たいという望みもむなしく，鏡に映るのはがんという人食い鬼の顔だった。ずっと病気と闘い，体も心も辛い思いをしてきたが，今のこの状態はもっとも残酷なことに思えた。もう元気でしっかり者の自分ではなく，典型的ながん患者にしか見えなかった。

自分の気持ちを娘たちに話せば，2人は慌てて，「そんなふうに自分が辛くなるようなことばかり考えないように」と説得にかかることはわかっていた。「髪が抜けたくらいで，母さんが母さんでなくなってしまうはずもないし，がんセンターの看護師も言っていたように，カツラをかぶればいい」と言うだろう。でも，ベティにとっては，色をつけたワラか金属タワシのようなみっともないヘアピースをかぶるなどというのは，屈辱の上塗りでしかなかった。疲労と痛み，ひっきりなしの吐き気，そして新しい化学療法を始めてからはひどい下痢に苦しみ，自分のアパートも引き払って娘たちの世話になり，生きている喜びも希望も萎えてしまったのに，これ以上のはずかしめに耐えられるか，もう自信がなかった。

抜けた髪の束をつかんでくずかごに入れて寝返りをうってから，これ以上事態が悪くならないなどというのは気休めにもならないと，つくづく考えた。実際，もっとどんどんひどくなるかもしれなかった。次にやってくるのは何だろう？ 得体の知れない気味の悪いおできだろうか，それとも？ 考えるうちに，いっそのことがんが自分の命を奪ってくれた方がいいのかもしれないと思えてきた。その考えを頭の中から閉め出そうとして反対側に寝返るが，そのとたん，パジャマの前の部分にまた抜けた髪の束がくっついているのに気づく。ベティはうめき声が口からもれそうになるのを押し殺して，じっと体を固くし，両腕で自分を抱きかかえた。

その日，内科開業医の診察を受けるために娘の車で病院へ行く時には，ベティは青と白のシルクのスカーフで頭を包んだ。この医師と会うのは，がんの診断が出て専門医に紹介されて以来，ほぼ1年ぶりであった。開業医か

ら、一度きちんと身体検査をしたいから予約を取るようにという電話が先週かかってきた時、彼女はどきっとした。診察室へ向かうエレベーターの中で、今日の診察の本当の目的は何だろうと思いながら、スカーフの端を落ち着かない様子で引っ張り、頭がちゃんと覆われているか確かめた。

　医師はいつものように苦しげな様子で、遅れて検査室に入ってきた。少し大げさな挨拶がひとしきり済むと、彼は新しい化学療法がどんな影響を与えているかよく検査しておきたいのだと説明した。さらに、化学療法が終わったら、放射線療法に耐えられるかどうかも判断したいと続けた。「放射線療法ですって？」と付き添いで来ているテレサが声をあげた。

　「そうです。放射線療法は、卵巣がんが進行した際に転移を阻止して余命を延ばすための方法です。がん専門医からそのように説明を受けているはずですが」

　「聞いていません」とテレサはすぐさま答えた。医者は少し間をおいて言った。「そうお伝えするつもりだったはずです」。「母には放射線療法は無理です」とテレサは断固として続けた。

　医師はまた少し沈黙してから言った。「ご心配なのはわかります。我々が最善の努力をすることはお約束します。いかがでしょう、そろそろ検査に移らせていただけると、お母さんの状態がもっとはっきりわかるのですが」

　姉妹は顔を見合わせて、待合室の方へ出て行った。ベティは検査台の上に座ったままで、医師がゴム手袋の入った箱と舌を押さえる器具を隅へ押しやり、聴診器に手を伸ばすのを震えながら見つめていた。実はベティ自身は、放射線治療という言葉を聞いても驚いてはいなかった。この闘いを逆転するには、さらに強い治療だけでなく、もっといろいろな治療が必要だと思っていたからだ。しかし彼女は、医師がまだその後で爆弾を落とすつもりなのではないかと疑っていた。ベティの背中のあちこちに聴診器をあてて息を大きく吸い込むように言いながら、彼は気軽な様子で雑談を差しはさんでいく。

　「娘さんたちは、あなたのことをとても気にかけているのですね」「すてきなスカーフですね」、そして「転移はしていますが、肺の状態は悪くはありませんし、心臓の機能もしっかりしています」と、小さいゴムのハンマー

で反射能力の検査をしてから、さっきと同じような気軽な口調で彼は言う。「結構ですね、結構です。ずいぶんよく頑張っていますよ」

医師の手を借りてベティが検査台から下り椅子に座った時に、「私が診ている他のご年配の患者たちも、あなたほどの耐久力があったらよいと思いますよ。あなたなら、どんな新しいがん治療にも耐えられるはずです」と言った。

彼は青い回転スツールに座って、ベティの分厚いカルテをぱらぱらとめくりながら、何かを探しているようだった。ベティはそこに腰かけたまま、次の言葉を待っていた。しばらくすると、彼が言った。「1つ、2つ、お話ししておかなければならないことがあります。まず、あなたはまだ生前遺言を書いていらっしゃいませんね。ご存知のように、遺言はあなたがご自分の意思を言葉にするのが難しくなった時、治療についてのあなたの希望を伝える手段です。私は、自分の患者には全員、一応遺言を書いておくようにお勧めしているんです。どうしてもっと前にお話ししておかなかったのでしょうかね」

ベティは何も言わず考えた。死ぬための準備をしなさいということだ。

彼女の心の声が聞こえたかのように、医師は続けた。「治療がうまくいかないだろうと思って申し上げているわけではないんですよ。きっとうまくいくはずだと、私は自信を持っています。ただ、念のために、ということです」

ベティの表情が暗くなるのを見て、彼は付け加えた。「私も遺言を書きました。誰でもそうすべきなんですよ」

「そうするべきだとおっしゃるのなら、書きます」とベティはついに口を開き、弱々しい様子で言った。医師は彼女のひざをポンと軽く叩いて、机の引き出しから3枚綴りの用紙を取り出し、手渡して言った。「あなたの方の準備ができたら、いつでも詳しいご相談にのりますよ」

医師は自分の椅子を少し近づけ、前屈みになって、内緒話でもするように静かにこう言った。「娘さんたちにお入りいただく前に、もう1つお話ししておきたいことがあります。ご紹介したがん専門医は非常に有能な医者です。

ただ一般的にいって，がん専門医というのは楽観的な人間が多いんです。そうでなければ仕事にならないからです。あなたががんと闘いたいと言う限り，彼らは新しい治療法を勧めてきます。もし治療を打ち切りたいと思うようであれば，直接はっきり言わなければダメです。そうしないと，彼はどんどん自分のペースで治療を進めていきます」

 自分の言ったことをベティが理解し反応するための時間を与えようとして，医師はそこで間を置いたが，彼女は混乱していた。治療がうまくいく自信があると言っておいて，なぜこんなことを言うのだろう，といぶかった。しかし，うまく言葉にできないでいると，医師は急に立ち上がって娘たちを呼び入れた。

 戻ってきた時には，医師はまた雑談口調になっていた。娘たちは医師の後ろからついてきて，心配そうな表情で母の隣の椅子に座った。テレサはベティのひざの上にある生前遺言の用紙を見つけ，驚いて目を見開いた。

 「お母様が受けてこられた治療の厳しさを考えれば，状態はかなりよい方だと言ってよいと思いますし，まだ頑張れるはずです。もちろん，今後も定期的に診察して，状況を確認させていただくつもりです」

 「これ以上，何をどう頑張るというのでしょうか?」とテレサが厳しい口調で言った。

 「それは私の口からはお話しできません」と医師は答えた。「それは，専門医からお話しすべきことです」

 医師はテレサの不満げな顔に気づいて，「化学療法はもうご存知でしょう。放射線療法もありますし，その他にも方法があるわけです」と付け加えた。

 ベティと娘たちが医師の謎めいた言葉について考えあぐねていると，医師は先を急いで，「1カ月後に予約を取ってください」と言った。そして，立ち上がってドアのところまで行き，ノブに手をかけて付け加えた。「何か尋ねたいことがあれば，遠慮なく電話してください」

 しばらくすると，隣の部屋から，彼が次の患者と挨拶を交わしているのが聞こえてきた。

 帰りの車の中で，テレサは不満をつのらせてピリピリしており，最初の赤

第九章

信号で急ブレーキをかけた。彼女は情報を隠していたがん専門医に腹を立てており、開業医の慎重さにも不愉快な思いだった。電話をかけて苦情を言おうかと考えたが、今、医師たちを敵に回してはいけないと思いなおした。バックミラー越しに後部座席をちらりと見ると、母はまだ生前遺言の用紙を握りしめていた。「なぜそれを渡されたの?」とテレサは母に尋ねた。

「念のためだそうよ」とベティは窓から外を見やりながら、抑揚のない声で言った。「万一の時に、私の意思を知りたいんだそうよ」

「そうなの」とテレサは短く答えて、助手席に座っている妹と不安そうに視線を交わした。

家に着くと、ベティは疲れたと言った。ローラが彼女を2階に連れて行き、テレサは台所でやかんを火にかけた。階下に下りてきたローラは、姉の顔が上気しており、彼女が腹を立てていることがわかった。「私たちにはどうせわからないだろうと思っているのよ」とテレサは言い立てた。「これからどうなるか、なぜちゃんと話してくれないのかしら」

ローラは、半分は姉の言葉に賛成して、もう半分は姉をなだめようとして、うなずいた。彼女も医師の対応には不満だったが、腹を立てるほどではなかった。テレサはなおも続けた。「それに、生前遺言の件はどういうことかしら。まるでもう終わりだと言っているみたいに聞こえるじゃないの!」。ローラは「そういうことじゃないと思うわ」と穏やかに言った。「最近はどこでもそうするのよ。それに、お母さんが急に昏睡状態に入ったりしたら、私たちだってどうすればいいかわからなくて困るでしょうし」

「だいたいね、遺言なんか書いたら、それが必要になっちゃうものなのよ」とテレサは言った。「悪いことが起こるかもしれないと思って準備していると、そういうことになるのよ。なぜよい方向に行くと考えて希望を持とうとしないの?」。ローラは顔をしかめたが、何も言わなかった。「それに……」と、テレサはローラの表情が曇ったのに気づかず続けた。「もしそんなことになったとしても、私たちは母さんがどうしてほしいと思っているかはわかると思う」

「じゃあ，それはどうするってこと?」とローラは尋ねた。テレサは少し沈黙してから，より力を込めて続けた。「母さんはどんな医療手段を取ってでも，最後まで闘うことを望んでいると思う。あんたはそう思わないの?」。ローラは「わからない」と静かに言った。「だから，私たちにとっても，母さんと話をして，生前遺書を書く手伝いをした方がいいのよ。姉さんの言うように，全部の可能性に賭けたいかもしれないし，そうじゃないかもしれない。治療はもうすべて諦めてホスピスに入りたいと言うかもしれない。家にいて，穏やかに過ごすとか言うかもしれない。私にはわからない」

テレサは妹が最後に言ったことに驚いた。「ホスピスになんて行きたがらないわよ。父さんの時は最後まで頑張ったじゃない。母さんの性格からして，最後まで諦めないはずよ。生きる可能性を諦めるなんて，母さんの信仰にも外れることよ」

今度はローラが姉の最後の言葉に疑問を持つ番だった。しかし，姉と争いたくはなかった。「私にはわからない」とだけ彼女は言った。

2人の間には緊迫した空気が流れていた。母が2階でトイレを使っている音が聞こえてきた。「私たち，どうしてこんな話をしているのかしらね。母さんは大丈夫よ」とテレサが力強く言った。ローラはまた同意してうなずいたが，本当は次のように思っていた。「私は，本当にわからない」

病気が急性期から慢性期に移行する時，患者の家族は長期にわたる介護と支援を提供するために，生活上のさまざまなことに対応しなければなりません。病気が進行し，恐れていた最期の時が視野に入ってくる時にも，同じような対応が必要です（たとえば，主治医があなたの愛する人の余命は6カ月と宣告し，ホスピスへ入ることもできるといったような場合です）。その時には，患者の病状は落ち着いていて，介護はこれからも当分続いていくはずだという幻想を捨て，愛する人の死の可能性に向き合うという仕事に向けて準備を始めなければなりません。

その仕事のもっとも重要な部分とは，実際的な事柄から，法律的な問題，

感情面の問題に至るまで、さまざまな面においてコミュニケーションを図ることです。実際的な事柄とは、身体的、認知的に衰えた患者を今まで以上に支えることになります。これには、患者が望むのであれば、家庭あるいは医療機関などで24時間の完全看護ができるようにしたり、階段の上り下りができなくなった場合に1階部分だけで生活できるように家を改造するなどの例があります。また、「家を売却して施設に入った方がよいか」「自宅で24時間介護ができるように人を雇うべきか」「家族で夜の付き添いの当番を決めた方がよいか」などの問題を話し合うこともあるでしょう。介護に携わる家族は、このような問いに答えを出すのに非常に苦痛を感じることがありますが、それは答えを出した結果として、より大きな犠牲と負担が伴うためです。あるいは、病状悪化という現実を否認することによって、これらの問題について考えることすら避けるということもあります。このような考え方には、一種不思議な作用があるものです。もし、患者のニーズに応えるための準備をすることが、すなわち患者のニーズが高くなっていることを認めることと同じなら、そういった実際面での準備をしないからこそ患者の病状が安定しているのだという、誤ってはいるが安心できる心理状態を強めることになります。

　家族と同様に、親しい親族も、患者の容態の悪化に伴って必要となる法律的な問題を話し合う家族会議を招集するのを避けようとするかもしれません。法律的問題としては、以下のようなことがあげられます。

- 患者に、治療における「基本姿勢」について尋ね、確認する。緊急事態になった時、可能な限りの治療（人工呼吸器、抗生物質、心肺機能の全面的補完的ケア）をするのか、特定の治療に限定するのか、それともまったく治療をしないのか。
- 患者に生前遺言を書いてもらう、または法定代理人（患者についての治療上、あるいは財政上の意思決定を、患者がそれらの決定が困難である場合に代理で行う特定の人物）を決定してもらうこと。
- 相続についての遺言を書くこと。

● 家の名義を子どもの1人に移すことで，患者が施設へ行かなければならなくなっても，家族がその家を相続できるようにすること。

　繰り返しますが，このような問題を話し合うことは，患者が死に近づくという耐えがたい見通しに直面することを意味します。新しい法的な取り決めをしようとするのを見て，患者が自分の意思決定の力を剥奪されているように感じはしないかというおそれが生じることもしばしばあります。子どもたちが成人に達している場合は，自分の親に対して親のように振る舞うことを批判がましく見られることを心配して，必要な手続きを踏むことに対して慎重になりがちです。法的な事柄についての話し合いは，プライマリケア医か病院のソーシャルワーカーといった，患者や家族による看護について標準的な立場をもつ専門家に切り出してもらう方がスムーズにいきます。しかし，専門家の勧めがあったとしても，多くの家族は実際に弁護士を雇ったり，銀行に相談に行ったり，書類に署名して提出するといった行動を取ることには消極的です。

　しかし，法的な手段をとることができなければ，非常に不愉快な結果に陥るかもしれません。患者の病状が急激に進んでしまい，どれくらいの期間の延命を望むかといったことについて，患者が自分の意思を医師に伝える時間がなくなってしまうかもしれません。生前遺言や法定代理人といった存在がなければ，患者本人はどうしてほしかったか，あるいは患者のために正当な判断を下すべきなのは誰かといったことについて憶測したり，あるいは，よりありがちな展開としては，家族の間で大声で言い争うことになります。患者の容態が急変して自宅での看護が困難になれば，自宅を売却したり，患者の貯金を引き出したりして，施設での長期の介護の支払いにあてなければならないかもしれません（米国では，高齢者や障害者のための国民健康保険制度である「メディケイド」に加入するためには財産を持たないことが条件なので，多くの介護家族は，メディケイドが受給できるようにあらかじめ患者の資産を放棄することは避けられないと考えていますが，政府の援助を受けるために愛する家族の資産を「使い込んで」しまうことに良心の呵責を感じ

る家族もいます)。

　もし,患者の衰えを認めることに耐えられるならば,「準備をすると患者の死を早める」といった迷信を遠ざけ,親としての権限を親から剥奪しているのではないかという恐れを抑制するようにしてください。やがて,差し迫った死に対して心の準備をするという重大な局面が訪れます。長い闘病の最後の日々を送る時にもっとも大切なことは,怒りの感情を和らげることです。親族は,怒りの気持ちを病気そのものや医師たちや神に向けることによって一致団結することがよくあります。しかし,そのような団結がもろくも崩れ,怒りをお互いに向け合うこともよく見られます。患者が介護する家族を責めて,もっと自分の身になって考えてほしいと言うかもしれません。その反対に,家族が患者に対し,もっと一生懸命に病気と闘ってほしいと責めるかもしれません。このような状況で落胆することは理解できます。正しい方法で闘い,渾身の力で祈ることで,来るべき死はより辛くなるかもしれません。しかし,お互いを責め合うことは,諺にもある通り,「自分のカップに入った飲み物をより苦くするだけ」であり,周りの家族の飲み物もまずくしてしまいます。苦悩にまつわる怒りは痛みをかき立て,悲嘆を覆い隠し,そこから立ちなおるために必要なプロセスをたどることを妨げてしまいます。家族が心を合わせて前に進み,来るべき死を受け入れるために使うべきエネルギーが,過去の悲しいいきさつをほじくり返すことにむなしく費やされてしまいます。

　急性期と慢性期において,ほとんどの家族は愛する家族の命を救うために,悲しむことを禁じようとしますが,最期の時が迫り,悲しむことが適切な段階に入っても,なお多くの人々はめそめそとした感情に浸ったり,弱々しく諦めたりすることを避けようとします。しかし,心理学者は,家族が深い悲嘆の感情を自分に許すことには,心を癒す効果があると考えています。怒りによって,力を合わせて看護にあたることを通じて強めた家族の絆を弱らせてしまうよりも,悲しみを分かち合うことで,家族全員の琴線に触れる体験ができます。共通の喪失体験に立ち向かう時に心が寄り添う体験をすることは,1人ひとりが喪に服する時の支えとなり,家族の結びつきがしっかり

と保たれているということを実感することができます。愛する1人の家族の死という事態を迎えても、残される家族がそれに耐えていけるということを、家族がお互いに示し合うことになるからです。

　愛する人の死を受け入れる度量をもつことにより、家族は、その他の感情面での課題をも解決する道を開くことができます。長い時間をかけて話し合うことが、どんな家族にとってもよいやり方であるとは限りません。恋愛小説やお涙ちょうだいものの映画で大げさに描かれるような、ベッドの周りで家族が静かに会話をするおなじみのシーンが、実際に家族の間で見られることはあまりありません。むしろ、多くを語らなくても、ともに悲しむ家族はお互いの努力を讃え合い、許し合うことができます。衰えてしまった愛する人を讃えるということは、その人の大切さを認め、その人が必要とする時に時間を作ってかたわらにいてあげることであり、その人が人生で成し遂げたことを思い出して語り、ほめ讃えることです。許しは、謝罪をしたり謝罪を受け入れたりすることによってだけ行われるのではなく、肩を軽く叩いたり、うなずいたり、やさしい眼差しを向けることによっても、「深刻な病気の前では、人生は短すぎるということを改めて感じさせられます。これまでのわだかまりを忘れて、私たちに残された時間を大切に使いましょう」というメッセージを伝えることができるのです。

　病状が慢性期から終末期への曲がり角に来た時、介護家族は次の2つの重要な試練に立ち向かわなければなりませんが、そのことが家族を1つにし、彼らの闘いに威厳を与えることにもなります。
　試練その1——実際的、法律的、財政的な計画作りを引き受けること。このことにまつわる困難は、患者の死を早めるという迷信に結びつきやすく、愛する家族の自己決定力を剥奪するという不安が生じ、このことに関わるすべての人々が、死が近いという現実から目をそむけたがるということです。
　試練その2——家族を引き裂く怒りの感情を退け、悲しみを受け入れる

> こと。悲しみは，死に直面した時に私たちを癒す作用のある，ごく自然な感情だからです。

　もし，今述べたようなさまざまな問題に対して誠実な努力をしたとしても，これから直面しなければならないことを完全にコントロールできるというわけではありません。病気というものは一進一退を繰り返すもので，患者の命の終わりが近いかどうかを見極めることは時として困難です。親族がどういう行動に出るかは，予測がつく時もあれば，まったく想像がつかない時もあります。しかし，最期の日々のための計画を立てるにあたって，周りの人を動揺させるという心配をわきに置くことによって，これから起こり得る事柄について最善の準備をすることができます。感情面での準備がある程度までできれば，少なくともしばらくの間は落ち着いて他のことにも注意を向けることができます。しかし，すべての最善を尽くした計画に当てはまることですが，予想された事態と実際の事態が同じになることはありません。苦労して準備したことがこれから訪れる事態の衝撃を和らげてくれることは，1つの希望ではあります。衝撃のすべてを和らげることはできないとしてもです。

　以前，効果の強い化学療法を受けたのは確かに非常に苦しい体験だったが，今ではあの治療の方がまだましだとベティは思っていた。今，1週間に3回受けている肺の転移巣を破壊するための放射線療法は，それにも増して激烈だった。乳房を含めた胸全体の皮が焼かれたように感じる。それでも，黒い焼き痕は出ていない。体中からエネルギーを吸い取られたように感じ，頭が大きな丸い石のかたまりのように重く感じられる。やっとの思いで頭を起こして鏡を見ると，何週間も前に化学療法できれいさっぱりと髪を失ってしまったむき出しの頭と，うつろな目の下に深く刻まれた赤いしわに，ぞっとした。テレサですら，以前のように「元気そうね」とは言わなくなった。一番の楽観論者だった彼女ですら，母の容貌があまりにも変わり果ててしまっ

たことにショックを隠しきれないのだと，ベティにはわかった。感情が表に出るタイプのローラは，見舞いに来るたびに涙が止まらなくなっていた。

　ベティは娘たちがショックを受けて泣いたりすることをあえて無視して，何らかの奇跡に望みをかけていた。毎日の神との会話ははじめは謙虚だったが，単なる祈りを超えて，切迫した懇願へと変わっていった。「お願いですから，どうかこの放射線療法の効果があらわれますように」と。もうすぐ担当のがん専門医が改めてCTスキャンやその他の検査をするようにという指示を出して，治療の効果があったかどうかを調べることになっていた。彼が灰色がかったX線写真に探し求めるのは，転移巣が小さくなって，望ましくは消えるところまで達している様子だ。医療チームの誰1人として，それがあり得ることだとは言ってくれなかった。だから，その可能性は小さいのであろう。もし，それが自分に残された最後のチャンスだとしたら，神様の助けを借りて，その希望に賭けたいとベティは思っていた。もし，それが叶うならば，頭に1本も髪がなくても，顔が変色していてもかまわない，と。この苦しみに価値を見いだすためには，少なくとも，がんの進行が食い止められるということが必要であった。

　空白の生前遺言の用紙が，台所のテーブルの古新聞の山の一番上に置かれている。開業医のところから帰って来た日に，ベティが自分でそこに置いたのだった。テレサは部屋に入るたびにその用紙に気づいていたが，母はそれを無視しようと心に固く決めている様子なので，黙っていた。一度，ローラがその3枚綴りの用紙を取り上げて，懇願するように姉を見つめたが，テレサから非難の眼差しを向けられると，急いでそれをもとの場所に戻した。ローラは，母が自分の考えを書面という形にまとめておくべきだと以前にも増して確信していたが，今の時期にこれ以上物事を波立たせることはためらわれた。

　最近になって，状況はかなり厳しくなっていた。母の身体的状態が悪化しているだけでなく，母の治療や検査のために病院へ送り迎えするだけでも2人の娘は疲れきっていた。病院の駐車場でなかなか空かないスペースを探して車を運転し続けたり，待合室の読み古された雑誌の横で永遠に待たされ

り，蛍光灯のチカチカする光で頭が痛くなったりという繰り返しが，姉妹にはのしかかっていた。それだけではない。1年以上前に母のがんが宣告されてからというもの，さまざまな犠牲を強いられてきた夫や子どもたちも疲れてきていて，イライラを表に出すようになっていた。ブラッドは，ローラがほとんど料理をしなくなったことに不満をもっていた。クリストファーは，お母さんは町の施設に入った方がいいのではないかとことあるごとに口にして，テレサを苛立たせた。孫娘たちですら，母のパティのところにテレサが会いに来てくれないと，うるさく言うようになった。まるで幽霊のようになってしまったベティを見て子どもたちが怖がるのを恐れて，パティが孫たちを連れてくることもなくなってしまった。テレサとローラは，自分たちの家族と母との間にはさまれて，苦しい立場に置かれていた。

　それから1カ月半ほど経った頃，がん専門医の診察室に向かうために病院のエレベーターから降りたベティと2人の娘たちは，疲労と不安を色濃くにじませていた。あごを突き出し，まっすぐに前を見据えたテレサはむっつりとしていたが，頑強に見えた。ローラの顔は蒼白であった。ベティはいくらか前屈みの姿勢で，目には諦めの色が浮かび，不安にさいなまれていた。1週間前に放射線治療が終わり，その数日後にCTスキャンで全身を調べた。今日はその検査結果が知らされることになっており，ベティにとって，結果には運命がかかっていることを意味していた。テレサとローラは病院に向かう車の中で，今日の検査結果ですべてが決まるなどと考えないように母を説得しようとした。「先生は，まだ他にも手立てがあると言ってたじゃないの」とテレサは言い張った。ベティは沈黙を守っていたが，心の中では，私の選択の自由はどんどん小さくなっている，と思いつめていた。

　がん専門医は診察室の机の向こう側に，いつものようにきちんとした雰囲気を漂わせて座っていた。彼は母の気分について尋ねたが，姉妹にとってそのような質問は，まず雑談から入って本題に入るためのおざなりの手続きにしか聞こえなかった。彼が続けて，頭痛はないか，ふらふらしたりはしないかなど，より母の体の状態について尋ね始めると，ローラはイライラしなが

らも，これには何か意図があるのかと考え始めた。医師はそこでカルテを開き，がんの告知やさまざまな治療に至ったこれまでの経過を長々と説明し始めた。彼がもの憂げな調子でしゃべり続ける間中，3人は医師が何か口実を作ってその場をうまく逃げおおせようとしているのではないかと疑っていた。ベティは悪い知らせを予期して体をこわばらせていた。

医師の経過説明の物語は少しずつ前に進み，ついに現在の状況について話し始めた。彼は重々しくこう言った。「先日のCTスキャンの結果についてですが，もちろん，それについて早く知りたいと思われていたことでしょう」

そこで彼は言葉を区切った。3人は彼を見つめて，緊張が高まるような話し方をやめてくれるのを待っていた。テレサが苛立ちを押し隠せない調子で，「もちろんそうです。どうぞおっしゃってください」と言った。

医師はまたカルテをめくって放射線医の検査報告書を探し出して，こう言った。「よい徴候と悪い徴候の両方が見つかりました。私たちとしては，化学療法と放射線療法の組み合わせ，あるいは放射線治療によって，一番心配な肺の腫瘍が小さくなるのではないかと期待をしていました。実は，それについてはそのような結果になりました。結節は完全に除去されてはいませんが，確実に小さくなっています。ですからこれは，部分的に治療に成功したという，とてもよい徴候です」

そこで医師はまた言葉を区切った。ベティは「部分的に治療に成功した」とは，本当はどういう意味なのだろうかと心配していた。私は部分的にしかよくならないということ? それとも，がんが私を部分的に殺してしまうということ? テレサが再び割り込んで，「悪い徴候というのは?」と尋ねた。

医師は一瞬たじろいだが，前と同じように無表情な声で続けた。「私にも放射線医にも，まだはっきりとはわからないのですがね」と彼は慎重に言葉を選びながら言う。「残念ながら，CTスキャンの検査からは，がんが転移しているという徴候が見られます」

3人は瞬間的に息ができなくなった。「何ですって，どこに?」とテレサが叫んだ。

第九章

「申し上げにくいことですが、お母様の脳に転移した可能性があります」と彼は言った。3人はじっと彼を見つめた。何カ月か前にこの医師と話した時、母は回復し始めていたのに。

医師はベティにティッシュを手渡して言った。「少し私の考えをお話しさせてください。はっきりしたことがわかるように、さらに検査をする必要があります。脳への転移は深刻です。しかし、お話ししたように、悪い知らせばかりではありません。がんが広がったということは、これまで試した2種類の化学療法の効果が上がらなかったことを示しています。もっと強力な化学治療を試してみることができます。ただ、放射線療法が肺の結節を縮小させたこともわかっていますから、放射線療法を慎重に行えば、脳内のがん細胞の多くを破壊することができるかもしれない、ということがいえます」

医師は、ベティと2人の娘たちの顔を見て、3人の神経が高ぶっていると見て取った。「一度にあまりに多くのことをお話ししすぎたようですね」と彼は言った。「少し落ち着かれてから、もう一度、近いうちにお目にかかった方がよいでしょう。次の段階は、検査です」

最初、3人は一言も口をきけなかった。ベティはまだティッシュで涙をぬぐっていた。ローラが静かにこう尋ねた。「脳に放射線治療をすることの副作用は何でしょうか」

「そうですね……」とがん専門医は言葉を慎重に選ぶ。「可能性として常にあるのは、疲労感が高まること、知能の働きが衰えること、人格の変化が見られることもあります。しかし、精密な治療を行って、放射線物質を埋め込んだり、あるいはその他の方法を選択することによって、これらのリスクを小さくすることはできます」

ベティにはどこまでいっても「その他の選択肢」があるように思えた。それらの選択肢のどれにも欠点があった。ベティは開業医が「治療がもう充分だとがん専門医に告げるかどうかはあなた次第だ」と言っていたことを思い出した。「いろいろと説明していただいて、ありがとうございます」とベティは丁寧に言った。「どんな検査でも受けたいと思います」

医師は処方箋に指示を書き加えてそれを手渡した。彼女がよろけながら椅

子から立ち上がると、2人の娘は何かにせかされたように立ち上がって、両側から母のひじを支えた。そして3人は沈黙したまま診察室を出た。

エレベーターを1階で降りて、駐車場までの長い道のりの間、3人は黙りこくっていた。歩きながらテレサは母にこっそりと視線を投げて、何を考えているのかだけでなく、母の脳が正常に働いているかを見て取ろうとした。がんはもう母の思考や人格をむしばんでいるのだろうか、と彼女は考えた。病気になる前よりも母が忘れっぽくなったとは思えなかったが、しばらく前から元気や精力がほとんど見られなくなっていた。これは、がんによる神経的な障害なのだろうか、それとも闘病生活に適応できなくなっているということだけなのか、彼女には判断がつかなかった。

テレサが車のキーを差し込んでドアを開けると、ローラが突然沈黙を破って言った。「別の病院へ行ってセカンドオピニオンを求めた方がいいんじゃないかしら?」

娘たちは母を見つめて答えを待った。ベティはゆっくりとこう言った。「考えてみるよ。反対はしないけれど、基本的に私は今の専門医に満足している。疲れてしまって、もうどちらとも選べない」

3人が疲れきった体を車に押し込むと、ベティが付け加えるように言った。「家に帰ったら、台所にある生前遺言を書いてしまおう。私の方は、心の準備はできたようだよ」

愛する人が心臓発作や脳梗塞で急死した場合、その家族や親族は「モーニング(喪)」と呼ばれるさまざまな感情に急激にとらわれることになります。スイスの精神科医である故キューブラー・ロスは1969年に出版した『死ぬ瞬間:死とその過程について』(On Death and Dying) の中で、このような死に対する反応を、ショック、怒り、抑うつ、受容という連続的なプロセス、あるいは時間をかけて乗り越える一連の段階であるという考えを発表しました。これに続く他の研究者による調査では、予測され得る感情的な反応には一定の範囲があるという点ではロスの考えを支持していますが、それが固定

したシークエンスになっているという点についてはその限りではありません。最近ではむしろ，その個人の特性や家族の伝統的な習慣や文化的背景によって，さまざまな感情が，さまざまな時に，さまざまな順番であらわれるというのが定説になっています。おそらく，キューブラー・ロスの米国における死へのアプローチについての最大の貢献は，葬儀が終わり，お悔やみのカードが引き出しにしまわれ，故人の服が洋服ダンスから片づけられてしまった後も，長い間，親しかった親族や友人の死をいたむことは正常なことであると示した点にあるでしょう。悲しみをすばやく処理してもとの生活に戻るなどということは，私たちには期待されていないのです。本当はその正反対で，必要なだけ故人の思い出を慈しみ，思いを寄せていてよいのです。

　キューブラー・ロスをはじめとする多くの精神衛生の臨床家は，悲しみを乗り越えようとする人を支援する主な方法として，儀式を利用することを勧めています。儀式とは，文化や家族によって規定された一連の活動を指し，支持的な地域社会の文脈の中で人が強い感情を表現することを許すという機能を持っています。一般的に見られる死にまつわる儀式には，葬式やしのぶ会，ユダヤ教のシブァ（葬式の後の7日間の喪），カトリック教の習慣である死者との最後の面会，植樹，ベンチの寄贈，故人の思い出の場所に散骨すること，バーやバーベキューパーティーや町の公民館などに集まって故人の思い出を語り合うことなどがあります。このような行事では，悲しみを分かち合う人の集団に認められながら，家族が悲しみを包み隠さず表現したり，聞いているのが辛くなるような話をしたり，故人から学んだ人生についての教訓を披露することができます。このような儀式から生み出される共同体意識は，喪失の時に人々の気持ちを支えるとともに，家族とその地域社会が悲しみを乗り越えて，そこに関わる人々の命が明日へと続いていることを暗黙のうちに請け合ってくれます。

　慢性的な進行性の病気，たとえばアルツハイマー型認知症や重篤な冠動脈疾患，そしてがんに冒された多くの人とその家族が経験するもう1つの悲しみは，精神科医のジョン・ローランドによって「予期される喪失」と名づけられました。死別の悲しみに対処することの最終目的が死を受け入れること

だとすれば，予期される喪失との闘いにおける最終目標とは，感情面での患者との関わりを維持することだといえるでしょう。愛する人が近い将来に死ぬということを知ることによって，悲しみ，不安，怒り，安堵，罪悪感などさまざまな感情が生起します。これらの相反する強い感情は耐えがたいものであり，多くの家族は次第に明らかになる悲劇から距離を置くことで自分自身の強い感情から自分を守ろうとします。しかし，これまで見てきたように，この時期には患者のさまざまなニーズが増し，家族がそれまでよりさらに身近にいて世話をする必要に迫られる時期でもあります。その結果，患者から距離を置きたいという周りの家族のニーズと，より手厚い介護を求める患者のニーズが対立することになります。このような食い違いは，たいがい次のシナリオのどれかをたどることになります。①家族が介護から手を引いてしまい，患者が放置されたと感じる，②家族が感情を押し殺した状態でそれまで以上の介護をするが，患者は大切にされていないと感じる，または，③家族が感情的に緊張の高い状態で介護にあたるが患者は怒りを覚える。

　患者を疎外してしまうことで，結果的に必要以上に早く「失って」しまうことがないように，予期される喪失を処理するためには，患者と家族は次のようないくつかの段階を踏むことを検討するとよいでしょう。

- 愛する人の差し迫った死という現実に直面することは，そこから身を引きたいという，ほとんど反射的ともいえる衝動にかられることが多いということを知っておきましょう。
- その上で，自分の実際の行動があまり影響されないように気をつけていましょう。そのような衝動にかられることについて，同じように感じてしまっていると思われる他の家族やホスピスの職員，その他の医療従事者らと気軽に話し合うことも有効な手段です。
- 患者がたとえ親友で，これまで包み隠さずすべてのことを打ち明けられる相手だったとしても，自分の強い感情を患者と共有することはやめましょう。患者が自分にとっての支持的なよい聞き手であるという認識を持っていると，患者本人が考えたり感じたりしていることを限られた時

間の中で言葉にすることができにくくなってしまいます。
- 相反する感情について家族間で話題にするだけではなくて，具体的にどのように公平に患者の介護を分担し，最期をみとるかを取り決めましょう。
- 余命に数カ月の余裕があるうちに，ホスピスのサービスを利用することを検討しましょう。予期される死に対する支援をすることは，ホスピス所属の悲嘆専門カウンセラーや教会付の牧師の主な役割の1つです。

患者の死を予期してこのような段階を踏んでおけば，来るべき死が実際に訪れた時のための準備ができることになり，さらには，その時の悲嘆の程度を緩和することができます。このようなケースでは，葬儀の後に，生きている間に充分に看護してあげることができなかった（あるいは，まったく何もできなかった）という罪悪感が生じることがありますが，そのようなことも避けられます。家族全員が何らかの貢献をして看護に協力することが求められるような局面で，自分だけ責任を回避して周りをがっかりさせたと非難されることもないでしょう。愛する人が死にゆくのを見届ける，ひどく長く感じられる時間に悲しみの感情に浸ることを自分に許すことで，死後に訪れる悲嘆の衝撃を和らげ，深い哀悼に沈みきって家族との生活が悲惨なまでに暗く思えてしまう期間を短くすることができます。

来るべき悲嘆の感情をうまくコントロールすることによって，耐えがたい苦痛から自分を守ろうとして本能的に状況から距離を置いてしまいそうな時に，愛する人のそばにいてあげることができます。また，それによって，患者の死後，存命中に充分なことができたかどうかで罪の意識を感じる程度は小さく抑えられ，より前向きに，亡くなった人の喪に服すことができるでしょう。

当初ベティは，脳への放射線治療によって頭蓋骨の内側が焼かれたように感じ，考え方や感じ方が自分のものでなくなってしまうような恐ろしい急激な変化が起きるのではないかと，ひどく恐れていた。しかし，治療を開始して3週間が経ち，とりあえずの副作用は右側のこめかみが少し熱をもってチクチクするのと，考えごとをする時に少しぼやけた感じになる程度の軽いものであることがわかった。頭の働きがぼやけた感じになることについて，ベティは，放射線治療で脳の細胞が破壊されたり，がんが進行したりしているためだけではなくて，体にしつこく残る疲れのためでもあると信じていた。それ以外のことについては，重い体で階段を上り下りしたり，病院に頻繁に通ったり，お腹がすかないので食事にはほんの少し手をつけるだけで残したり，ベッドの上で何時間も横になっていたりという，今までと同じような生活が続いていた。最近では，落胆したり希望を抱いたりするというどちらの気持ちもなくなった代わりに，次にどうなろうともかまわないという，すべてが麻痺したような状態が続いていた。今朝はまた脳のCTスキャンをして，今受けている新しい治療方法の効果を確かめる再検査を，がん専門医のところで受けることになっていた。

　ベティが車の後部座席に座り，前に2人の娘たちが座り，すでにあまりにも見慣れたいつもの道を病院へ向かった。そしてもうすぐ，いつもの診察室で大きな机の前に座って，こわばった感じのおせっかいないつもの医師に会う。何だか今朝は特に頭がぼんやりとして，それともただ麻痺したようになっているだけなのかもしれないが，深刻そうな医師たちと，恐怖にかられている患者たちが出てくるテレビのメロドラマに自分が入り込んでしまったようで，すべてに現実感が持てなかった。娘たちの固い表情を見れば，この前聞かされた最新の検査結果を娘たちがひどく気にしていることがわかったが，ベティ自身は，おそらく自己防衛のためなのだが，何も不安には感じなかった。医師がCTスキャンの画像を見ながら眉をしかめて，脳に転移したがんは小さくなっていないと言った時，娘たちが肩を落とすのが見えたが，ベティ自身は同じような無表情のまま，椅子の端に体を固くして座っていた。やがてがん専門医が，さらに強い化学療法を試してみるべきだと言うのが聞

第九章

こえる。それは，町の反対側の大学病院で試験的に使っている新しい薬だということだが，そのことに賛成しているというようにうなずいてしまいながらも，本当のところは自分がどう思っているかよくわからなかった。帰りのエレベーターの中で，「試験的に使っている新薬」というのは何だか気が進まないという考えがよぎった。自分がモルモットになるということは，医学の進歩や誰か他の人のためには役立つかもしれないが，苦しい思いをしても自分のためにはならない。しかし，この不愉快な感覚も，ベティの脳裏を一瞬かすめただけで通り過ぎ，消えてしまった。テレサの家に戻ると，ベティは娘たちの重苦しい沈黙を避けて台所のテーブルから歩行器を押しながら離れ，黙ってゆっくりと階段をのぼって自分の部屋へ戻った。

やっとのことでまた自分のベッドに戻り，枕に頭をつけると，自分の感情が意識にのぼってくるのがわかった。最初ベティは，神や医師や，衰えていく自分の体に対して怒りを覚え，顔がぎゅっと強ばった。しかし，すぐにしっかりと閉じた唇が震え，涙がしわだらけの頬に溢れ出した。1分くらい，彼女は大きな声をたてて泣き，それから涙は止まらずに溢れ続けていたが，呼吸は落ち着いてきた。さらに数分が経つと興奮はおさまり，鼻をすすってはいたが，もう泣いてはいなかった。張りつめた感情が緩むと気分がよくなり，今朝起きてからはじめて，頭がはっきりとした。ぎこちない動きでベッドの上に座り，深呼吸をして立ち上がった。あたりを見回してみると，もともとはパティが使っていた子どもっぽい飾りつけが残る部屋でこんなに年老いてしまった自分が泣いたりするなんて，人生は奇妙なものだという気がした。足をひきずりながら庭に面した窓の方へ歩いて行き，外を眺めた。そこにはいつものように湿った芝生が輝いている。濡れた芝生が光るのを見て，何かよいことが起こる前兆ではないかと希望を持った日のことを，今では苦々しく思い出していた。

窓枠にじっともたれて庭を見つめながら，あの光は何か別のことをあらわすサインなのではないかとベティは考えた。美しく刈り込まれた芝生を見渡すと，草の生え方や水分の量によって反射する光の強さがあちこちでみんな違っていることに気がついた。そのことは，「明るいこと」とか世の中の

終焉へ向かう日々

「よいこと」などが, ある場所である人にとってははっきりとわかるが, また別の場所にいる人にとってははっきりとはわからないということとよく似ているように思えた。あるいは, 明るく輝いていた時期や薄暗い時期があったこれまでの自分の人生は, この広い芝生のじゅうたんが見る角度や光の加減でまだらのパッチワークのようになっているのと同じなのではないかというふうにも思えた。彼女は自分にこう言った。「神様が光で, その光が私の人生をいろいろに照らし出しているのだわ。明るく輝かせてくださった日々もあれば, 絶望するまで灰色にされた日々もある。でも, それはすべて1つの大きなことの, それぞれ一部分にすぎないんだ」。なおも芝生を眺めていると, それが次第に美しい緑の大きな広がりに見えてきた。それと同時に, 自分の人生も, あちこちが明るかったり暗かったりしても, 全体的に見れば同じように美しい大きな広がりに思えた。

　もう少し窓辺でそうしていたいという思いを残しながら, ベティはベッドに戻って腰を下ろした。そしてしばらく考えごとをしてから階段を下りた。その足音を聞きつけて, 娘たちが台所から出てきて, どうしたのかしらというように驚いて母を見ている。姉妹で1階までの残りの階段を下りるのを手伝い, 台所のテーブルのところへ腰かけさせた。テレサはすぐにお茶をいれるためにやかんを火にかける。「あんたたちに話しておきたいことがある」とベティは言った。2人の娘はちらりとお互いの顔を見て, 母の両側にそれぞれ腰を下ろした。

　「今日は朝からいろいろ大変な思いをしてしまったね」とベティは話し始めた。「ああいうことは今日で最後にしたいの。自分の人生はよい人生だったと思っている。本当に満足しているよ」

　娘たちは母がさらに先を続けるのを待っていたが, ベティはおごそかな様子で2人の顔を交互に眺めていた。姉妹は困惑して, お互いに顔を見合わせている。

　「どういうことなの?」とローラが尋ねた。「これまで, よい時も悪い時もあった」とベティは言った。「それは神様がそうなさったからなの。私はそ

第九章

れを受け入れる」

「それで?」とテレサが言った。ベティは答えた。「それでね,もうこれ以上,化学療法や放射線療法を受けたくはない。自然にまかせたいの」

娘たちは身じろぎせずにじっとしていた。やがて笛吹きやかんが鳴り出して,テレサは席を立って火を消し,テーブルに戻ってきて腰を下ろすと,母に向かってぶっきらぼうに言った。「そんなことさせられないわよ」

ローラが静かな声で言った。「それは母さんが決めることよ。そうしたっていいはずだわ」

テレサは妹の言葉を無視して母に言った。「母さんらしくないわ。諦めないのが母さんでしょう。そんなこと,神様はお望みじゃないわよ」

長いこと黙っていた後で,ベティは言った。「この頃,神様をとても近く感じる。神様がそう望んでいるように思えるんだよ。それに,自分がそうしたいの」

ベティがそう言った後に再び沈黙が流れた。テレサが泣き出して「私には耐えられないわ」と言った。ローラは「私たちみんなそう思っているわ。これ以上,母さんを辛くさせないで」と言った。テレサは怒りを含んだ声で,「あんたは最初からうらめし気な顔をして,口を開けば悲観的なことばかりだった」と言う。ローラは「そんなの言いがかりよ」とすぐに言い返した。

「やめなさい」とベティが無愛想な表情で言った。まだ女家長としての母は健在だった。「喧嘩をしても何もよくならないよ。私がこういう決断をしたことで,あんたたちはお互いに助け合っていかなければならないだろう」

テレサはさらに激しく泣き出す。声を振りしぼるように「ちょっと失礼」と言って彼女が席を外し部屋を飛び出して行くのを,ベティとローラは止めようとせず,ただ見守っていた。

ローラにとってその後の数週間は,毎朝テレサの家へ車を走らせる間に木立と道路標識が目に映っては消えるような感じで,曖昧な経験としてしか思い出せなかった。ベティが治療を打ち切ることを決めてからというもの,母の周りでは時間がとても早く流れるようになり,すべてのことが急激なス

ピードで進んで行くようになった。ローラは悩み疲れきり，いろいろなことが自分の手に負えなくなってきていると感じた。

　がん専門医との面会はそれなりにうまく運んだものの，全員が完全に納得できたとはいえなかった。ベティが，これ以上の治療を望まないと医師に告げた時，彼は明らかに身を強ばらせ，彼女がどのようにその判断を下したのか詳しく問い始めた。しかし，10分以上かけてもベティの意志は変わらないことがわかったので，医師も最後には諦めてかすかな微笑みを浮かべ，「もし気が変わったらまた来てください」と声をかけた。

　ベティは医師にこれまで世話になった礼を述べ，娘たちも同じように医師に謝辞を述べた。3人が診察室を出る時，それまで微笑んでいた医師の表情が一転して悲しみに変わった。それを見て，ローラは彼が最善を尽くして母の治療にあたってくれたにもかかわらず，それに逆らう母の味方をしてしまったことに罪悪感を持った。彼女としても，治療を続けたいという医師の熱意に逆らうことなく，できることなら母の命を助ける何らかの方法を見つけることで彼のこれまでの努力を認めたかったのである。彼のあんな悲しみの表情を見てしまうと，母が下した決断が本当に正しいことだったのかどうか，ローラにはさらに自信が持てなくなってきた。

　ベティが決断を下した日，テレサが取り乱した時から，ローラはまた姉が興奮して怒り出すのではないかと様子をうかがってきたが，姉はすぐに落ち着きを取り戻し，母の介護にどうあたるべきか，これまで以上に確信をもって行動し始めた。母が言うには，姉は何度か夜に母の寝室にやって来て，どんな方法でもかまわないから，もう一度がんの治療を再開してほしいと懇願したようだった。

　高速道路を出て減速しながら，ローラは母の死を考えて悲しい気持ちになりながらも，姉の強い態度に負けずに自分の主張を通す母に感心していた。しかし，それにしても，母が治療を打ち切って死ぬという特権を行使することによって，自分の人生を自分でコントロールしようとしていることは皮肉としかいいようがない。ローラは，意志を強く持とうとする母の努力に対して感動の念を覚えていた。それと同時に，がんが母の脳や肺やあちこちの内

臓に広がっていくことを想像し、強い吐き気を催した。

　テレサの家についたローラが、鍵のかかっていないドアから入って行くと、姉が肩を丸めて無気力そうな様子で台所のいつもの椅子に座っていた。そして疲れきった声で、「母さんはまだ眠っているわ」と聞かれる前に言った。ローラはカウンターの端に置かれていた朝刊を取り上げて、テーブルのところに座った。どちらもほとんど口をきかない。実際のところ、ここ何週間も話をしていなかった。少しばかりぎこちない沈黙が続くのは、母がどうすべきだったかということについて互いの意見が一致しないからだということは、2人ともわかっていた。そして2人とも、今さらみにくい言い争いにつながりかねない話を始めたくはなかった。いずれにしても、もはやできることといえば、待つことだけだった。ローラは興味もなさそうに新聞の1面の見出しに目を通していた。テレサが急に立ち上がって、「ちょっと用足しをしてくるわ。2時間くらいで戻るから」と言った。妹は黙ってうなずき、また新聞に目を戻した。

　テレサがドアを閉めて出かけると、家の中はしんとして、ローラは少し気味悪く感じた。彼女は新聞を置いて、やれやれと言いながら茶しぶのこびりついた1週間分のマグカップでいっぱいになったシンクを片づけにかかった。それが済むと、あまりよく考えずに、つま先立ちで階段をのぼり、母の寝室のドアをカチャリと開けた。母は透かし編みの掛け物の下で横向きになり、まるで子どものように静かに無防備に眠っていたが、骨ばってやせ細っている様子はまさに老婆であった。ローラは、あの生き生きと元気だった頃からなんと変わり果ててしまったことだろうと考えながら、母を見つめた。ローラがいることに気づいたように、母は突然目を見開き、なんとか起き上がろうとした。「起こしてごめんなさい」とローラは言った。母は部屋を見回して混乱した様子であった。「母さん、大丈夫?」と尋ねると、母はうなずくが、目はまだ焦点が合っていない。やがて、しわがれた声で「今は夜?」と尋ねた。

　「いいえ。まだお昼になってないわ」とローラは答えて、ブラインドを開

け，外の明るい光を入れながら，「ほら見て」と言った。そのとたんに母は仰向けになって腕で目を覆い，「私は，まだ……，まだ……」と言った。

「母さん，何?」とローラは尋ねた。脳で増え続けるがん細胞のせいで，この頃，母は言葉を探しあてるのに時間がかかるようになっていた。「まだ，何?」

母はうつむいた姿勢のままで答えない。「まだ，寝るの?」とローラが重ねて尋ねると，母は「ええ」と言った。ローラはブラインドを下ろして，急いで部屋から出た。

台所に戻った時には，もう彼女は泣いていた。手に負えないほど元気で口うるさかった母がこんなになってしまうのを目の当たりにするのは，耐えがたいことだった。テーブルの場所にどっと腰を下ろし，父が亡くなった時と同じで，これからさらに辛いことが起きるのだと彼女は考えていた。

それから2カ月半が経った。テレサは台所で受話器を握りしめ，興奮気味にホスピスの看護師と話している。「でも，10時までに来てくれると言いましたよね？ 母の体を拭いて，着替えさせてやらなきゃならないんです」

そう言うと，ガチャンと受話器を置いた。ばかばかしいにもほどがあるわ，と彼女は考えていた。看護師は1週間にたった1回か2回しか来ないし，それだっていつも2時間近くも遅れてくるなんて。赤の他人，それも約束を守れないような人間を家に入れるなんて，いったいどんなメリットが誰にあるというのか。けれども，開業医も妹もホスピスが一番だと言って譲らないし，ベティも黙って従っていた。そのことに反対しないのがテレサにとっては精一杯の努力だった。それでも，クリストファーが主張するように施設に入れるよりは，この方がましだった。一番しゃくにさわるのは，テレサにとってはあり得ない選択である在宅ホスピスケアを受け入れざるを得なかった。しかし，看護師もソーシャルワーカーも，誰も彼もが仕事が遅いし，妹もこの頃はあまり顔を見せなくなったので，結局，母の世話をほとんど自分がするはめになっていることだった。

台所を出る前に，テレサはカウンターからウェットティッシュの入ったプ

第九章

ラスチックの箱とベビーパウダーを取り上げた。今では，灰色のすべすべした手すりのついた大きな病院のベッドを居間に置いて，母はそこで寝ている。かつてちょっとした自慢だった居間が，今では点滴用の金属の柱が立ち並び，医療用チューブや金属のトレイ，シーツ，タオルや白衣が散らばった，まるで小さな外科室のようだった。ベティは娘が部屋に入ってくるのに気がついたが，何も言わない。ベッドの足もとの可動式の台の上に置かれたテレビでは朝のトークショー番組を放送していたが，音は消されている。うつむいた姿勢の母は，首の下にしわがたまり，頬がこけ，体重もだいぶ減ったことが一目でわかった。「気分はどう？」と娘は尋ねた。やや間があってから，「いいよ」と母が弱々しく答えた。母の声がくぐもっているのは，ホスピスの看護師の指示で2，3時間おきに痛みを抑えるモルヒネを処方しているために意識がもうろうとしているか，麻痺したように眠っている状態になっているからだ。「何か食べる？」とテレサは尋ねた。同じように少し間があってから，母は首を振った。何週間か前までは，母が食事をしないのを自分の作ったものを食べたくないと拒否されたように感じていたが，ホスピスの看護師にもらった教育的に書かれたガイドブックを読んで，食欲がないのは薬のせいであり，口に入れたものはすぐに便秘を起こすということを知った。母にとって，食べることばかりでなく，何もかもがもう喜びをもたらしてくれるものではなくなってしまった。テレサにとって，そのような状態の母を見ることは非常に辛いことであった。今の状態は，母が母自身にとって最善の選択をした結果として起きていることなのだと自分に思い出させることによって，何とか耐えていた。

「看護師がいつ来るのか，全然わからないの」とテレサが説明した。「だから，おむつを取り替えてしまいましょうね」と言うと，母の目に不安の色が浮かんだ。脳の障害と衰弱によって母の平衡感覚はかなり失われてしまい，室内便器を使うことが困難になったので，この3週間ほどは使い捨てのおむつを使っていた。おむつを使うことは母の自尊心を傷つけ，娘にそれを取り替えてもらうことは屈辱とすら感じられた。テレサがシーツと毛布をはがすと，母は痛みを感じたかのように身を固くした。テレサはそれに気がついて，

母の肩にやさしく手をかけて「わかっているわ，大丈夫よ」と言った。母は少し体の緊張を解き，娘はお尻拭きとベビーパウダーを使って，やるべき仕事をした。万能だった母がこのように衰えてしまったのを見るのは娘にとっても辛いことだったが，この仕事を避けて通ることはできない。孫たちのおむつを替えるのと同じことよ，と彼女は自分を納得させていた。仕事が済んで，シーツと毛布をもとに戻してやると，母は目に涙をためて，「ありがとう。あんたには感謝しているよ」とゆっくりと言った。テレサは感情のこもらない様子で，「わかってる」と言った。

手を洗うために台所へ向かう時になって，テレサの目から涙が溢れ出した。悲しみのためでもあったが，母を助けることができない無力感にもさいなまれていたからだ。時計を見てため息をついたのは，母の容態をチェックし，モルヒネを補充することになっている看護師が電話で再度約束した時間よりもさらに遅れそうだとわかったからだ。それにローラはどこにいるのか？ もうすぐ正午だったが，妹からは何の連絡もなかった。テレサは受話器を取り上げ，短縮ダイヤルを押した。そして妹が電話に出るなり，「いったいどこにいるの？」と詰問した。

ローラはすぐに守りの体勢に入り，「行くわよ」と苛立ちを含んだ声で応えた。「ちょっと用事があったの」。「もちろんそうでしょうよ」とテレサは皮肉っぽい口調で言った。「私が言っているのは今朝のことだけじゃないの。この頃あんたはどこにいるの？ あんたが言い出してホスピスケアにして以来，前のように手伝ってくれなくなったじゃないの」。ローラの最初の衝動は，それを否定することだった。「そんなの言いがかりよ」と彼女はお決まりのセリフで声高に反対を唱えた。けれどもテレサがそれには応えず，2人の間に沈黙が流れると，ローラには罪悪感が湧いてきた。母の病状が進むにつれ，姉の家に行くのがどんどんおっくうになってきていたことに気がついたからだ。「確かに，ちょっと足が遠のいていたかもしれないわ」と少し声を和らげて言った。「でも，母さんの今の状態は見るにしのびない」

テレサはとげのない静かな声で，「あんた，前に言ってたわね。『それはみんな同じよ』って」と答えた。ローラは何も言わない。テレサは続けてこう

第九章

言った。「あんたが私よりも繊細なのはわかっているわ。あんたがまたうつ病になっても困るし。でも、母さんも私も助けが必要なの。母さんはもうあまり長くはないと思う」

ローラは諦めて、「わかったわ」と言った。少し間を置いてから、彼女は悲しそうに言った。「この気持ち、いったいなんて言えばいいかわからない。母さんがこんなひどい目にあういわれはないし、私たちだってそうだわ」

テレサが何か言いかけたが、それをさえぎってローラが続けた。「姉さんが私の気持ちをわかってくれているのは知っているわ。気づかってくれてありがとう。姉さんに全部を押しつけたくはない。1時間後にそちらに行くわ。でも、もしかしたら2時間かかるかも。これからもっと手伝いに行くようにするから」とローラは短く答えた。「いいわ」とテレサは言った。

数週間後、看護師は姉妹に、母の最期の時が近づいているように見えると告げた。母の呼吸は浅くなり、眠っている時間は長くなり、目覚めている時でも意識がひどく混濁している。これは、痛みを和らげるためにモルヒネの処方量を増やしたことも関係しているのかもしれないが、看護師が力を込めて言うには、尊厳ある死は苦しみを伴うべきではないとのことであった。看護師の予測に従って、娘たちは2人のどちらか、あるいは夫や娘たちの誰かが必ず母に付き添って、24時間体制で見守りができるように取り計らった。彼らは、神様が母をひとりで旅立たせないように祈った。

居間に置かれた病院のベッドに眠っている女性に、かつてこの家族のエネルギー源だった女家長の面影はない。母は治療をやめてから生えてきた銀髪が不揃いになっている頭を灰色の手すりにもたせかけて、ほぼ一日中ベッドに横たわっていた。肌は青白く、しみが浮いており、口角にはつばが貼りついていた。体に巻きついた古いパジャマにも大きなしみがついていた。ローラには母の変わりようがとても信じられなかった。彼女の中で、母は死んだも同然であった。これまであんなに苦労して母の介護をしてきたことも、今となっては結局、母が死ぬ前に苦しむのを見るためだったようなものだと思った。何だかだまされたような気がしていた。姉ももしかしたら同じよう

に感じているのかもしれないが、彼女はシーツを換えたり、見舞いや手伝いに来る家族のために食事を作ったり、ホスピスケアの看護師に連絡を取ったりと忙しく立ち働くことで、自分をずっと守っているようであった。

その日、ベティは5、6週間ぶりに意識がはっきりした状態になった。痛みは小さくなり、モルヒネの処方もそれだけ少なくなっていた。ローラが朝やってきた時には、母はベッドに上半身を起こして座り、テレサが支えるストローから冷たい水を少しずつ飲んでいるところだった。ローラが入って行くと、母はストローを吸うのをやめて、彼女の方を向いて弱々しく微笑んだ。本当に久しぶりのことだった。ローラは枕もとに近づいて母の手をとった。母はその手を軽く握って、テレサの方を向いて彼女にも微笑んだ。2人が母の顔をのぞき込んでいると、母は何か言おうとしたが、衰弱がひどく、声にならない。けれども「ありがとう」、そして「愛している」と言ったことは、口の動きからはっきりとわかった。母の口はわずかに動いた。「父さんのところへ行くよ……」

それがベティの最後の言葉になった。その日の午後、ベティは昏睡状態に陥り、呼吸は次第に遅く、浅くなっていった。しばらくすると、呼吸に驚くような雑音が入り始めた。テレサがホスピスに連絡してそれを知らせると、看護師は最期が近いと告げた。娘たちは電話で家族を呼び集めた。クリストファーとブラッドが職場から駆けつけてきた。ほとんどの孫がそろい、孫たちの配偶者も何人かが来ていた。家族は居間や台所のあちこちに待機していた。呼吸が苦しいために、ベティの顔は強ばり、痛みを感じているようにも見えた。その様子を見るのは、家族にはとても辛いことであった。家族は、ベティが安らかに旅立てるということを誰かの口から聞いて、自分たちを安心させてほしいと願った。テレサはホスピスケアの看護師に指示されていたように、鎮静させることで痛みが強くなってきても苦しまないように、母の唇のすき間からモルヒネを1滴ずつたらして流し込んだ。夜になるにつれて変化が起こり始めた。呼吸はさらにゆっくりになり、顔の筋肉が緩んできた。夜の8時、ついにベティは大きく息を吸い込んで、とても長く思える時間を

第九章

かけてそれを吐き出した。

その後，彼女は息をすることはなかった。

その表情は穏やかだった。娘たちと孫たちは泣いていた。クリストファーが主の祈りを唱えた。ローラが斎場の責任者に電話をかける間に，テレサは大きなやかんを火にかけてお茶をいれた。

母の遺骸を引き取るために斎場から責任者が来るのを待つ間，2人の娘は居間に静かに座って母と過ごした。1年半にわたる介護が終わって，ローラは安堵と悲しみと極度の疲労とで体がしびれたようになり，数分おきに新しい涙がこみあげてきた。テレサは禁欲的ないつもの様子に戻っていた。彼女はしばらくすると立ち上がり，母の髪をとかし，額に残っているしわを伸ばそうとした。台所からは，「おばあちゃんが怒って私たちを教会からつまみ出したこと，覚えてる」と，娘たちの話し声や笑い声が聞こえてきた。

葬儀は数日後に教会で執り行われた。娘たちと家族は一番前の2列に座り，かつて両親が教会に来る時に必ず座っていた後ろの列には大きな盛り花が置かれていた。母は，「自分の葬儀の時には，10年前の父の葬儀の次第とまったく同じにしてほしい」と，何年も前に言っていた。賛美歌も聖書からの朗読も，何もかも同じにしてほしかったのだ。長い葬儀の間，2人の娘は母の死をいたむとともに，父を失った悲しみも新たに再体験した。けれども，今，心の中にあるのは悲しみだけではなかった。周りを見回せば，それぞれが自分たちの結婚式や，子どもたちの結婚式の時に，あの祭壇への通路を通ったことが思い出されていた。洗礼や堅信礼もここで受けたのである。この場所は，家族にとっての喜びと悲しみの象徴であり，命が受け継がれてきたことを思い出させてくれる場所であった。

式の後で墓地に入った時，ローラはなつかしい親族たちの墓碑を見て恐怖を感じた。祭司が儀式を続ける横で，彼女は姉の方に体を屈めてまじめな様子でささやいた。「私たちより年上の人たちは，もうみんな逝っちゃったわ。次は私たちの番」

テレサは怖がるどころか笑い出して，「結構ね。そろそろ休みたいわ」と

答えた。ローラも恐怖を感じたことがばからしくなり，微笑んだ。けれども，しばらくして棺が墓穴に下ろされる時になると，今度はテレサの方がぞっとして妹の方に体を寄せて言った。「私たち，孤児になったわね」

50歳も過ぎてから自分たちを「孤児」と呼ぶのもいささかばかげているとは思いながらも，ローラには姉の言いたいことがわかった。母が死んだのだ。お互い，ひとりぼっちである。2人の姉妹は互いにしっかりと体を寄せ合って，激しくすすり泣いた。2人の家族が，姉妹の周りをしっかりと取り囲んでいた。

どこまで先を見越して考えるべきか

Q 母は30年にわたって，徐々に衰弱が進む病気に罹っています。今では毎日のあらゆることに，父の手を借りなければなりません。この頃，私は将来のことを真剣に考えるようになり，母の障害がどこまで進むのだろうかと心配しています。母は完全に動けなくなるのだろうか？　父はどこまで介護に耐えられるだろうか？　父は母を私設療養所に入れることには絶対に賛成しないと思います。しかし，それでは父が参ってしまいます。2人のきょうだいも反対するでしょうが，私は未然に危機を防ぐことができるように，父のためにも母を療養所に入れるべきだと考えます。どうすればよいでしょうか？

A パーキンソン病，アルツハイマー型認知症，または特定の多発性硬化症など，慢性的で進行性の病気を患った時，患者の家族の多くは先のことをあまり考えたがらないものです。治療において病気の進行を遅らせるような奇跡が起きない限り，やって来る最期の絶望状態は考えるだけで気持ちが滅入ります。多くの患者やその家族は，闘病という旅のはじめ頃から中盤にかけては，1日単位で物事を考えるというスタンスをとることで，将来のことを心配するあまり自分たちが打ちのめされてしまわないように自衛的

に行動します。将来のさまざまな可能性について準備をするには、これからの道筋についての地図をある程度読みこなせることが必要です。しかし多くの人は、ワイパーのすぐ向こうにある道のでこぼこやカーブに目をこらすことを選択しようとします。

　ご両親がこのような闘病の旅を長年にわたって続けてこられたのを見ていたあなたには、他の家族よりもよりはっきりと、これからの長く、落ちていく一方の道のりの過酷さがわかっているのでしょう。今あなたが答えを出そうとしている疑問は、これまでも何度となくあなたが考え、解決を先延ばしにしてきた問題なのでしょう。もし、あなたが今、以前よりも強い緊急性を感じているとするならば、それがなぜなのか、まずは自分自身に問いかけてみてください。お母様の病状が悪化したため、最期の時が視野に入ってきたからでしょうか？　お母様の病気は段階的に進んでいるように見受けられます。お母様の許可を得て、かかりつけの神経科医に、5年先の予後について尋ねてみてはいかがでしょうか。もしかしたら、最期の時はあなたが想像しているよりもまだ先のことかもしれません。あるいは、お母様の介護にあたっているお父様の体力や気力が低下していると感じていることが原因でしょうか？　現在の介護のプランに無理がないかどうか、あなたやあなたのきょうだいに手伝えることがないかどうか、お父様に尋ねてみてはいかがでしょうか。

　もし、あなたのお母様が最期の時を迎えるまでにまだ時間があり、お父様がまだ介護を続けられるということであれば、あなたにできることは将来ではなく現在に焦点を当てることでしょう。将来については認識しつつ、それに浸りきらないようにしましょう。そうすることによって、この先どのようなことが待ち受けているかについて目をそむけることなく、ご両親自身の身の回りのことはそのほとんどをご両親に任せながら、あなた自身が不安にかられてしまうことなく状況に適応していくことができるでしょう。もし、ご両親の旅に終わりが近づいているならば、その場合はごきょうだいと話し合って、どのようにすればご両親が家族のサポートを受け入れてくれるようになるかを考える必要があるでしょう。手伝いなどの分担については、ご両

親に切り出す前に，きょうだいの間できちんと具体的な計画を立てておくのがよいでしょう。もし，ご両親が援助を拒否するようであれば，無理強いはせず，いったん提案を撤回して，しかし，いつでも再提示できるようにしておきましょう。もし，今すぐに必要ではなくても，あなたの家族の旅がもう少し先に進めば，また必要になることはあり得ます。

祖父のニーズと家族のニーズ

Q 祖父は最近，末期のがんであると診断されました。内科医は回復の望みがほとんどないと率直に話してくれましたが，祖父本人には真実を明かしませんでした。以前にがんを克服した経験があるので，今回も同じように治ると祖父は楽観的に考えており，今回は治らないかもしれないという可能性について話し合おうとしません。私たち家族としては，なるべく安らかに最期を迎えられるように，できるだけの支援をしたいと考えています。そのために祖父と予後についてきちんと話し合いたいのですが，どうすればよいかわからず混乱しています。この状況にどう対応すれば，祖父と家族全員のために一番よいでしょうか？

A 2000年に米国医療協会が作成した「エンド・オブ・ライフケア」という教育プログラムには，「悪いニュース」を患者に伝える際の医師の心得が書かれています。それによれば，患者がすでにどのようなことを知っているかをアセスメントし，何を知りたいかを尋ねた上で，患者が希望する範囲の中でのみ情報を伝えることがよいとされています。もし，あなたのお祖父様の担当医師がこの手続きを踏み，あなたのお祖父様が「希望を失いたくないので，あまり詳しく知りたくありません」と答えていたとしたらどうでしょうか？　その担当医師は，職業上の標準に基づいた倫理的な，専門家としての態度を取ったことになります。もし，その医師が勝手に何をどれだけ患者に伝えるかを判断していたとすれば，患者やその家族に危害を与えかねない行為であり，あなたやご家族はそれを追求するべきです。

ここでは，その医師が適切な行為をとったとして考えてみましょう。とす

れば、あなたが不満を抱いているのは、患者の希望やニーズは家族の希望やニーズより優先されるべきであるとしている、その「医師の心得」そのものに対してであるといえます。この「心得」は医学において、病気は患者のものであり、患者本人が情報や治療についての権利を持つという、臨床的かつ倫理的な考え方に即しています。「まず何よりも優先すべきは、（患者を）傷つけたり損なったりしないことです」という基本的な考え方は、ほんのわずかでも希望を持ち続けるという患者の特権を庇護し、同時に、包み隠さず話し合いたいという家族の希望を犠牲にする結果になることがあります（同じように、医学における守秘義務の倫理的な原則として、あなたのお祖父様が担当医に許可を与えない限り、担当医があなたやあなたの家族に、お祖父様の病状を伝えることもできません）。この50年ほどで医療現場の考え方は大きく変化しましたが、患者のニーズを最優先すべきであるという原則は揺らいでいません。ですから、あなたがどんな要求を出そうとも、その担当医の態度は揺らがないでしょう。

　ところで、お祖父様の差し迫った死についてどうしても話し合っておかなければならないことというのは、どのようなことなのでしょうか？　亡くなってしまう前に、どんなにあなたがお祖父様を愛していたかということを伝えたいということですか？　亡くなった後の法律的なごたごたを避けるために、話し合いをして事情を整理しておきたいということですか？　理想的には、このような事柄については、ホスピスケアの看護師やソーシャルワーカーの支援を得た上で、きちんと納得がいくまで話し合うべきではあります。しかし、そのような「きちんと話し合いをした上での死」が「安らかな死」であるとは限らないのではないでしょうか。質問をお許しいただけるならば、それは「誰にとっての」安らかさなのでしょうか？　あなたをはじめとするご家族にとっては安らかでも、お祖父様にとってはそうではないかもしれません。お祖父様はドン・キホーテのように、最後まで闘うことを選択されたのです。そうすることで自分を支えたいと希望されたのです。私の臨床的な経験からいって、事実に目をつぶって否定することが、いわゆる理想化された死の迎え方と同じくらい、死に対する適応の方法としては適切なことがあ

ります。これは一般化できることではなく、患者個人の心理的な素質によります。

　さて、もう一度、あなた自身のニーズについて考えてみましょう。私が提案するのは、あなたがお祖父様に直接、今の病状について本当に知りたくないのかどうかを尋ねてみることです。もし知りたいと言えば、最期の時が差し迫っていることを伝え、そのことをお祖父様が受け入れるための支援をしてあげてください。もし、知りたくないと言えば、その時はどうぞお祖父様の決断を尊重し、情報を押しつけないでください。その代わり、お祖父様にみんなからのお願いとして、これからのさまざまな可能性に基づいた準備のプランを立てることに協力してほしいと頼んでみてください。もし、お祖父様ががんを再び克服することができたら、再発を防ぐために家族に協力できることはあるでしょうか？　もしも、がんが長期にわたって慢性化し、障害を抱えることになったら、お祖父様は家族のどのようなサポートを希望されるでしょうか？　そして、もしがんとの闘いに敗れたら、家族はどのようにお祖父様の死を受け止めたらよいでしょうか？　予後についてではなく、さまざまな可能性を検討することによって、あなたやご家族はお祖父様との対話を進めることができますし、お祖父様もご自身が選択したやり方で最後の闘いを闘うことができます。

両親の住居の法律的処遇

Q　77歳になる父は、急速にアルツハイマー型認知症が進んでいます。私が考えるには、両親の名義である住居について、家族全員で法律的な話し合いをするべきタイミングだと思います。母は住居については父にすべてを任せてきましたので、今となってはどうしていいかわかりません。私としては、弁護士かファイナンシャル・アドバイザーを雇いたいのですが、父は外部の人間のアドバイスを信用しようとせず、弁護士が大嫌いです。この話を持ちかけると父は必ず怒り出し、母が間にはさまってしまいます。もし、私が自分の考えを押し進めて、弁護士かファイナンシャル・アドバイザーを頼んだとしたら、両親の協力は得ら

れず，父はさらに怒って被害妄想的になると思います。両親にどのように話せばよいのでしょうか？　取り返しがつかなくなる前に，何をするべきでしょうか？

A これは家族の問題として非常によく見受けられるパターンであり，病気になる前に生前遺言などの準備をしておきさえすれば避けられるはずのトラブルです。今の時点で，家族が神経過敏になっているお金や老い，権力などの問題があちこちに地雷のように埋め込まれた場所をつま先立ちで渡ろうとするなら，あなたが行ってはいけないことが2つあります。1つは，自分の判断で法律や財政に関する専門家を雇うということです。ご両親とごきょうだいは，あなたが力ずくでこの問題についての発言権をもぎとろうとしていると感じ，あなたの敵に回ってしまうだけです。2つ目は，お父様に強要して，お父様の意思を書類に残し，サインさせようとすることです。そんなことをすれば，アルツハイマー病の典型的な症状である妄想に火を注いでしまうことになります。

　そうではなくて，あなたがすべきことは，ゆっくりと時間をかけて家族の意見を取りまとめることです。私があなたの立場なら，まずきょうだいに働きかけます。あなたのごきょうだいは，進行性で身辺自立ができなくなるお父様の病気の性質について，あなたと同じくらい理解していますか？　もしそうでないなら，医師同席のもとで家族会議を開き，医学的に見たお父様の現在の病状について，全員が共通の理解をもてるようにしましょう。さらに，あなたのごきょうだいは，もしお父様が自分の意思を書類に書き残す前に判断能力を失ってしまったら，どのような法律的，財政的な問題が派生するかについてはわかっていますか？　もしそうでなければ，ソーシャルワーカーとの会議を開いて，どのような問題が心配されるかについての相談をしましょう。そのような問題には，お父様が亡くなられた後に収入が減少することや，お父様名義の不動産が遺言検認裁判所にかかってしまうことなどが含まれます。

　ごきょうだいの理解が得られて，行動を取るべきタイミングであるという点で意見が一致したら，次はお父様は同席せず，きょうだい全員とお母様と

で話し合いましょう。これまで夫に特権を許してきたお母様ですが、夫の判断力が障害されてしまっていることは、おそらく気づいていらっしゃるでしょう。お母様があなた方に必要としているのは、理論的な根拠と、夫に代わって判断をするための支援です。ここでのもっとも重要な理論的根拠とは、今の時点で法律的な問題を解決することによって、ご両親が他人から邪魔されずにご自分たちの生活の主導権を握りやすくなるということです。あなた方きょうだいが、遺産のことではなく、ご両親のことをより心配しているのだということを注意深く説明してください。あなたが心配しているのは、ご両親の幸せが危機にさらされそうになっているからだという前提を、お母様にはっきりと訴えてください。

　お母様が夫を交えた話し合いをすることに合意されたら、近親者だけの会議を開いてください。話し合いの際には、あなたが心配しているのは病気が進行しているお父様だけではなく、ご両親であるということを軸にするべきです。ご両親に、あなたときょうだいとしては、ご両親の希望が書類という形になることでとても安心できるということをお話しください。お父様は弁護士を雇うことに強く反対されているということですので、「5つの願い」という文章完成式のリストを活用するとよいでしょう。インターネットで取り寄せられる「5つの願い」（www.agingwithdignity.org/5wishes.html　日本語訳は「5つの願い」で検索）は、医療や治療に関係する患者の意思決定のためのもので、これまでに40万人もの米国人が利用して、医師や家族に自分の意向を伝えるのに役立てています。これは、法律的な書類につきものの難解な専門用語を使わずに書かれた単純明快な文章でありながら、米国のほとんどの州で独自に定められている法律的な条件をクリアしています。

　私としては、あなたが冷静に、ごきょうだいが一致協力して事にあたり、お父様にだけ今後についての責任を求めるのではなくお母様にもその責を負っていただくことによって、少なくともご両親がそれぞれ「5つの願い」を、必要ならあなたの手も借りながら書くことができればと願っています。将来の準備をするということへの突破口が開ければ、ご両親は次のステップとして、遺書を書いたり、財政的な計画を見直したり、遺産相続についての

必要な準備をすることができるかもしれません。

　もし，これらの作戦が裏目に出て，お父様が家族会議を開くという提案そのものにも強く反対されるようなら，その時はお母様が，自分の夫は正常な判断力をもうまったく持ち合わせず，財政やその他の大事な決定を下すことができないということの，明らかな証拠を目の当たりにすることになります。そのタイミングこそが，お母様がご自身で弁護士やファイナンシャル・アドバイザーなどの専門家を雇って実権を握る時です。その時，お母様はあなた方子どもたちの安定した後ろ盾をこれまで以上に必要とされることでしょう。

高く遠くに

Q 老いた母は病気のために，このところたびたび失禁するようになり，今後はおむつや入浴の介助が必要になりそうです。父はすでに亡くなっているので，母の世話は息子である私と弟の肩にかかってきました。私はできる限り母の世話をしたいのですが，保守的な家族なので，母の着替えや陰部を清潔にする行為などを手伝うのは，母にとっても私たちにとっても不自然で恥ずかしいのです。母の様子から恥じ入っているのがわかりますし，それを見てしまうと，こちらもどうしてよいかわかりません。フルタイムのホームヘルパーを頼む経済的余裕はなく，そうかといって，私たちの妻に，彼女たちが女性であるというだけで母の介護を頼むのは不公平です。母と私たちがお互いに快適に介護し介護されるような状況を作るには，どうしたらよいでしょうか？

A 家族介護において，失禁はしばしば最後の試練となるものです。清拭やおむつ交換をする段階になると，相当に献身的な家族であっても，介護を諦めてナーシングホームに預けるケースが多くなります。ですから，あなたと弟さんがお母様を在宅で介護することを諦めず，繊細な配慮をしながらなんとかこの状況を打開しようと努力されているのは素晴らしいです。残念ながら，この問題については一挙に解決は難しいのですが，いくつかの提案をしてみます。

- 多くの患者やその家族は、恥ずかしいという理由から、失禁の問題について医者に相談しようとしません。しかし、知識のある内科医や泌尿器科の医者ならお手伝いができます。デトロールや抗コリン作用性の薬を処方してもらえば、尿の保持力を高めたり、便秘を引き起こしたりすることができます。これらの薬は腸や膀胱の動きを完全に制御できるわけではありませんが、以下に述べる行動上の方法を併用することで、介護の軽減が期待できるかもしれません。

- 同じく恥ずかしいという理由から、おむつを使いたがらない患者が多く、介護する家族もそれを容認してしまうことが多いのですが、長期にわたって汚物の処理をして苦労するなら、おむつを使ったほうがましです。その必要性について、お母様とあなた方がすでに納得ずみであることはよいことです。

- 多くの病院などには、失禁の問題を抱える患者や家族のケアに詳しい医療スタッフがいます。こういったスタッフから、効果が期待できる薬の知識に加えて、それぞれの患者の状況に応じた食事や環境、行動面でのアドバイスをもらいましょう。たとえば食事については、消化の悪い食べ物を避けたり、食事や飲み物を夜はとらないようにして、夜中にトイレに失敗してしまうのを防ぐ方法を勧められるかもしれません。看護師に自宅を実際に見てもらい、室内便器やおまるなどを使って、お母様が寝ている時にも簡単に用を足せるように環境改善をするとよいでしょう。また、日中は2時間おき、夜は2回、必ずトイレに行って便座に座るということを徹底することによっても、失敗の数を減らせるとアドバイスされるかもしれません。最初からうまくいかなくても、看護師はいろいろな手を尽くして、なるべく失禁を防ぐ手立てを一緒に考えてくれるでしょう。

- フルタイムのヘルパーを頼むことが難しくても、1日に1、2時間なら頼めませんか？ 多くの家庭で、朝の排泄、洗面、着替えなどをヘルパーに頼んでいます。患者さんの多くは、このようなお手伝いの方に親しみを覚え（同じ人が継続的に来てくれるならなおさら）、身の回りの

衛生管理については羞恥心なく介護を受け入れることができるようになります。こういった直接的な介護で家族の負担を軽減できることは，患者本人にとっても喜ばしいことです。

- もし，このような方法を試してもうまくいかなかったら，場合によっては，あなたがお母様の下のお世話をすることになるでしょう。不快なことに感じられるかもしれませんが，あなたとお母様の絆を深めることにつながる可能性もあります。まず，お母様と弟さんとともに，今の難しい状況について話し合いましょう。お母様のお世話をしたいのは自分の意志で，お母様を施設に預けず自宅に置いておきたいからなのだ，と説明しましょう。どのような手順を踏めばあまり恥ずかしい思いをせずにすむか，お母様に尋ねてみましょう。あなたがお母様の世話を嫌がってはいないということを何度も繰り返し伝えましょう。お母様が世話をするあなたに丁重にお礼を言おうとする時は，そうさせてあげましょう。少なくともお礼を言えるということが，お母様の尊厳を維持する上で大切なのです。

このような方法を試すことで，多くの家族は時間をかけて，排泄の世話の問題をある程度までクリアしていきます。この問題は介護における最大の試練であり，想像力と繊細さと非常な忍耐を必要とします。あなたとあなたの弟さんが，お母様が生きる上で絶対不可欠な排泄に関わるお世話をすることは，至上の愛の証となるでしょう。

エピローグ

　母のお墓の横で，テレサとローラは抱き合いながら少しの間だけ泣いた。しかし，すぐに周りにいる家族のことを気にかけ始めた。泣いている夫や娘たちにティッシュを渡し，手を差し伸べた。埋葬を終えた後，一同はテレサの家に集まった。パーティーを行うのと同じように，ゲストを囲んで，飲み物を片手にニュースや噂話の交換を始めた。皆が驚くほど気を持ちなおしたのは，午後遅くなってからのことだった。ベティの死によって彼らは心を閉ざしてはいた。しかし，それぞれが他の人に焦点を当てることで，ベティの死後の恐ろしい日々を切り抜けようとしていたのだ。それはいわば，オートパイロットで飛行機を操縦するようなものである。

　　　　　　　　　　　　　🍀

　こういった反応は，家族で協力した介護の直後の余波としては典型的なものです。こうすることが，1，2年で訪れる「新しい日常」の感覚につながります。つまりは，心が落ち着くまでの長い道のりの第一歩になるわけです。前に，キューブラー・ロスの悲嘆における段階理論はそれ以降の研究からは支持されていない，ということを述べました。しかし，一般的な段階理論は，「個人と家族が時間を通してどのように変化していくのか」という潜在的

な道筋を考える第一歩として，いまだに有用性をもっています。その理論から，私たちは，介護がテレサとローラをどのように変えたかという彼女たち自身の考えを段階を追ってみることができます。時に，彼女たちは喪失感に苦しめられている孤児のように感じるでしょう。また時には，自分が王冠をかぶった女家長のように感じるでしょう。お互いの関係，そして彼女たちの人生における「家族」の意味は，よりよいものになっていくはずです。

数日間から数カ月にわたって続く初期の段階では，介護者であった人の内面は混乱状態にあるでしょう。悲しみが支配的な感情ですが，それに次いで罪悪感もまた強く感じられます。罪悪感にさいなまれるのは，自分が充分なことを行わなかったと感じるからであり，また，愛する人が亡くなったことによって，これ以上大変な世話をする必要がなくなったことに安心していることに対してです。悲しみや罪悪感が存在しない時には，たいていの場合，無感覚になっています——急に自分の生活が戻ってきたことにショックを受け，何をすればよいのか決めることができません。介護者であった人はしばしば，短時間の作業に没頭することで，感情が鋭敏になりすぎることを避けようとします。

テレサとローラは母が亡くなった後，仕事を逃避先にしようとしていた。母の身辺整理を1つひとつ行うことに数週間を要した。姉妹は，弔辞や花を送ってくれた30人の従兄弟たち，古い隣人，家族ぐるみの付き合いのあった友人，かつての同僚たちに謝辞の手紙を書いた。多くの返事に，「ベティはとてもやさしかった」と記されていたことはショックだった。2人にとって，母親は常に，やさしいというよりは厳しい存在だった。この認識の差は，他の人たちは母親の重要な部分を見ることができていたのに2人にはそれができなかったかのように感じられ，彼女たちを苦しめた。母はもう逝ってしまったのだから，もう二度と母の「やさしさ」を知る機会がないことに，2人は気づいた。

同時に，姉妹は母の所持品の分配を行った。母は，骨董品の陶磁器，銀食

器，古いハンドバッグ，スカーフ，宝石，お気に入りの本や絵といったものを誰が受け取るかについて，明示していた。はじめのうちは，この煩雑な分配処理に力が割かれていたため，2人は喪失の感情から気を紛らわせることができた。しかし，品々を回収するために母のアパートに出入りすることは，彼女たちの感情に大きな影響を与えた。母の家のカーペットや家具，衣装棚には，いまだにかすかな母の料理や香水，汗のにおいが残っていた。それはまるで彼女の存在がまだそこに残っているかのようだった。母のにおいは心地よくもあったが，一方で，母がまだ生きているような落ち着かない気持ちにもさせた。しかし，実際にはもういないのだということに気づかされ，作業に身が入らなくなり，鋭い喪失の悲しみに見舞われた。

　母の死から1カ月後，アパートから貴重品をすべて回収してしまうと，テレサとローラはアパートを完全に清掃して，売却してしまおうと決断した。

　彼女たちの夫は，残りの家具を片づけ，寝室のペンキを塗りなおし，カーペットを蒸気でクリーニングすることに協力的であった。しかし，いったん家を処分するという決定を下し，計画がまとまると，すべてが行き詰まった。突如として，アパートを空けることが母の人生を消去することのように感じられたのだった。2人には母が死後もアパートを維持してほしがっているように思え，すぐに狭いベッドや重い長椅子を部屋から運び出したりして，母の家を消滅させたくなかった。ローラは何かと理由をつけて一緒にアパートに行くことを避けた。テレサもまた，感情に圧倒されるまでの短時間，アパートでの作業に耐えられただけで，今ではすぐに退出するようになった。アパートを片づけることは，姉妹に悲しく，罪悪感に満ちた，終末的な雰囲気をもたらした。もしかしたら，私たちはもっと母さんを長生きさせることができたのかもしれない。母さんの愛した小さな世界を奪ってしまうことで，母さんを傷つけているのかもしれない。アパートを売りに出すのは合理的なことであるには違いないが，とても自分たち自身ではそれをすることができない，と姉妹は決断した。結局，2人はもっとアパートを整理したいという夫たちの提案を遠慮し，残りの物品を非営利団体に寄付し，アパートをできるだけ早く売却するようにと不動産屋に要請した。

この初期段階の後，介護経験者は数カ月から数年に及ぶ長期の，悲嘆と調整の時期に入ります。近親者はいまだに大きな悲しみを抱えていますが，支援してもらったり悲しみを表現したりする相手もいなくなります。墓所や教会において，彼らとともにあれほど深く嘆き悲しんでいた参列者たちは，踵を返して自分たちの生活へと戻っていきます。彼らは死についてこれ以上話すことを望まないだけでなく，死者について話題を出そうとするその家族を巧妙に避けます。結果として，介護経験者はしばしば孤独感を感じ，時には遠ざけられているように感じます。悲しみは彼らに静かにのしかかってきます。愛する人に対してさまざまな時期に行った，あるいは行わなかった事柄についての疑念が，彼らの頭の中を巡り続けます。怒りがこみ上げ，そして押さえつけられます。「ご自分の人生に戻ってください」という励ましや，あるいはもっと厳しく「そんなにネガティブにならないで」と言われずに，自分たちの感情を遠慮せずに出すことができる場所——肉親に先立たれた人への地域の支援団体，あるいはホスピスによって提供されるグループなど——で支援を受けるのはこの時期です。これらのグループで，自分の経験を再評価することによって，彼らは自身の悲しみにもっと「正常に」対することができるようになります。

　この段階はまた，介護経験者が，自身の人生の目標について再定義を迫られる時期でもあります。深刻な病状にある愛する人を世話していると，その家族には他の意義ある行為を行う余力がなくなるのが普通です。

　愛する人の死を経験した後では，単純に以前の人生の目的とリズムに戻ることは簡単ではありません。同様に，新しい人生における新たな目標を定めることもやさしくはありません。介護という大仕事に比較すると，他の事柄はいくら努力を要するものであっても，激しさと緊急性において，とても及ばないからです。この視点で考えると，家族介護を行った人の中に，介護中に感じていた自分の重要性の感覚を再び得るため，後に病気の家族のケアを行うボランティアに参加する人がいることが理解できるでしょう。

エピローグ

　中期の段階において，テレサはいくつかの葛藤を感じていた。彼女は亡き母をとても恋しく思っていた。夫が仕事や地下の書斎に行っている時，家はひどく荒涼として居心地の悪い場所のように感じられた。朝，目が覚めると，いまだに母のために朝食に何を作ろうかと考えてしまい，われに返って自身をたしなめるのだった。彼女は悲しみにとらわれることは好まなかったため，関心は他の方面に向けられた。最後までがんと闘うことを選択するよう母を説得しなかったことについて，周期的に罪悪感にさいなまれた。そして，母親に早く死ぬことを勧めていたのと同様のローラに対して，大きな非難の感情を抱いた。テレサは自分が妹と会ったり電話したりすることを避けていることに気づいた。ローラはしばらくの間は，テレサと一緒に昼食を食べたり，孫に会わないかと誘い続けていた。しかし，テレサは彼らといてもたいていは気分がすぐれず，満ち足りた気持ちにもならなかった。テレサは銀行の仕事から帰った直後でも，またこれから仕事にかかるかのような気分になるのだった。夫が結婚生活を再び活気づけるためにカリブ海に連れ出した時も，彼女は夫の努力をありがたく思ったものの，家に戻った時はいつもと同様にむなしく不安で，何をしたらよいかわからない状態だった。

　この段階において，ローラは姉とは異なる困難を経験していた。彼女もまた母親を恋しく思っていたが，同居してはいなかったために，母親は日常生活における不可欠な部分ではなかった。彼女が必要としていたのは，母の強さとしっかりした支えだった——それはローラが母親の死を乗り越えるために，今まさに必要な性質だった。しかし，母の強さに関することは，今はまったく思い出すことができなかった。母親のことを思い出そうとする時には決まって，蝋のように不自然に青白く，ベッドに頭を押しつけられた，人生の終わり近くの姿が思い浮かんだ。これらのイメージを頭から追い出そうとどれだけ努力しても，それは消去不可能で繰り返し再生されるビデオのように，頭の中でよみがえるのだった。恐ろしい記憶は仕事中も彼女の注意力

を奪った。夫と夕食を食べている時も彼女の心を占有した。数年ぶりに，しぶしぶ精神療法を受ける時になってはじめて，彼女は自分が外傷後ストレス障害に冒されており，正常な精神状態を取り戻すための技術を学ぶ必要があることを知った。彼女は，心的外傷に満ちた記憶とそれが引き起こす不安の激しさを和らげるために，6カ月の間，精神科に通うことにした。

　通常，死後半年から2年後にあらわれる最終段階では，初期に見られた強いショックと感情のいくらかは緩和されています。時の流れそれ自体は癒す力を持たないとしても，繰り返される日々の生活は，人生とはこのようなものだと人々を納得させ，また，まったく新しい航路に差しかかることで，過去ではなく未来に挑戦すべき目標が存在するのだと関心を向けられるようになります。愛する人の死に対する悲しみは依然として存在し続けるものの，それが弱まるにつれて，合理的に考えることができるようになります。「少なくとも彼女はもう苦しんではいないし，もうこの世にいないのだ」と介護者はよく口にします。悲しみの副産物である怒りも徐々に拡散していきます。罪悪感は心に浮かんだり消えたりしますが，最終的には，病気は不可避であり，神が不動の救済を実行しているのだという認識によって減少していきます。しかし，そうなってもなお，過去は無視できません。介護で経験した試練は，彼らの記憶の中で苦痛としてよみがえります。そして愛する者の死は，彼らの心の中でもっとも重要な事柄であり続けるのです。しかし，重要なのは，苦悩と喪失にとらわれることから，自分の家族を元気づけ生活を享受するために，介護とこれまでの人生から知恵を引き出せるように変化することです。

　このような変化を引き起こすために不可欠なことは，新たに人生の目標となる活動を見つけることです。ある人にとっては，介護に費やしていた時間を趣味にあてることかもしれません。愛する人がこの世に生きた証を残すことかもしれません。たとえば，死去した親族の残した庭木の手入れをするといったことです。また，より象徴的な方法では，亡くなった家族がこの

エピローグ

世界で光り輝き続けられるように，教会へろうそくの寄付を行ったりするかもしれません。または，愛する者が闘った深刻な病気を記憶にとどめるための計画を考えたり，活動に参加したりします。毎年行われるアルツハイマー病，糖尿病，がんの治療を祈る行進に参加したり，基金を集める昼食会を近隣で催したり，病気に関した教育プログラムを計画するなどです。あるいは，郊外の高齢者センターでボランティアを行い，家に引きこもっている病気の人々に車で食事の配達を行ったりするかもしれません。

介護そのものを支援する活動を探求している介護経験者もいます。彼らは政治的な主張を連邦および地方政府に対して行い，疲れ果てた介護者を一息つかせるための基金の割り当てを要求するなどしています。また，介護者の支援団体に所属し続け，よき助言者として，愛する人の深刻な病気という厳しい状況をはじめて経験している家族を支えている人もいます。あるいは，自分が介護していた時に周囲から支援を得たかどうかにかかわらず，親戚，友人，そして隣人たちの介護を，非常な努力をもって手伝うこともあります。

どのような活動を選択したかにかかわらず，それが彼らにとって，家族の介護から得られた経験を活用できる意味あるものであるならば，厳しい試練と喪失をよりよい何かへ転換するための助けとなるでしょう。新しい目標に向かって努力することで死の痛みを完全に取り去ることはできませんが，癒されはするでしょう。これによって介護経験者は，今までの経験を残りの人生の目標へと統合し，他者の世話をし，自身も成長し続けていくことが可能となるのです。

死別後の最終段階に入っても，テレサはまだもがいていた。仕事も結婚生活も，彼女のむなしさを埋めてはくれなかった。彼女はテニスをしようという夫の誘いも断った。何を始める気にもなれなかったからだ。彼女の心がはじめて揺り動かされたのは，隣に住む老紳士が転んで腰の骨を折った時だった。彼は昔，母とよくカードゲームをしていた女性と結婚していたが，現在は一人暮らしであり，テレサは少女時代から彼のことを少しだけ知っていた。

最初は，手術から帰ってきた時に夕飯の差し入れをするなど，善き隣人ならするであろうことをしただけだった。しかし，怪我のためと妻の不在によって，老紳士の家が家事やメンテナンスが行き届かずにめちゃくちゃな状態であることに気づくと，テレサは彼の世話をしないではいられなくなった。彼女は髪を縛り，掃除機を持ち込み，家の中の問題のある箇所をすべてなおしていった。勝手に青と白のペンキを買ってきて，壁をストライプに塗り替え，台所を修繕した。クリストファーには工具箱を持ってこさせ，玄関の鍵と浴室の窓枠の修理をさせた。老紳士はもちろん，とても喜び元気になった。それを知った時，テレサは母親の死以来はじめて，自分が満足感を感じていることに気づいた。

　それは，ショックということでなく，彼女の心からしばらくの間抜け落ちていた感覚を思い出させるものだった。テレサは，自分が他人から必要とされることを求めていたことに気づいた。この洞察は，彼女を少しの間立ち止まらせ，物事を再評価する準備をさせた。仕事をして，夫に食事を作ることは，自分の人生で本当にしたいことだろうか？　たぶんそうではないだろうと，彼女は確信した。彼女には，他者と，計画と，動機が必要なのだ。何かを達成し，それが認められた時に，最大の充実感を感じるのだ。テレサは，もしもここに母がいたら，彼女を後押ししてくれることもわかっていた。そんなわけで，テレサはいくつかの決断を下した。銀行での仕事時間を減らして，週2回，孫の世話をすることにした。そして，ほとんど毎晩のように老紳士を見に行った。そして，近所の他の高齢者たちのために，買い物や家事を引き受け始めた。

　テレサが母の不在を寂しく思わない日はなかった。時として，母が死んでしまったことを忘れ，階段の下から呼んでしまいそうになることもあった。しかし，他の人の世話をしていると，母が実際に存在しているかのように感じられるのだった。この決断によって，テレサの人生は生気を取り戻し始めた。「もう一緒に昼食がとれるわけじゃないけど」，テレサは冗談めかして言った。「悲しみに対する薬としては，これで何とかなるのよ」

エピローグ

　ローラはこの時期，まだかなりの葛藤を抱えていた。死が迫った母のイメージは，いまだに彼女の意識にのぼってきたが，以前のような迫真性は失われつつあった。同時に，母が精気に満ちて，威厳ある女性であった時の，より鮮明な思い出が浮かんでくるようになった——それは時として，ローラにとって威圧的に感じられていたものだったが。彼女が毎週通っているセラピストによれば，最終的な目標は，悲しみと正確な認識とのバランスを取ることだという。つまり，もっとも苦痛に満ちた終末期の記憶にとらわれるのではなく，母親の人生のさまざまな時期における思い出を自由に想起できるようになることである。これが少しできるようになると，ローラは，母親の人生における喜びと闘いを現実的に思い出すことに対して，さらなる一歩を踏み出せると信じられるようになった。

　しかし，死の床にある母のイメージが弱まっていくにもかかわらず，それとともにある罪悪感は残ったままだった。ローラは一方では，自分は母に人間的なこと——がんと闘うことをやめて，より平穏な死を選ぶことに賛成した——をしたと思っていた。しかし一方では，自分自身を守るために，単に厳しい試練を早く終わらせたかっただけではないかと疑う気持ちもあった。近頃，姉が自分をあからさまに避ける態度を取ることが，この恐れを強めていた。娘たちや姪から，正しいことをしたといくら言われても，姉の冷たい態度はそれ以上にローラの罪悪感を刺激するのだった。彼女は母親を失った。そして姉は母を失うことを望んではいなかった。

　ローラはテレサに電話して，この問題に向き合うことにした。「私が母さんの死を後押ししたと非難することで，姉さん自身の悲しみをごまかさないで」とローラは言った。「私が姉さんの主張に逆らって母さんの決断を支持したからといって，私を無視しないで」

　姉妹の話し合いは部分的な成功をおさめた。テレサは，痛みと怒りの感情を妹へ向けていることを認めた。姉はもうしないと約束したが，同時にまた，自分はそう感じてもしかたがないと思っていた。お互いの考えが一致していないことには同意し，意見の異なる点を話し合うために，もっと一緒に時間を過ごそうということになった。

この話し合いの後も,ローラは,母の死において自分が取った役割について,自己不信の念に苦しめられていた。そのような時,母親のホスピスケアの看護師から,遺族がうまくやっているかを定期的に確認するための電話がかかってきた。ローラは最初,「問題ありません」と答えたものの,母の死について罪悪感に悩まされていることを告白した。看護師は話を聞くと,「ご遺族の多くが同じような体験をしています。重要なのは,故人の意思を尊重することです」と述べた。そんなアドバイスは以前にも聞いたことがあったので,ローラは丁寧に礼を述べ,電話を切ろうとした。しかし驚いたことに,看護師から「ホスピスでボランティアをしながら,入院患者やそのご家族たちとそのことについてもっと話してみませんか?」と提案されたのだった。

　その提案はうまくいきそうもないように思えた。憂うつな感情に屈し,死床にある母親のイメージに苦しめられているのに,これ以上,自分をそのような環境に置くことはできそうになかった。彼女はこの提案についてセラピストに相談した。セラピストの考えは,ホスピスでのボランティアは症状を悪化させるかもしれないが,同時に逆説的ではあるが,他の介護者と共感を持って接する環境に自身を置くことで疑念を晴らすことができるかもしれない,というものだった。夫は少なくとも,それを試してみるべきだと言った。

　最初はうまくいかなかった。見知らぬ部屋に座り,肺気腫で死期が近づいている老婦人と大腸がんに侵された中年男性という,2人のホスピス入院患者と会話をすることは,母親に関する感情を強めさせた。母親がひどく苦しんでいるのに自分は何もできず,病院の壁をただ見つめている……,そんな恐ろしい悪夢に悩まされた。しかし,ボランティアを続け,支援している人々のことを知るにつれて,悪夢はおさまっていった。老婦人はとても丁寧で,やわらかな口調で話す人だった。彼女の娘はローラと同じ年頃で,ローラが以前そうだったように,その心は愛と落胆と罪悪感の混ざり合った状態にあった。中年男性の妻は,ベティのようにとても我の強い人だった。この2人の死に彼らの家族とともに直面することになっても,ローラの心は憂うつに覆い尽くされはしなかった。反対に,自分にはある種の堅実さ(強さと

エピローグ

いえるかもしれない）があって，それが自分と，人生の最期の時をともに過ごしている2人と，その家族とをつなぎとめているような感覚があった。おそらく，憂うつという感情とあまりにも長く闘ってきたために，ローラは悲しみをコントロールする能力を身につけることができたのだ。

それは，母や姉のようなみなぎる活力ではない。しかし，その能力によって，ローラは患者とその家族たちと，病気には屈しないという決心を共有することができ，最悪の時を潜り抜けることができた。

母の死から2年後。親の介護とその死を経験したことにより，姉妹は同じような教訓を得ていた。2人はがんにかかることを非常に恐れた。そして，それぞれ完全な生前遺言を作成し，自分が何もできなくなった時には，自分が何を望んでいるかがわかるようにした。2人とも長期保険に加入して，介護が必要になった時には，自分たちがしたようには子どもたちに介護をさせず，老人ホームに入居できるようにした。2人はしばしば，それぞれに母の墓を訪ね，そのたびに大声で自分たちの暮らし向きを報告し，いつでも一緒に話すことができたらどんなにいいかと語りかけた。

しかし，成人した姉妹なら誰でもそうであるように，テレサとローラの感じ方や考え方は非常に異なっていた。ローラはホスピスの仕事に自信を得て，1年後にはそれをやめ，そのエネルギーを孫たちの世話に向けた。それはまさに，母親が病気になる前にローラが計画していたことだった。テレサは妹とは対照的に，近所の高齢者たちとの関わりを広げつつあった。足を引きずった老紳士に対する小さな親切として始まった行為は，教会で組織されたボランティアによって，多くの高齢者に家の修理や食べ物，交流を提供するといった継続的な活動へと進化していった。ローラは姉に，年をとることの意味や，自分の介護についていかに家族に負担をかけないようにしているかを包み隠さず話した。テレサは長期保険に加入したにもかかわらず，将来は自分の世話をしてほしいと娘たちにほのめかしていた。テレサは最後まで両親を積極的に世話したし，現在は他の高齢者の世話もしている。それで，自分にもいつの日か娘たちに世話してもらう権利があると信じていたのだ。

家長であった母親の死によって、家族全体に大きな、本質的な変化が起こった。母親が存命の間は、母親が家族皆をつなぐ要であるとそれほど意識したことはなかった。母の死後、最初の感謝祭では、姉妹の娘たちの中には、例年のように祖母の実家に集まるのではなく、夫の実家へ行った者もあった。このことからも、家族が以前のようにはまとまっていないことがわかる。それは、母の死とは異なる喪失の到来だった。いつも祖母の眼差しに見守られていた従兄弟たちは、祖母がいなくなったことで徐々にばらばらになっていった。ひ孫世代になると、休暇に親戚中が集まるパーティーで互いに知り合うという機会が失われてしまった。

　しかし、そこにはある種の自由があった。母という支配的な存在がいなくなったことで、テレサとローラは自分たちが家族の長として振る舞う段階にきていることを感じるようになった。2人はそれぞれの家族メンバーに電話をして夕食会を計画し、家長として賑やかなテーブルにつくのだった。それぞれが家長の座を継承したことは、以前と同じようには姉妹で会えなくなったことも意味していた。それでも2人の絆はいまだに強固だった。2人は同じ親を持つ子どもなのであり、それ以上のことを共有する人間はこの世に存在しない。姉妹は自分たちの親の介護を行った。互いに協力して、両親に愛と励ましを与え、同じ時間を共有したのである。

監訳者あとがき

　最初にバリーにメールを書いたのは，2008年1月22日です。あの頃の私には，再生不良性貧血に罹患した母がいました。母が入院してから半年が経っていましたが，母の状態は改善するどころか，日々，衰弱していきます。そんな母の様子に，私はどこかで「死の影」を感じ始めていたのです。群馬の家に単身里帰りしていた私は，悲しみを追い払うかのように，依頼原稿や趣味の小説書きに没頭していました。

　ある晩，何かの啓示にように，私はスーザン・マクダニエルが言っていたことを思い出しました。「米国にトシと同じ人がいる」。しかし，もう私には名前が思い出せません。私は，関連するような書籍をネットで調べ，マクダニエルが推薦文を書いている本の著者バリー・J・ジェイコブスという名前を捜し出したのです。すぐにその本を注文し，バリーにメールを書きました。Hugする女性の写真を背景にした温かい表装の"The Emotional Survival Guide for Caregivers"がそれです。

　プロローグのバリーの父親との死別を綴った自己開示的な文章に心がつかまれました。英語の小説のような入り方です，あの当時の私は母の入院ベッドの横でバリーの本を辞書片手に読んでいました。

　「お前は英語が読めるんかね」と言う母に，「少しは読めるよ」と言った時，母はかすかに微笑んだ気がします。その日の夕方，主治医は高齢のために母には骨髄移植はできないと言ってきました。私は神奈川にある出身大学の附属病院に移送することを考えましたが，母はクビを横にふりました。そして10日後に母は亡くなったのです。

　当時，星和書店が翻訳を引き受けてくれました。
　翻訳チームは，私自身に加え，留学経験がありスーザン・マクダニエルと親交のある医師の3人，監訳者の同僚1人で構成しました。プライマリ・ケアと心身医学の面から医学生・大学院生の教育に携わっている釋文雄（東京医科歯科大学博士課程修了，心療内科医，筑波大学附属病院総合診療科勤務），

愛媛県八幡浜市で地域住民の精神医療に専心する近藤強（ロチェスター大学修士課程卒業，精神科医，現在は愛媛県チヨダクリニック勤務），都内総合病院にて心療内科医としてがん患者や認知症患者の家族を支援している山田宇以（徳島大学医学部卒業，心療内科医，聖路加国際病院心療内科勤務）と，カナダのゲルフ大学博士課程を卒業し，カナダと日本のきょうだい比較研究で博士を取得したエイムズ唯子（国際基督教大学卒業，高崎健康福祉大学准教授）です。

　2009年，バリーの誘いで，ペンシルバニア州の彼の家を訪ねました。彼は空港まで迎えてくれました。彼の家に泊めてもらい，私たちは親交を深めたのです。私の母もバリーの妻ジュリーの父も他界して1年後でした。私たちは亡き親の思い出を語り合ったりもしました。バリーは米国の介護の現状をたくさん見せようと，私をあちこちの施設に連れていってくれました。

　バリーと私は，介護者支援だけではなく，多くの共通点があることを知りました。私とバリーは同じ1959年に生まれです。私もバリーも二人兄弟の長男。二人とも，病人や障害者の家族に関心が向くきっかけとなったのはリハビリテーション施設です（私は，東海大学医学部付属病院リハビリ科で研修医時代から現在まで心理社会的観点のコンサルテーションを行っています）。そして，文学に関心があることも共通していました。私が執筆した『介護者と家族の心のケア』（金剛出版）も，エッセイ調の挿話を入れながら理解を深めていくという構成です。私の本とほとんど同じ時期に彼の本"The Emotional Survival Guide for Caregivers"が米国で出版されています。

　本書は，すんなりと出版されるかと思っていたのですが，とても難産でした。それぞれの先生の翻訳は早々に仕上がり，監訳者としての私の仕事も半分ほどは終わっていたのですが，出版事情などから，一時期，本書の進行は止まってしまったのです。

　出版業界には厳しい，本の売れない時代，もう本書はお蔵入りかと思ったり，監訳が悪いからかと思ったりして，諦めるようになっていました。2年

監訳者あとがき

前にバリーと再会した時に，私は「本は出ないかもしれない」と謝りました。しかし，バリーは「いいよ，いいよ」と寛容で，身振り手振りを交えて「それはこっちにおいて飲もう」と言ってくれたのです。

星和書店で編集者が近藤達哉さんにかわると本書は再び勢いを取り戻しました。

くしくも，母の七回忌の2月に監訳作業を再開したのです。リアルな描写が私の死別体験を刺激します。正直，辛い作業場面もありました。本書を読みながら，母の治療や介護についても，ああしていればよかった，こうしていればよかったと後悔の念が湧いたりもしました。しかし，再び監訳する作業で，私は母との死別体験を再び整理することもできたのです。

本書は，患者，家族の内的体験を詳細に記述した物語を軸に，がんの発病，介護，そして死別に至るまでの一連の過程が展開されています。ジャーナリスト出身のバリーが執筆に5年かかったというほど，患者や家族の体験記述，そして彼らの目にうつる情景描写は詳細で小説のように読めます。本書は，読み込めば読み込むほど，登場人物の体験がリアルに伝わってきます。相当に書き込んでいることが伺えます。

原著は一人称の物語ですが，バリーと相談し登場人物に名前をつけてもらい，三人称に変更しました。死期を意識し始める母親ベティの心情，介護する娘二人（テレサとローラ）の葛藤，そしてその配偶者たちとの距離感がじょうずに表現されています。私はバリー家の地下にある寝室に泊めてもらったのですが，登場人物の一人，テレサの夫で背の高いクリストファーはバリーを連想させます。

本書の読み方は人によって違うかもしれません。もちろん通読してもらいたいのですが，末期のがんのベティと娘たちの介護の物語だけ最初に追ってもらっても面白いと思います。死別へと向かう家族の心情がリアルに立ち上がる小説のように読めるはずです。

索引など活用したり，Q&Aを読んだりするのもよいかと思います。長い

期間，介護者の相談にのってきた著者のコメントはとても役立ちます。

　本書は読者の家族介護や介護者支援に役立つ以上に，読者の内的世界を刺激します。介護と死別という体験には多くの心理的やりとり，心理的葛藤があることを明確にしてくれます。そして，読者は，介護を受ける人，介護する人，それぞれに長い人生の物語があることを思い起こすことでしょう。また，読者自身の介護や死別にまつわる体験をもう一度，思い起こし整理する機会を与えてくれるはずです。

監訳者　渡辺　俊之

著者であるバリー・J・ジェイコブスと。

索 引

あ

愛する人への関心 …………… 166
あいまいな喪失 ……………… 123
圧倒的な感情 …………………… 40
圧力 ……………………………… 16
アドレナリン …………………… 26
アルツハイマー型認知症 …… 126, 281
哀れみの目 …………………… 109
アンビバレントな感情 ………… 18
家の名義 ……………………… 253
怒り ………… 40, 124, 154, 155, 177
行き詰まり ……………………… 96
医師-患者関係 ………………… 135
意志に基づく決定 …………… 106
「5つの願い」 ………………… 283
「今，ここ」 …………………… 167
医療技術的な要因 ……………… 23
インスタントメッセージ ……… 83
インターネット ………………… 52
うつ病 ……………………… 27, 241
運転 ……………………… 152, 153, 180
運動能力 ………………………… 32
エンド・オブ・ライフケア …… 279
遠方に住んでいる介護者 ……… 36
思い出す ……………………… 128
温情主義 ……………………… 135

か

介護技術 ……………………… 164
介護義務 ……………………… 164
介護義務の委任 ………………… 79
介護計画 ……………………… 194
介護者の病気 ………………… 178

介護者支援グループ …………… 47
介護ストレスに苦しむ一群 …… 22
介護戦略 ………………………… 78
介護付き住居 ………………… 180
介護への他の家族メンバーの貢献 … 59
介護理念 ……………………… 104
カウンセラー ………………… 47, 69
過剰な犠牲 ……………………… 31
過小評価 ……………………… 163
家族会議 ………… 79, 80, 194, 195, 282
家族介護カレンダー …………… 80
家族からのプレッシャー …… 125
家族関係 ………………………… 65
家族とその文化的背景 ………… 59
家族の分散化 …………………… 24
家族の歴史 ……………………… 46
悲しみ …………………… 262, 290
神とのつながり ……………… 217
感謝 ………………… 107, 108, 109
感情的支援 ………………… 77, 78
関節炎 ………………………… 32
儀式 …………………………… 262
犠牲 ……………… 20, 105, 115, 117
気づき ……… 166, 167, 168, 169, 170, 171, 181, 182
希望 …………………………… 137
虐待 …………………………… 207
共感 ……………… 77, 107, 108, 109
共通認識 ………………………… 58
恐怖 …………………………… 67
経済的責任 ……………………… 68
経済的要因 ……………………… 23
幻想 …………………………… 137

好奇心	88		231, 233, 237, 238, 239, 240
高度アルツハイマー型認知症	123	身体的な愛情表現	191
高齢者対策機関	69	身体的な虐待	208
高齢者の金銭問題専門の法律家	69	身体的な親密さ	199
告知	151	身体的な暴力	127
「心の棚卸し」	46	信念	115
個人的な価値観と期待	59	腎不全	96
骨関節炎	33	親密さ	191, 199
孤独	96	信頼できる友達	47
言葉による虐待	207	スピリチュアリティ	218, 219, 220,
コミュニケーション	53, 75, 93	221, 222, 227	
昏睡	123	スピリチュアルな考え方	217, 219
コントロール	134	性生活	205, 207
		生前遺言	252, 282
さ		性的な障害	199, 200
罪悪感	40, 62, 68, 81	セックス	191, 200, 201, 206
サポートグループ	97	セックスセラピー	201
支援を得ること	106	説得	86
自己認識	45	専門家による介護支援	79
支持	107, 108, 109	相続	252
自主性	178	尊厳	34
自尊心	62		
失禁	284, 285	**た**	
姉妹の関係	211	代替医療	241
社会的理想	24	多発性硬化症	92, 192
宗教	46, 219	段階理論	287
宗教従事者の指導	229	チャットルーム	80
宗教を通じた仲間	230	長期介護	27
十代の介護者	119	罪の意識	35, 62
集団思考	150	手紙	83
情報	53, 54	適切な犠牲	31
自立	152	敵対同盟	124
神経学的な原因	177	同意	86
神経学的なダメージ	176	統合的療法	242
神経心理学的介入	207	透析	96
信仰	217, 220, 221, 227, 228, 229,	道徳観念	46

な

- ニーズ ……………………………… 32
- 日記 ………………………… 168, 170
- 認知機能低下 …………………… 155
- 認知症 …………………… 126, 180
- ネット上の討論グループ ………… 47
- 脳卒中 …………………………… 176
- 脳損傷 …………………………… 123

は

- パートナーシップ ……………… 136
- 判断能力 ………………………… 154
- 悲嘆 ……………………… 40, 290
- 否定的コーピング ……………… 220
- 否認 ……… 134, 149, 151, 163, 166, 181
- 病気について詳しく知る ………… 51
- 病気になった愛する人との関係性 …59
- 病気の性質 ……………… 51, 57, 59
- ファイナンシャルプランナー …… 69
- 不安 ………………………………… 40
- 夫婦関係 ………………… 183, 184
- 不眠症 ……………………………… 26
- 分割 ………………………… 86, 87
- ヘルニア ………………………… 208
- ヘルパー ………………………… 68
- 法的問題 ………………………… 154
- 補完的療法 ……………………… 242
- ポジティブ ……………………… 143
- ポジティブ心理学 ……………… 143

ま

- マインドフルネス ………… 167, 168
- 慢性的な痛み …………………… 121
- 慢性疼痛 ………………………… 121
- 「3つの"C"」 …………………… 154

索　引

- メール ……………………… 83, 84
- 「メッセンジャーを撃つな」 …… 150
- メモ ……………………… 49, 93
- 免疫系が障害 …………………… 28
- 燃えつき ………………………… 95
- モーニング（喪） ……………… 261
- 目的意識の支持 ………………… 87
- 目的の支持 ……………………… 86

や

- 役割 ………………… 34, 58, 61
- 「病を本来の場所に置く」 ……… 194
- 「用心深い楽観主義者」 …… 145, 146
- 腰痛 ……………………………… 26
- ヨガ ……………………………… 170
- 「予期される喪失」 ……………… 262
- 抑うつ状態 ……………………… 27

ら

- リスクの分散 …………………… 232
- 理想主義 ………………………… 105
- リラクゼーション ……………… 169

わ

- 私たち自身の家族経験 ………… 104

●著者紹介

バリー・J・ジェイコブス（Barry J. Jacobs Psy.D.）

　バリー・J・ジェイコブス氏は，深刻な健康問題に対応しているカップルや家族のために仕事をしています。テンプル大学，ペンシルバニア大学，ワイダー大学で教職員資格を有し，ペンシルバニアのスプリングフィールドのクロザーキーストーンの家族医療研修プログラムにおける行動科学のディレクターを務めています。

　バリーは，"Village Voice"誌や他の出版物に広範囲にわたって執筆発表を続けてきたジャーナリストです。現在の彼はTake Care（全米家族介護者協会の季報のニュースレター）にアドバイス・コラムを書き，In Sickness & Health というコラムを"Families Systems & Health"誌で編集しています。さらにwww.emotionalsurvivalguide.comというウェブサイトを公開しています。

　バリーは，ペンシルバニア州のSwarthmoreに在住で，妻と2人の子どもたちと住んでいます。

● 監訳者紹介

渡辺　俊之（わたなべ　としゆき）

監訳／翻訳：プロローグ，エピローグ，第一章
東海大学医学部卒業（1986 年）
高崎健康福祉大学健康福祉学部社会福祉学科教授，精神科医，日本精神分析学会認定精神療法医，同認定スーパーヴァイザー，日本家族研究・家族療法学会認定スーパーヴァイザー，日本家族研究・家族療法学会第 10 代会長
著書：『ケアの心理学』（ベスト新書，2000 年），『介護者と家族の心のケア』（金剛出版，2005 年），『ケアを受ける人の心を理解するために』（中央法規出版，2005 年），『介護家族という新しい家族』（現代のエスプリ，編著，至文堂，2003 年），『介護はなぜストレスになるのか』（現代のエスプリ，編著，ぎょうせい，2009 年），『バイオサイコソーシャルアプローチ』（渡辺俊之＆小森康永著，金剛出版，2014 年）など

● 訳者 ───────────────────

山田　宇以（やまだ　うい）

翻訳：第二章，第三章

徳島大学医学部卒業（2000年）

聖路加国際病院心療内科医幹，元サンディエゴ大学大学院夫婦家族療法プログラム研究員，日本心身医学会認定専門医・指導医

訳書：J・パターソン著『家族面接・家族療法のエッセンシャルスキル　初回面接から終結まで』（共訳，星和書店，2013年），C・L・バーミンガム他著『摂食障害の身体治療　チーム医療の実践を目指して』（共訳，南山堂，2011年）など

近藤　強（こんどう　きょう）

翻訳：第三章，第四章

岡山大学医学部卒業（1994年），ロチェスター大学医学部精神科家族療法修士課程卒業（2010年）

チヨダクリニック　精神科医　家族療法修士

著書：『家族療法の現在　現代のエスプリ』（共著，至文堂，2005年），J・パターソン他著『家族面接・家族療法のエッセンシャルスキル　初回面接から終結まで』（共訳，星和書店，2013年）

釋　文雄（しゃく　ふみお）

翻訳：第五章，第六章

東京医科歯科大学大学院博士課程修了（2005年）

筑波大学附属病院総合診療科，医学博士，心療内科専門医

論文："Measuring the Effects of Zen Training on Quality of Life and Mental Health Among Japanese Monk Trainees: A Cross-Sectional Study" (Journal of Alternative and Complementary Medicine, 20(5); 406-410, 2014)，「日本と米国における心身医学的教育の比較」（日本心療内科学会誌, 18; 3-1, 2014）

エイムズ　唯子（えいむず　ゆいこ）

翻訳：第七章，第八章

国際基督教大学卒業（1992年），ゲルフ大学大学院（カナダ）家族関係および応用栄養学専攻博士課程修了（2004年）

高崎健康福祉大学健康福祉学部社会福祉学科准教授，家族関係学博士

著書：L. Kuczynski et al.（編）"Handbook of Dynamics in Parent-Child Relations"（共著，Sage Publications, 2002年），『きょうだいの育て方　日本流・カナダ流～文化心理学で読み解く親業』（同時代社，2014年）

がん告知　そして家族が介護と死別をのり越えるとき
―物語とQ＆Aで理解する介護家族の心のケア―
2014年9月26日　初版第1刷発行

著　　　バリー・J・ジェイコブス
監　訳　渡辺俊之
発行者　石澤雄司
発行所　㈱星和書店
　　　　〒168-0074　東京都杉並区上高井戸1-2-5
　　　　電話　03（3329）0031（営業部）／03（3329）0033（編集部）
　　　　FAX　03（5374）7186（営業部）／03（5374）7185（編集部）
　　　　http://www.seiwa-pb.co.jp

Ⓒ2014 星和書店　　Printed in Japan　　ISBN978-4-7911-0884-8

・本書に掲載する著作物の複製権・翻訳権・上映権・譲渡権・公衆送信権（送信可能化権を含む）は㈱星和書店が保有します。
・JCOPY　〈（社）出版者著作権管理機構 委託出版物〉
　本書の無断複写は著作権法上での例外を除き禁じられています。複写される場合は、そのつど事前に（社）出版者著作権管理機構（電話 03-3513-6969、FAX 03-3513-6979、e-mail：info@jcopy.or.jp）の許諾を得てください。

怖れを手放す

アティテューディナル・ヒーリング入門
ワークショップ

[著] 水島広子
四六判　256頁　本体価格 1,700円

こころの平和を求める人、こころを安定させて豊かな人間関係を築きたいと思っている人、また自分を好きになりたいと切望する人の新たな道しるべとなる「アティテューディナル・ヒーリング」の入門書。ワークショップの実際を紹介します。

- -

幸せをよぶ法則

楽観性のポジティブ心理学

[著] スーザン・C・セガストローム
[監訳] 島井哲志　[訳] 荒井まゆみ
四六判　416頁　本体価格 2,600円

何事もポジティブに考える努力は必要ない。楽観的な人は自分の中にある楽観性の良いところを発揮していくこと、そして悲観的な人は楽観的な行動を学ぶことにより幸せになれる、と本書は説く。

発行：星和書店　http://www.seiwa-pb.co.jp　価格は本体（税別）です

マインドフルネスを
始めたいあなたへ

原著名：Wherever You Go, There You Are

［著］ジョン・カバットジン
（マサチューセッツ大学医学部名誉教授）
［監訳］田中麻里　［訳］松丸さとみ
四六判　320頁　本体価格 2,300円

毎日の生活でできる瞑想

75万部以上売れ、20以上の言語に翻訳されている書の日本語訳。マインドフルネス実践の論拠と背景を学び、瞑想の基本的な要素、それを日常生活に応用する方法まで、簡潔かつ簡単に理解できる。

マインドフルネス
そしてACT(アクト)へ

（アクセプタンス＆コミットメント・セラピー）

二十一世紀の自分探しプロジェクト

［著］熊野宏昭
四六判　164頁　本体価格 1,600円

「ACT＝アクセプタンス＆コミットメント・セラピー」と、マインドフルネスという2600年前にブッダが提唱した心の持ち方を結びつけながら、今を生きるためのヒントを探る。

発行：星和書店　http://www.seiwa-pb.co.jp　価格は本体（税別）です

マンガ
お手軽躁うつ病講座
High & Low

［著］たなかみる　　［協力］阪南病院　西側充宏
四六判　208頁　本体価格 1,600円

マンガで読んじゃえ！爆笑・躁うつ病体験記。
漫画家たなかみるが、自らの躁うつ病体験を、独自の等身大スタイルの四コママンガでユーモラスに描く。著者の開き直り精神が、かならずや患者さんやご家族の励みに。

マンガでわかる
アスペルガー症候群＆
カサンドラ愛情剥奪症候群
（あい　じょう　はく　だつ）

［著］西城サラヨ
四六判　132頁　本体価格 1,300円

著者の夫のもつ大人の発達障害：アスペルガー症候群、またコミュニケーション不全から著者自身が陥ったうつ症状をともなうカサンドラ愛情剥奪症候群について、マンガと文章で、わかりやすく伝える。

発行：星和書店　　http://www.seiwa-pb.co.jp　　価格は本体（税別）です